子在川上曰，逝者如斯夫
2009年游美国东部波托马克河

闲步新河脉脉馨

2015年游菖蒲河

2010年参加水源地涵养保护座谈会

海畔云山拥蓟城

段天顺

　　北方有个湾，湾里有座城。它最初的名字叫蓟城。

　　一千多年前的一个清晨，曹植就曾站在蓟城的北门外土丘山上遥望。湖光山色间，他看到了一片郁郁葱葱的桑树林，枝与枝相交错，叶与叶相遮挡，密之匝匝，蓊蓊郁郁。一腔诗情呼出胸膛："出自蓟北门，遥望湖池桑。枝枝自相值，叶叶自相当"。后来，南北朝诗人庾信也曾在一个深秋季节游览此地，见满目桑林遂即兴赋咏："桑叶纷纷下蓟门"。

　　这正是古代北京地区典型的生态图画。碧水中天，河网发育，林木遍布……。

　　古代北京地区为什么会有那么良好的生态环境呢，这还需从它的自然地理位置和地理条件说起。

　　北京的位置很特别，在华北平原的西北端，西部、北部和东部是绵延的太行山和燕山山脉，高峰林立；东临雾灵山，北有海陀山，西有东

20×20=400　　　　第 1 页

京水稿手稿

段天顺 著

竹枝斋文存

京水稿卷

中国书籍出版社
China Book Press

图书在版编目（CIP）数据

竹枝斋文存. 京水稿卷 / 段天顺著. —— 北京：中国书籍出版社，2015.9
ISBN 978-7-5068-5178-7

Ⅰ.①竹… Ⅱ.①段… Ⅲ.①社会科学—文集②水利建设—北京市—文集 Ⅳ.
①C53②F426.9-53

中国版本图书馆CIP数据核字（2015）第230235号

竹枝斋文存. 京水稿卷

段天顺 著

策　　划	吕梁松 李伟成	
责任编辑	李 新	
特约编辑	张晓霞	
责任印制	孙马飞 马 芝	
版式设计	和伟红 徐 玲	
封面设计	倬艺朗乾（北京）文化传媒有限公司	
出版发行	中国书籍出版社	
地　　址	北京市丰台区三路居路 97 号（邮编：100073）	
电　　话	（010）52257143（总编室）（010）52257140（发行部）	
电子邮箱	chinabp@vip.sina.com	
经　　销	全国新华书店	
印　　刷	北京旭丰源印刷技术有限公司	
开　　本	640 毫米 × 960 毫米　1/16	
字　　数	240 千字	
印　　张	23	
版　　次	2015 年 11 月第 1 版　2015 年 11 月第 1 次印刷	
书　　号	ISBN 978-7-5068-5178-7	
定　　价	198.00 元（全三册）	

目 录

京水文论

京水史话

咏水诗话

附　录

京水文论

为保护北京城区河湖水系的基本格局，建议恢复部分被侵占、被填盖的有历史价值的河湖水域；在综合治理中把水清目标放在重中之重。

把北京打扮得更加美丽

——试谈水利对美化城市的作用（与朱晨东合作）

在美化首都的活动中，人们常常想到水。

水，是人类生存的基本条件，是人类从事经济活动的物质基础，无论对农业、工业、交通运输、生活饮用等等都有不可缺少的和不能代替的作用。同时，水也是人们精神生活的重要因素，对精神文明建设也同样有其不可缺少的重要作用。自然界的水，以它的千姿百态与各种景观协调配置，创造出优美的自然环境，对人的身心健康、怡情悦性都有直接的陶冶和感化作用。特别是随着城市的不断发展，由于噪声增多，环境单调，空气混浊，水体污染，更启发人们去创造优美的自然风貌和田园景色来美化和改善城市环境。因而，水的美化环境的功能也越来越受到人们的重视。

北京，从地理位置上看，是处于半湿润半干旱地带，水在时空分布上很不均匀，夏秋多雨，冬春少雨，经常是春旱秋涝，因此，兴修水利具有悠久的历史。在北京城漫长的发展过程中，水利占有重要地位。历史上北京地区不仅搞了沟通水系，疏河筑堤，引泉修渠，建闸漕运等一系列的水利工程，对发展生产、扩大城市规模做出了不朽的业绩，而且在运用自然和人工水域、水道来美化环境，装点风景等方面也有杰出的创造；那些别具匠心的设计，叹为观止的艺术效果，至今仍闪耀光辉，使北京早就成了世界闻名的风光旖旎的古都。这里特别值得注意的是，古代用水利工程美化环境的思想，不是附带的、派生的、次要的，而是作为兴修水利工程的一个效益目标，一个重要功能加以规划设计并付诸实施的。明代马玢峨在《运河蓄泄陂记》中就提出闸坝工程"务根底坚固于下，台牒壮丽于上"。"台牒"就是水工建筑物，他讲到了水利工程建筑与水体的谐和配置问题。显然，从历史的角度研究和探讨水利在美化城市中的作用，对今天首都的城市建设来说，将会有所裨益。

在北京的城市建设史上，水的布局及其周围环境的配置一直是被重视的。水利在北京的发展中，不仅仅是满足城市用水的需要，在很大程度上也是为了美化城市并且又促进了城市的发展。

从一些史料的记载来看，北京水利建设大体有以下几种情况：

1、水利工程建设与园林风景建设相结合

北京的城市水利对皇家园林建设的作用是很突出的。本来北京并不依傍大江大湖，但因三面环山，一面开向华北大平原，地下水条件十分优越，埋藏浅，泉水出露，所以在山地与平原交接处，有很多天然湖泊，有些湖泊自然风光优美，如：钓鱼台（玉渊潭）、莲花池、北海（太液池）、积水潭和昆明湖，它们与皇宫、北京城的规划建设密切关联。其中钓鱼台、莲花池对金代中都城的建设，北海

对于元大都的选址，积水潭对大都城的平面设计和中轴线位置都产生了重大影响。

值得一提的是昆明湖。它既是著名的风景名胜，又是北京最早的一座人工水库。昆明湖初为汇纳附近泉水的洼地。元代，它被郭守敬利用作为通漕运的水源基地之一。明代，在其周围开垦大片稻田，并辟为皇亲国戚游乐玩赏的风景区。到清代乾隆十四年（1749）进行整修后才形成现在的规模。

据《御制万寿山昆明湖记》碑文载：疏挖昆明湖的目的在于"浮漕利涉灌田，使涨有受而旱无虞"，"其在导泄有方而潴蓄不匮"。显然这是按平原水库来设计的，通过疏挖，扩大库容；通过修建闸坝、堤防，增大运河的调剂水量，从而达到为大运河漕运用水和扩大海淀一带稻田用水的目的。但是，皇帝并不仅仅是要求达到上述目的而已。乾隆自己说："盖湖之成以治水，山之名以临湖，既具湖山之胜概，能无亭台之点缀？"（见《御制万寿山清漪园记》）这个设计指导思想，又明确地把水利工程建设与园林美学有机地结合起来，因此在施工中，将明代古迹龙王庙加以保留，使其成为湖心岛，并从龙王庙迤东建十七孔桥与湖东岸相连；又仿杭州西湖的苏堤模式，修建西堤，沿堤建了不同风格的西堤六桥；湖南侧配置了绣漪闸，成为长河的起点。水库建成后，与瓮山的建筑群谐和辉映，俨然一座皇家园林。

当然，乾隆的本意完全为了个人的享乐。今天的昆明湖已成为人民享用的公园，中外闻名的游览胜地。这种把水利工程建设与园林风景建设相结合的做法是颇可借鉴的。

2、把堤防绿化美化为具有特色的风景区

北京古代城区水道的堤防绿化历来颇有讲究，特别是堤防植柳，既可防洪固堤，又兼收美化环境之效。如在玉河桥东西两岸广植柳树，垂荫水面，明人有诗云："风飘河上垂垂绿，烟锁桥边濯濯轻。"（见《宸垣识略》）玉渊潭堤岸有"万柳堂"，《长安客话》说："柳堤怀抱，景气肖爽，沙禽水鸟，多翔集其间，为游赏佳丽之所。"通惠河上的柳树也颇有特色，据《帝京景物略》载："居夹岸二十里，柳垂垂蘸河，漕舟上下达。"然而，最有特色的堤防绿化，还是以长河下游的高粱桥为中心的驰名京华的"高粱桥柳林"。

长河，是一条早在元以前疏挖的引玉泉山水的水道，两岸都修有堤防。元代郭守敬修白浮引水，又扩大整修，并建有广源闸和西城闸，高粱桥就是西城闸的旧址。明代，这里成为城里人郊外踏青、游览的胜地。据《宛署杂记》载：每逢清明节、端午节，"踏青游者以万计"，这里"夹岸高柳，垂丝到水"。"高粱堤上柳，高十丈，拂堤下水，尚可余四五尺。"其时，都人踏青高粱桥，不仅观赏堤柳清流的旖旎风光，还形成一种春游庙会型的嬉乐之地，附近有多种多样的精彩杂技，歌舞表演，"簇地三四里"。《帝京景物略》形容说："舆者则塞，骑者则驰，塞驱徒走，既有挈携，至则棚席幕青，毡地藉草，骄

妓勤优，和剧争巧"。都人仕女"或解裙系柳为围，妆点红绿，千态万状，至暮乃罢"（《宛署杂记》）。由此可见当时柳林的风情画面。

3、利用水体的多种经营与美化环境相结合

水，作为一种资源，可以用来养殖和种植各种水生物，供人们食用，又兼有观赏价值。"接天莲叶无穷碧，映日荷花别样红。"这样的景致谁人不喜爱？京城中德胜门水关就具有这种特点。德胜门水关（又称西水关），是明代永乐年间修筑北京城垣时建置的引长河水入城的工程。它有两座水闸，一座在德胜门外一里许的北护城河上，叫松林闸（几百年来经过改建重修，至今仍在），它的作用一是在汛期定时泄洪水，二是蓄水入城，调剂三海水位。据《京师坊巷志稿》引《燕都游览志》说："穴城址而入，有关为之限，下置石螭，迎水倒喷，旁分左右，既嗡复吐，淙淙然自螭口中出"，穴即指闸南城墙根下有洞穴，并有方棱形铁柱为栏，栏外有闸名铁棂。水进城后，回渊积水，即是有名的积水潭了。

德胜门水关和积水潭从明代开始就是供市民游览的风景区。其主要特点是依靠良好水质和浩渺水面，开展多种经营，形成以水生动植物生态群体为主的天然景观。既有较高的经济效益，又有优美的观赏效益。这里水体的布局是：深的水域养鱼，浅的水域种植莲、藕、菱、芡等，洼地则广种芦苇。因为环境优美，水面多鸟禽翔集，

不少达官显宦在周围造建寺、刹、亭、墅，与水体风光交相辉映，适成天趣。明人写诗道："堤至水俱至，游将影与同，波从寺门碧，莲似晚天红。"这里更不同于皇家禁园，它是平民百姓的乐园，《帝京景物略》说："岁盛夏，莲始华，晏赏尽园亭，虽莲香所不至，亦席，亦歌声。岁中元夜，盂兰会，寺寺僧集，放灯莲花中，谓灯花，谓花灯""水秋稍闲，然芦苇天，菱芡岁，诗社交于水亭。冬水坚冻，一人挽木小兜，驱如衢，曰冰床。雪后，集十余床，垆分尊合，月在雪，雪在冰。西湖春、秦淮夏，洞庭秋，东南人自谢未曾有也。"

对这样美好风景的描述，就是现在读起来也是令人神往的。北京城内有这样的好去处，是水利、建筑、园林、艺术等各行各业的人们共同劳动的结晶。

研究和总结古代水利在美化城市环境方面的作用，对指导我们今天的水利建设，仍具有启示作用。

北京解放后，为发展首都的经济建设，国家修建了大批水利工程，对北京城市的发展和美化，为首都人民提供休息游憩的场所，起了重要作用。

由于反动政府的腐败和连年战争，原北平市容破败不堪，更无余力顾及水利建设，因而河道淤堵、湖泊填塞，城内池沼多是臭水一潭，几处所谓古典园林也处在凄风惨雨之中。

1949年开国大典，定都北京。首都应该是一个什么样的面貌？百废待兴，先兴什么？人民政府从关心人民出发，在国力财力极困难的情况下，1950年1月即拟出疏浚三海（中、南、北海）和改建龙须沟的方案。当年年底计有龙须沟，三海，金水河，筒子河，积水潭，什刹海、后海，西小海以及内、外护城河等完工，还重建了西便门、西直门分水闸，松林闸，玉泉闸和颐和园闸等。1951年在疏浚南旱河时，挖出一块刻有"玉渊潭"字样的石碑，为恢复古迹，故在原址建成蓄水湖一座，仍名"玉渊潭"；又护挖整治了金鱼池，并开辟成公园。1952年疏浚莲花河，加高莲花池岸堤，将莲花池改建成蓄洪水库，又将左、右安门两大积水洼地、苇塘疏治成龙潭湖和陶然亭湖，配合园林建设使两湖成为公园。1953年紫竹院废田还湖，广植林木。至此，仅短短三年城区内外河湖均修浚一新，绿水又环绕古城垣，众多湖泊清澈涟漪，夏日小艇荡漾，寒冬冰上健儿驰骋；结合城建并为保护文物，一批原在中南海、圆明园和街道上的古建筑被迁移到公园里，更增添了城市的光彩。以上城市水利工程，仍是在旧有基础上的恢复、整治和修缮。到五十年代中期，首都各项建设发展速度加快，工农业和城市生活用水量的需求大大增加，一批水利工程就应运而生了。

自1956年起官厅水库和永定河引水渠竣工投入使用，1958年十三陵水库，1959年怀柔水库，1960年密云水库、海子水库等陆续建成；期间，在城近郊区又先后疏挖整治了太平湖、人定湖、青年湖、久大湖、炮司湖、团结湖、红领巾湖、水碓湖、工人体育场湖和展览馆后湖等。到1966年京郊已是河渠成网，人造平湖星罗棋布。自古至今在北京的地图上，以此时的水面最多最大，可以看出，北京人民在水利建设上倾注了极大的热情，付出了巨大的劳动。由于这一系列水利工程的诞生，不仅为首都的经济建设提供了充足的水源，而且为进一步美化首都的环境创造了条件。

在这众多的水利工程中，由水利建设者亲手美化，使之成为京郊游览胜地，值得一书的是十三陵水库和密云水库。这两座水库是在周恩来总理具体指导和关怀下修建的。

早在1954年周总理就提出了兴建十三陵水库的规划设想。他说：十三陵这个名胜古迹是外宾必游之处，有山无水，是一遗憾，若能修个水库，有个大的水面，就更加美了。周总理的这个指示精神，阐明了水对山，水对名胜古迹，水对环境美的重要作用。根据周总理的指示精神，十三陵水库在修建过程中就开始了美化环境的规划，并已初步实现。

现在当人们参观完定陵长陵之后，来到水库时，顿觉宁静而清新，开阔而舒展；蟒山、汗包山上苍松翠柏，四季常青；环湖路旁的行道树像两条翡翠带镶嵌在清水盆旁；纪念碑公园里更是彩花芬芳，领袖的题词令人浮想联翩；走上坝中长廊更可极目远眺——在绿树山峦之中的十三个明陵之红墙黄瓦尽收眼底；坝下果树成行、田成方，一派生机；如果到水库湖中驾起小船或登上帆板，更叫人心旷神怡，乐而忘返。前不久，十三陵特区正式成立，水库也包括在其中，其旅游价值与日俱增，它的美丽风景和独特环境将会吸引更多的中外游客。1990年中日合资共建的九龙游乐园开业，水库湖面上增添了一颗灿烂的明珠。为北京市民和外地游客度假休闲多了一个好去处。

继十三陵水库之后，华北最大的水库——密云水库建成了，它是北京东北部的一颗明珠。为了把水库装扮得更加美丽，建设者们下了很大功夫。首先是绿化，20多年来水库已植树800多万株，绿化面积达26000多亩，其中既有松柏桃杏混交林，每到春季，红绿相映；也有油松黄栌混交林，每到秋季，天高云淡，霜白叶红；当坝下果园挂满了红澄澄的苹果，四周就飘溢着醉人的果香；近年来库岸上又栽植了栗子树和红玫瑰花，当玫瑰花开时，花红满山，香飘十里。过去水工建筑物总给人以粗大笨重、颜色单调的感觉，密云水库的建设者在改变这种传统形式上做了很多努力。现在坝下建造了花园，还有用消力池改造成的游泳池，造型精致的双曲拱桥。大坝顶上，东西两端的进水塔一园一方，装饰美观；为便于游人驻足观赏，配有凉亭，亭内的鱼形雕塑十分精巧；游船码头设有弧形长廊，长廊结构形态有点现代派的味道，与水面华丽的游艇相得益彰。对看惯了古典园林的老北京人来说，到密云水库观光一番，定会有新的感受。

北京郊区可利用水利工程发展成为旅游风景点的地方还很多，例如：昌平的响潭水库就在八达岭特区旁；平谷的海子水库自然风貌十分优美；延庆的佛峪口、古城水库顺其山峡而上，有人迹罕至的原始森林；门头沟的斋堂水库就在闻名的百花山下；怀柔县的北台上水库和大水峪水库已经改造成为雁栖湖和青龙峡……目前，水利美学思想已为更多的人所接受。然而，水利工程建设要注意美观，在水利工程的规划设计、投资方式、生态环境等方面还存在不少问题。

为了认真贯彻中央对北京市总体规划批示的精神，尽快把首都建设成为世界现代化大都市，进一步发挥水利在美化环境方面的效益，我们认为应从以下几方面改进工作：首先要加强宣传，广造舆论。大力宣传水利在精神文明建设中的重要作用，宣传水利美学思想，不断总结和介绍古今中外水利工程美化环境的经验，组织学术讨论，开阔视野，从理论上指导思想上提高认识，统一思想。

其次，在城市总体规划中加强水利规划，特别要根据北京市水资源供需情况，从水利的综合效益出发，实行多目标的开发利用。目前应从两个方面着手：一个是根据有关部门的材料，北京市正在开辟八个风景游览区，其中包括七座大、中、小水库。对这些水库工程应该与附近古迹名胜统一规划，协调开发利用；另一个是北京卫星城镇建设，在规划阶段就应该考虑开发附近水利工程本身所内涵的适宜风景美化的因素，不要再搞单打一；在条件成熟时，新建的水利工程（包括风景美化）最好从设计到建设一气呵成。此外也要从实际出发，分别轻重缓急，有步骤有重点地对现有工程加以改造提高。在效益目标上应该有主有从，主从兼顾，最后达到综合利用，使现有水利工程发挥更大作用。鉴于美化环境、修建风景区是一项重要公益事业，不完全是经济活动，因此在投资方式上应由政府出面，采取多部门集资办法。不应由一家承担；投资分摊，受益分享，建设周期就可缩短，于国于民都有利。

再次，应采取果断措施，坚决限期消除水质污染，大力保护水体环境。水质污染已经成为北京公害，给人民的身体健康造成很大威胁。目前全市每日有近200万吨污水倾入通惠河，不少单位还将垃圾脏土倒入城区河道，使河水污臭，生物锐减。这种恶臭水域哪里谈得上美化环境！消除污染，已成为全市人民共同的呼声。当前最紧要的是取消污染源。

对于严重损害人体健康污染环境的工业生产部门，要坚决停产或搬迁；要限期采取污水净化措施；把污水还清，把城近郊区的清河、通惠河、温榆河、凉水河等改造成为花园河道。

北京郊区过去有不少名泉古迹，现在多已湮没无闻，仅剩几处也渐为附近工厂农村侵占破坏，比如著名的海淀玉泉、昌平白浮泉、房山万佛堂大泉、十三陵的九龙池泉，如果立即采取措施，还不为太晚，借此我们呼吁各有关区县文物和水利部门与有关社队共同努力保护这些仅有的名泉吧！

我们希望，在总结中外古今城市水利的经验基础上，在对提高城市水利的重要性的认识上，在城市总体规划中水利应占有的地位上，在工程建设时把美化列入议事日程有一个新的突破，使水利在为首都四化建设和精神文明建设方面迈出新的步伐。

《城市问题》1983年第5集

关于北京城市河湖整治的思考和建议

【提要】为保护北京城区河湖水系的基本格局，建议恢复部分被侵占、被填盖的有历史价值的河湖水域，在综合治理中把"水清"目标放在重中之重的地位。

1998年以来，北京市委、市政府依据"以水为中心，进行综合治理"的指导思想，大力进行城市水环境的建设和治理，决心用3年时间，通过截流、清淤、护岸、绿化、美化、水利工程改造等工作，提高防洪、供水能力，改变治理范围内水环境污染和缺水少绿的局面，达到"水清、流畅、岸绿、通航"的治理目标。这是一项关系北京城市建设全局的大好事，受到了广大市民的欢迎和关注。最近，笔者就这次北京城区河湖整治问题，翻阅了有关规划方案和资料，考察了部分河湖现状，思考了一些问题，经初步整理提出两点建议，供市政府有关领导参考。

大家知道，北京建城已有三千多年，作为全国性政权的都城也有七百多年了。历史上形成的城市河湖水系基本格局，具有丰富的文化内涵，是北京城市发展的历史见证，是北京历史风貌的重要体现。它基本上可分为两个部分。一是以战国时代蓟城为中心（包括唐代幽州、辽代南京、金代中都）的水源水系，即现今位于北京市区西南的莲花池和莲花河水系，它代表从战国后期至唐代以至辽金时期北京城市的早期发展。二是开始于金代，完成于元代，又经明、清时期的整治改造，作为都城供排水的通惠河水系，亦称玉泉水系。这个水系从今昆明湖逸南，通过长河进城，包括护城河、六海、筒子河入通惠河。通惠河水系与宫殿建筑群和街市坊巷互相联通辉映，形成古代北京大都市独特的风貌。

新中国成立以来，党和政府依据这两个水系的基本格局，进行了空前的整治建设，取得了重大成就。如修建官厅、密云、怀柔等大型水库，引永定河、潮白河水入城，解决了历史上未能解决的城市水源问题；大力疏浚和营建城区水道湖泊；整修和新建供排水河道闸坝等等。但是，北京的现代化建设如何与古都风貌保护相结合，是一个很复杂的问题，建国以来的实践有不少教训应该认真汲取。

我认为，这些教训相当一部分表现为：在大规模城市基本建设中，城市河湖常常处于被蚕食、被侵占的地位，不少有历史文化价值的河湖被填埋，河湖水面不断减少，河湖水系的基本格局遭到损坏，这削弱了首都作为大都市的灵气和光彩。比如，1971年修建地铁和1975年修建二环路时，先后将前三门护城河、西护城河、东护城河全部改成暗沟，使这条有500多年历史的环城护城河遭到破坏。以前三门护城河为例，这条从西便门经宣武门、和平门、正阳门、崇文门至东便门横贯城区中心地带的人工河道，全长7.6公里，按50年代规划准备疏浚展宽，注入永定河引水渠和京密引水渠的清流，作为城内风景观赏河道和通航河道。其中西段与东段均已扩展完工。曾参加这项工程建设的市水利局已故总工程师高振奎同志的回忆文章中记载：施工中"在东段保存了古代喜龙（凤）大石桥与著名的大通桥闸，在西段为保存原河岸的一排高大古树，展宽时，古树土堤留作中心岛，在此称为双河。这项计划与工作可算得上是保护和发展'古都风貌'的范例。"但"可惜的是，进入60年代后期直至70年代，……扩宽前三门护城河规划不仅未继续完成，整条河道也被填平，消灭了这条河，河上古建筑与古树全被铲除。"（见1994年《北京水利》）这是多么惨痛的教训啊！不仅如此，在修建地铁时，把德胜门外12.4万平方米的太平湖全部填垫做了地铁车辆段，这座好端端的大湖从地图上消失了。修建地铁无疑是件大好事，但人们不禁要问，难道必须付出这样大的代价吗？难道只有消灭几条河道和湖泊，才能建成地铁吗？如果把保护护城河与修建地铁看得同样重要，恐怕就不会有现在这样大的缺憾！再如位于北京西南的莲花池，在70年代修建地铁时，被作为弃土消纳场填垫了西南一角4.9公顷的水面。90年代修建西客站时又被占去北岸的一部分水面。莲花池上游的新开渠和莲花河的部分河道都盖上板，成为暗沟。为保留莲花池作为辽金遗址公园，计划从玉渊潭引水，然而，西客站已建成几年，这个计划至今仍未实现。

　　根据以上情况，在这次全面整治城区河湖时，是否可考虑恢复一部分已被填埋侵占的河湖呢？当然，全部恢复既不可能，也没必要。但是对于有历史价值又有条件恢复的，建议把它们亮出来，恢复起来。我认为这既是保护古都风貌的需要，也是建设现代化国际大都市的要求。为此，建议采取以下措施：作为西客站收尾工程的莲花池引水工程应该继续完成，并恢复被侵占的莲花池公园水域。

尽快治理莲花河上游的污水，还清莲花河水，还给两岸居民以优美的生活环境。保护好尚未盖板的莲花河河道。

恢复广安门附近的青年湖水源，保护好这座金代历史遗址。

青年湖原是金代中都城的皇家园林，原名同乐园，又称琼林苑。据《大金国志》载，金世宗于大定十年(1170年)大宴群臣于同乐园之瑶池，讨论古代帝王成败之本。时人郝经曾吟诗描绘同乐园："晴日明华构，繁荫荡绿波，蓬邱沧海近，春色上林多。"这是一处金代留下的重要遗址，和近年发掘的金代南水关同样值得珍视。这座园林历史上引莲花池水，建国后引南护城河水(距南护城河200多米)，后来引水口被堵死，使得青年湖现在变成面积很小的一个游泳池了。建议把这座金代遗址列为抢救工程，并结合南护城河整治解决其水源问题，将其辟为金代遗址公园，为南城增添一景。

对以筒子河为中心已改成暗沟的内城河道进行研究，让有条件的暗沟再亮出来。比如，"文革"时期，为解决节日活动器材的存放问题，竟将劳动人民文化宫逸东到南池子的菖蒲河盖上板作为暗渠，其后又将南池子至南河沿一段也改为暗沟，把这条位于天安门前金水河的下游河段消灭了。据了解，这条暗渠上多为临时建筑，拆除较易，把菖蒲河亮出来是完全可能的。

在综合治理中，建议下大力气治理城市水污染，把"水清"的目标放在重中之重的地位。这次整治市区河湖十分强调进行综合治理，要求达到"水清、流畅、岸绿、通航"的治理目标，这无疑是十分正确的，也是很明确的。但是真正实现这一综合目标，绝不是容易的事情。这里面也有许多历史经验教训值得注意。

众所周知，在治水上强调进行综合治理是个老提法了。这反映了搞好城市水利的复杂性和多元性的特点，符合客观规律和要求。但是几十年来的实践证明，综合治理常常顾此失彼，互相掣肘；遗留下来的"尾巴工程"，常因经费不足而"甩项"，因而达不到"综合"实效。最突出的是河湖污染治理，经常成为滞后工程。究其原因，一是治污工程投资大，常常由于资金不落实而贻误延期，成为"胡子"工程；或者长期停在规划方案阶段，迟迟不能上马；二是建设单位不够重视治污，只安排建设资金，没有足够的治污资金，临时现凑，勉强上马，走一步算一步；三是执法不严，虽有规定，但"刚性"措施少，"弹性"措施多，随意性太大。随着城市人口膨胀，马路市场随意侵占河道堤路，大量垃圾向河道倾倒，执法部门对此管理和处罚的力度不够。

以个人亲身感受的情况为例，笔者在80年代初曾参加治理清河，当时要求通过综合治理解决清河水还清的问题。为此，对上游地区的污染源做过普遍调查，提出过治理方案。但当清淤、扩宽、护岸、绿化、建桥等工程完工后，治理污染却迟迟未解决。泄入河道的污水逐年增加，清河又变成了一条恶臭污流。又如元大都遗址土城沟的改建工程，完工后俨然是一座很有特色的遗址公园，受到附近居民的普遍赞扬。一位老专家高兴地写诗道："信步花溪兴致浓，新开酒店幌招风。一枝调笑兰芳豆，羞得棠花面泛红。"（陈新谦《海棠花溪信步》）然而好景不长，仅过了两三年时间，土城沟又变成了臭水河，漂亮的海棠花溪黯然失色，大煞风景，居民们只好躲避到土城南侧一带活动了。我询问过有关部门，答复这是由于排污管道未修通，做不到"清污分流"所致。人们议论说：工程修得再好，绿化美化再好，也经不起污水的腐蚀和熏染啊！

从自己的感同身受，我感到实现河湖还清的治理目标，比实现其他几项（河流、岸绿、通航）目标要困难得多，难办得多。这次城市河湖治理，如果不把治理污染放在突出地位，不从资金、技术、措施上给予切实保障，则很有可能重蹈过去覆辙，使治理成果受到极大影响。

基于上述原因，进行环境工程建设时，首先，要对已建的或长期被搁置的"尾巴工程"、"半拉子工程"进行调查摸底，根据不同情况采取措施，切实做到"清污分家"，发挥效益。对规划中要上的污水处理厂和排污管线，要早安排早上马。其次，对现有向城市河湖直接排污的排污口进行调查摸底，搞清排污的直接责任单位，按照有关规定，限期治理，逾期达不到国家规定排放标准的单位要强制关停。第三，对侵占河道堤路的集贸市场，谁管理谁清理，限期搬迁。第四，要尽快起草《北京城市河湖管理条例》，力争在1999年通过实施，并做好宣传教育，加强执法的权威性。

《北京规划建设》1999年第1期

关于恢复北京护城河的建言（四则）

1998年在北京市十一届
人大常委会七次会议上的发言

　　这是1998年12月23日在北京市十一届人大常委会七次会议上讨论市政府对整治城市河湖议案办理报告时发言的一部分。

　　城市水环境，既包括自然景观，也包括人文景观。北京作为古都的水环境，既要考虑现实发展的需要，又要保护它的历史文化，把两者结合起来。国务院对北京城市总体规划的批复中明确指出：在规划建设时"必须保护古都的历史文化传统和整体格局，体现民族传统、地方特色、时代精神的有机结合。"这一指导思想同样适用于今天对城市水环境的大规模治理。如果忽视这一点，就可能造成不必要的所谓"建设中的破坏"。为此，特提出以下建议：

　　一、建设成为体现北京历史文化风貌的风景。长河是一条历史人工河道，与北京城的发展有极为密切的关系。至今在它的两岸还有不少古建筑。比如，最早有元代的广源闸，被称为京杭大运河第一闸，现在保存基本完好；明代建筑有万寿寺、五塔寺、高梁桥；清代有皇帝行宫、西太后行船码头等，清末建起来的动物园。建国后沿河也建有如50年代的北京展览馆、60年代的北京首都体育馆、80年代的国家图书馆等等。可以说，在这条河上展现出一条多姿多彩的北京发展历史画廊，给今后通航、游览增加了丰富的观赏内容，也是让今人了解中华文明，进行爱国主义教育的生动课堂。通过这次整治，把这些单位的围墙打开，亮出两岸，使自然景观与人文景观互相辉映，流动的水体，弯弯的绿带，各具风姿的建筑群落，展现人们面前，赏玩不尽。比颐和园苏州街要气魄得多，亮丽得多。

二、鉴于过去在建设中发生侵占河湖水面等问题。建议在这次整治中恢复部分有条件恢复的河湖水道。

（一）恢复菖蒲河。它位于天安门金水桥迤东。这条河属紫禁城的外金水河，东行过南池子，在南河沿入御河。"文革"时为放置游行队伍的仪仗和模型，把这条河大部分盖上板成为暗河，剩下部分由于夏天蚊蝇孳生，居民苦不堪言，后来也盖上了板。我建议这条河在这次整治中把盖掀开，亮出河道。

（二）恢复广外的青年湖（即金代皇家园林同乐园，亦称鱼藻池）。建国后曾进行疏浚，命名青年湖。"文革"时期逐渐侵占建房，越来越小，现为游泳池。据说是由于水源不足。实际上与南护城河仅有200多米，应该可以解决。不仅保留了一处金代遗址，还为西南城增加一处园林绿地。

（三）尽快恢复莲花池水域，解决莲花河上游污染，保护好莲花河下游河道。莲花池与莲花河是早期北京城的水源河道。在修建地铁时占去一部分，在修建西客站时占去东北一角，并作为整治工程要修复的水域，但是西客站已修建使用几年了，这项"尾工"仍在撂着，从玉渊潭引水也未解决。位于莲花池下游的莲花河有一段河道已盖上板成为暗河，为盖的部分污染严重臭气熏天，居民叫苦不迭。应尽快治理污染，千万不要把仅剩的一段明河再盖板成为暗河。

2000年在北京市人大代表大会上的提案
（与李裕宏合作）

新中国成立后，对城市河湖水系的整治建设取得重大成就。尤其将永定河水与潮白河水引入京城，极大地改善了城市水源和环境。但在六十年代中期至七十年代中期的城市建设中，分割、挤占了护城河，将部分河段改成暗河，使护城河格局遭到破坏。

展望2049年，建议把恢复护城河作为二十一世纪上半叶的重点建设项目。为首都北京显示历史风貌，建设极具魅力的世界大都市而增光添彩。具体提出三点建议。

（一）

北京的护城河历史很悠久了，应该说有了城墙就有了护城河。墙和河都是保护城的，可谓一对"孪生姐妹"。当然，由于墙与河的形态不同，它们的功能，除城市防卫（这是主要的）是共同的以外，还有各自不同的功能。

北京是六朝古都，金中都城和元大都城四周均有护城河，今德胜门外的土城沟便是元大都护城河的遗迹。明攻占元大都后，将北城墙南移，利用高粱河、积水潭（太平湖部分）作为北护城河；南扩内城南墙，新开前三门护城河；东、西护城河，仍按元代旧制，只分别向南伸延与前三门护城河接通；后又修筑外城，开挖了外城护城河，即今南护城河；护城河的水都汇集到东便门，经大通桥，入通惠河。从此形成了与北京城墙相配套的北京护城河的运行格局。这一格局一直延续五百多年，直到中华人民共和国建国以后。也正是这一格局构成了古老北京城重要的风貌标志。城墙与护城河作为静态建筑与动态水流相结合，使静态的雄威与动态的秀美相互辉映。通过护城河的活水联接起城内众多的河湖水域，拥簇着金碧辉煌的皇宫建筑群，穿行于棋盘式的街巷，碧水清波，回环流动，给整个城市带来无限活力与灵气。

北京护城河的总长度，据1953年测量为41.19公里。其中西北护城河（西直门至德胜门外松林闸）1.84公里，东北护城河（松林闸至东便门）10.91公里，西护城河（西直门至西便门）5.22公里，前三门护城河（西便门至东便门）7.74公里。南护城河（西便门至东便门）15.48公里。新中国建立前，护城河的水源主要来自玉泉山及西山诸泉水，经过长河、玉渊潭等流入护城河，再经护城河流入城区河湖。同时，护城河也是城市里的雨水和生活用水排水的汇流河道。历史上曾多次疏排过城市内的严重雨涝水患，对京城安全起过大的作用。

历史上的护城河，不仅具有输水、排水、保障城市安全的功能，而且对于交通、运输、观光游览、美化环境等都起到过很好的作用。比如，在清代康熙、乾隆年间曾长期利用东护城河运送漕粮，从通惠河经东便门大通桥北上至朝阳门，那里有庞大的粮仓群。又如，明、清时期城内皇家园林都是禁园，不许市民进入，于是城外的河道水体就成为市民们游乐的好去处。当时通惠河上的二闸就是一处游览之地。市民去二闸多是从朝阳门外登舟，沿护城河南下至东便门，再乘船至通惠闸。更有趣的是每到冬天，在前三门护城河和南护城河都开辟冰上运输线，设拖床坐人，既省钱也快。每年的旧历七月十五为中元节，前三门护城河就成为市民们放河灯赏河灯的地方。有一首《京师竹枝词》写道："坊巷游人入夜喧，左连哈达右前门。绕城秋水河灯满，今夜中元似上元。"热闹程度与元宵节差不多。哈达，即崇文门。

（二）

新中国成立以来，北京作为全国人民的首都，党和政府对城市河湖水系（包括护城河）进行过多次整治，取得重大成就。尤其是修建官厅、密云等大型水库，引永定河水和潮白河水入城，为城市开发建设提供了新水源，年平均引水流量是新中国成立前的25倍，极大地改善了北京城市水环境。在此，应当特别提到1958年北京市对城市水系的总体规划，规划曾明确提出在北京城内要修建"以永定河引水渠、前三门护城河、通惠河作为横贯中心区的一条主要河道"。与西北郊的昆明湖、京密引水渠相联接，形成一条青山秀水、名园绮丽、游船往来贯穿市中心的城市观赏河道。根据这一规划，当年就开始对前三门护城河进行扩建施工，完成了东段与西段的河道建设。可惜的是，由于中段的拆迁作梗，使工程功亏一篑，搁浅下来。

应当说，北京的现代化建设一直存在着与这座古老都城的风貌保护如何相结合的问题。尽管党中央、国务院多次强调"保护古都的历史文化传统和整体格局，体现民族传统、地方特色、时代精神的有机结合"。但实际上，在大规模的城市基本建设中，却往往有不少具有历史文化价值的河湖被填埋占用。从60年代至70年代中期就有8个湖泊共33.4公顷面积被填埋。具有500多年历史的护城河，也遭此"厄运"。比如，在60年代中期为修建地铁，把本来规划要扩建为市中心游赏河的前三门护城河改为暗河。以后到70年代初期和中期为修建二环路、立交桥又将西护城河、北护城河上段和东护城河都改为暗河。至此，一条围绕城墙的完整的护城河，在城墙被拆毁后，又陆续将护城河挤占分割，压入地下，只留下北护城河一段和外城的南护城河，总长度只有原来的一半。如今暗河之上二环路两侧，都是高楼林立，车流如梭，日益拥堵和嘈杂，使城市和居民失去一个观赏休憩又能调解小气候的水环境。应该说，这也是与将北京建设成为现代化国际化的大都市背道而驰的。

（三）

现在，人们总担心把北京老城弄成世界大杂烩，要求用心思在建设国际化、现代化大都市过程中保护好北京的古都风貌和独特风格。这当然是个十分复杂的问题。在展望2049年北京文物保护和现代化城市管理时，我们理解，文物保护绝不仅仅包括古建筑、古墓、古器皿、老四合院，⋯⋯。城市建设规划，更重要的应该包括北京古都整体风貌和风格的保护。从这一观点出发，护城河，它与北京古城墙一样是北京城市古风貌的重要标志。保护好古都北京的城市水系的基本格局，恢复北京护城河，应是保护北京古都风貌的应有之议题。

其实，在现代世界大都市的发展中，越来越重视保护自然环境，尤其河流环境，即水环境及河流空间环境对城市发展的影响。在一些历史悠久的城市中，在现代化发展过程，不是消灭城市河流，不是缩减城市水面，而是想方设法保留和利用，想方设法更多地开发山水自然环境，使原有的河流湖泊焕发青春，显示出该城市的历史风貌。这种大趋势，使人们想到应当恢复历史上像翡翠项链般的护城河，为首都北京成为更具魅力的世界大都市而增光添彩。

恢复护城河有没有可行性呢？回答是肯定的。现在被改建成为暗河的几段护城河，都仍然担负着城市排水功能。以前三门护城河为例，现在暗河上马路南侧的居民楼是七十年代修建的，工程设计、施工质量都存在不少问题，居民怨声很大，从长远考虑迟早要拆除。结合楼群重建，把暗河敞开，将道路南移，或道路不动，重新在南侧开挖河道，都是可行的。另外，恢复护城河对解决目前城市中心区的雨季排水不畅，尤其遇到暴雨造成城区严重积水等问题也可结合工程得到改善。

为此，提出以下几点具体建议：

1. 建议尽快在调研基础上制定"2001——2049年恢复北京护城河规划。并纳入下半个世纪北京城市建设重点建设项目。在规划时注意两个结合：一个是与河道两侧危旧楼房改造相结合；一个是和解决目前城区积滞水严重，改造护城河（暗河）河口的问题相结合。

2. 分期进行恢复。第一期先恢复前三门护城河。恢复这条穿越市中心区的河道，对于北京老城风貌的再现和国际化现代化大都市建设都具有重要意义。

3. 从现在开始对护城河两岸的建筑应严加控制，避免再建永久性建筑，以免造成重复拆迁。

近些年，有不少专家学者呼吁恢复部分古城墙并得到市领导和有关方面的重视和支持。这是一件大好事。我们认为在规划部分古城墙恢复和整修的同时，不要忘了对护城河的恢复，它还完整地存在，只是被压在地下，应该把它亮出来。

2000年8月

（李裕宏：北京市政工程局教授级高工）

2001年在北京市政府领导
与市人大代表座谈会上的发言

今年在市人代会上我向市政府重点提出两项建议。

一是关于恢复北京护城河并做好恢复规划的建议。

二是关于加强城市防洪解决防洪隐患的建议。

由于涉及整个城市建设比较大的问题，有关方面还没有明确答复。我认为有必要请市政府领导同志亲自听取有关局的汇报并做出决策。今天乘市政府领导同志听取代表意见的机会，我再简要讲讲上述两项建议的内容。

关于恢复护城河的建议：

近些年来人们总是希望在建设北京国际化现代化过程中更好地体现与古都风貌相结合。我认为市委、市政府为此做了大量工作。作为代表我也沿着这个思路做了点调查研究。我认为在过去的城市建设中把一个完整的护城河给挤占分割，大部分改为暗河，是非常可惜的。而且越是想到北京要建成国际化大都市就觉得失掉这条环城的河流，实在太可惜了。我们能不能来个"回头看"，把失去的再挽救回来呢？于是我约请了解情况的河道专家做了一点考察，同时又认真看了中央、国务院批准的《北京市总体规划》。规划第48条写道："注意保护明、清北京城'凸'字形城廓平面。沿城墙旧址保留一定宽度的绿化带，形成象征城墙旧址的绿化环。⋯⋯保护与北京城市沿革密切相关的河湖水系，如长河、护城河、六海等。"应该说，作为凸字形明、清古城标志的城墙已不存在了，但是与城墙相配套的护城河还存在。它同样也是古都的风貌标志。在这个东方崛起的世界大都市，如果恢复这样一条回环流动的天然"绿化"带，无疑会给整个城市带来无限的灵气和活力。可行不可行呢？我认为是可行的，因为它还确确实实地存在着。我在有关部门征求代表意见中，是这样写的："恢复北京护城河的事，属于亡羊补牢。首先涉及北京城市总体规划。一方面要考虑到恢复明河的复杂性和困难；另一方面又要考虑建设国际化大都市和保护古都风貌的必要性。如果认为是必要的，那就应该从规划上创造恢复明河的条件，从现在起就要着手做准备。不然，将来有朝一日想要恢复时，那困难不知要大多少倍了。"为此，请市政府领导同志继续关心和研究一下这个建议，并向代表说明。

关于加强城市防洪解决防洪隐患的建议：

原是作为提案提出来的，有十几位代表共同签署。我们主要是考虑到北京近年干旱少雨，对于城市防洪问题容易麻痹，而实际上一旦来洪水，在防洪调度措施上，不少环节没落实。比如，在城市防洪中《北京城市总体规划》中确定的调度原则是"西蓄、东排、南北分洪"。但据我们调查了解，如果一旦来洪水西蓄蓄不起来，东排排不出去，南北分洪有卡口。调度原则形成纸上谈兵。在建议中根据上述问题我们提出了解决措施。我们希望市政府领导与有关部门认真研究核查，切实解决存在的问题。

2001年11月16日在北京会议中心

2002年在《北京历史文化名城保护规划》专家论证会上的发言

现在我就北京历史河湖水系的保护规划方面，提出一些意见。

一、同意规划中的四点指导思想。并同意在这一指导思想下，"要从整体上考虑北京旧城的保护"。把城区历史水系的保护作为十个层面的重点之一。规划中广泛吸纳了各方面意见，在保护水系方面做了认真的考虑，提出从四个方面的保护和恢复规划意见。这些意见我很拥护。作为提建议者之一，对市规划文物部门和规划文物工作者表示感谢。尤其对那些已经湮埋的或即将湮埋的历史水道和湖泊提出了恢复的规划，就更使人听了高兴。它说明了我们规划观念的转变。

二、在认真看了这个规划以后，我认为还有美中不足，想再提出几点建议：

（一）关于恢复护城河。在规划中提出远期恢复前三门护城河规划，这是很好的。但对东护城河和西护城河的恢复问题未被列入。我再次建议应该列入，去年在北京市人大常委会和市政府召开的代表座谈会上我曾就恢复护城河做了发言。我说，近些年来人们总是希望在把北京建设成国际化现代化大都市过程中能体现出与古都风貌的保护结合得更好一些。我认为在过去的城市建设中把一个完整的护城河，由于建设的需要给挤占分割，大部分改为暗河，非常可惜。而且越是想到要建成国际化大都市就越觉得失掉它实在太可惜了。于是，我就想能不能来个"回头看"把失去的再挽救回来呢？我认为是完全应该的也是可能的。我提出建议的理由得到了北京市规划委员会的赞同。市规委在给我答复的信中说："护城河是北京旧城的一个重要组成部份，如果能将前三门暗沟和东西护城河暗沟恢复为明河，在保护古都风貌，美化城市环境提高城市防洪能力等方面将起到重要作用。"

这次在规划中只提恢复前三门护城河而没有提东、西护城河。我猜测可能是涉及问题比较复杂，资金投入太多短期不好办。即是说，不是不需要恢复，而是由于缺乏资金，或者说，奥运会前的项目安排太多，挤不上去，因此就不列入了。这个理由其实并不充分。将来一旦有了资金不就可以做了吗？2008年前安排不上，以后呢？作为远期的规划目标，待将来条件允许时再动工恢复，不是完全可以吗？如果什么也不标明，不做任何表示，等于放弃这两条河道的恢复。护城河仍然处于分割、支离的状态，那就不是整体性的保护原则。进一步说，如果现在规划上只字不写，将来国家更富裕了，再想恢复起来，不知要付出多少代价！后人将会对我们这一代说三道四啊！

（二）关于御河的恢复，规划只写将什刹海至平安大街一段予以恢复。刚才侯仁之老先生表示了意见，我很赞同。现在规划草案中恢复的一段只是御河的一小段。我认为应该全部恢复。近期恢复不了的部分，留待将来恢复，要在规划中写明。

（三）在重点保护的水工程建筑物中，规划草案提出有十三项，没有提高梁桥，不知何故？如今高梁桥还在，不应遗漏。

2002年3月20日在新大都饭店

附：《北京历史文化名城保护规划》（摘录）

发布时间：2002年9月19日

历史河湖水系的保护

1. 规划目标

重点保护与北京城市历史沿革密切相关的河湖水系，部分恢复具有重要历史价值的河湖水面，使市区河湖形成一个完整的系统。

2. 市区河湖水系保护规划

现有河湖水系的保护规划

（1）与北京城市发展密切相关、在各个历史时期发挥过重要作用的河湖水域列为重点保护目标，划定保护范围并加以整治。

（2）护城河水系：重点保护河道为北护城河、南护城河、北土城沟和筒子河。

（3）古代水源河道：重点保护河道为莲花河和长河，以及莲花池和玉渊潭。

（4）古代漕运河道：重点保护河道为通惠河、坝河和北运河。

（5）古代防洪河道：重点保护河道为永定河和南旱河。

（6）风景园林水域：重点保护湖泊水域为六海、昆明湖、圆明园水系。

（7）重点保护的水工建筑物：后门桥、广济桥、卢沟桥、朝宗桥、白浮泉遗址、琉璃河大桥、广源闸、八里桥、麦钟桥、银锭桥、金门闸、庆丰闸、高梁桥、北海大桥等。

恢复河道的规划

（1）规划将转河、菖蒲河、御河（什刹海——平安大街段）予以恢复。

（2）转河属于通惠河水系，恢复转河可将长河与北护城河连接起来。

（3）菖蒲河是故宫水系的一部分，与内城护城河水系、六海水系、外城护城河水系相连通。

（4）御河（什刹海–前三门大街段）起于元代，北起后门桥，南至前三门。规划将御河上段（什刹海——平安大街）予以恢复。

3. 恢复湖泊的保护规划

（1）鱼藻池是金中都的太液池，应按原貌恢复。

（2）莲花池是金中都最早开发利用的水源地，应将其西南角水面按原状恢复。

4. 控制前三门护城河规划用地内的新建项目

前三门护城河是贯穿北京旧城的一条重要历史河道，它的恢复对于保护北京旧城风貌、改善市中心生态环境具有积极作用，在远期应予以恢复，目前要控制新建项目。控制范围为西起南护城河，东至东护城河，前三门大街道路红线以南70米（包括河道及相应的绿化带）。

来源：千龙新闻网

《北京市"十一五"时期
历史文化名城保护规划》（摘录）

发布时间：2007年12月21日

"十一五"期间北京历史文化名城保护重点

（4）旧城历史河湖水系的保护

在恢复菖蒲河、整治筒子河等水系治理工作的经验基础上，继续完善旧城河湖水系的保护，划定河湖用地范围和保护范围，并制定有关保护规定。

（a）现有历史河湖水系的保护

护城河水系：重点保护北护城河、南护城河、北土城沟、筒子河和金中都护城河遗迹。

风景园林水域：重点保护六海、筒子河等湖泊水域。

水工建筑物：重点保护万宁桥、银锭桥、北海大桥等。

（b）历史河湖水系的恢复和控制

重点恢复的历史河湖水系为玉河北段（万宁桥—北河沿大街）。依据玉河原上口宽15m，规划新挖玉河上口宽8m，两岸绿化隔离带宽度均为8m。规划新挖河道1067m，新建橡胶坝1座，可新辟水面面积约1.6公顷。

由于现状，前三门大街南侧已建有大量的公共建筑和居住建筑，考虑到原貌恢复前三门护城河工程对市政管线及交通路网造成的重大影响，河道的恢复工作主要以提出控制地带，将河道影响范围内的用地控制起来为主旨。

来源：北京之窗

关于保护北京的泉及水文化建言（两则）

关于保护北京地区泉水的建议

——2002年1月27日在市人代会上的发言

在北京的山区和山前地区有不少泉流，是我市宝贵的水资源。据八十年代有关部门普查，北京地区大小泉流有1240多道，总出水量约达2亿立米，相当于两个怀柔水库的容量。其中出水量在1000秒升以上较大泉流有51道。但是，现在这些泉流几乎无人管理，有的随意乱开发超量开采；有的被严重污染；有的像香山、卧佛寺水源头，每天游人排长队取水、淘水，已基本干涸，昔日潺潺流水早已成了干河沟，严重影响了这里的生态环境。为此，吁请市政府严重关注北京泉水的保护问题。特建议：

一、泉水当作宝贵水资源，纳入水资源统一管理，明确主管部门。在普查的基础上制定相应管理条例或规章。

二、对于水量较丰沛的大泉和名泉，要重点保护。在泉域范围内进行涵养性的保护措施。对于泉脉或景观遭到破坏的要予以恢复。严禁乱开发、开采，凡要开发的要先制定规划，并经主管部门审批。

关于在石景山顶修建治水先贤塑像的建议

——2002年1月27日在市人代会上的发言

刘靖父子是历史上最早开发永定河水利的治水先贤。

公元250年（三国时曹魏嘉平二年），镇北将军刘靖组织军士千人，在永定河上（今石景山附近），建戾陵堰、修车箱渠，灌田二千顷。其后在晋元康五年（295），戾陵堰被洪水冲毁四分之三。当时镇守幽州的刘靖之子刘弘，指挥将士二千人进行修复和扩大。发展灌溉一百多万亩。这一灌区先后延续了四百多年，为北京地区的农业发展起了重要作用。现在在石景山顶首钢已修建阁亭绿化山体，建议在此山顶加建刘靖父子塑像和纪念碑，增添一历史文化景点，花钱不多，但很有意义。北京水利学会水利史研究会为此提出建议，我认为很有必要，特予附后：

关于在石景山顶修建治水先贤
刘靖父子塑像和纪念碑的建议

永定河是国务院确定的全国四大重点防洪河道之一，从某种意义来说，也是北京的母亲河。北京建城已有三千多年的历史。它的建立、变迁和发展与永定河息息相关，紧密相连。在这悠久的历史长河中，曾涌现出许多治水先贤和英雄人物，刘靖父子就是其中的杰出代表。

据史料记载。曹魏嘉平二年（250年），镇北将军刘靖组织军士千人，在永定河上（今石景山附近）立遏于水，导高梁河，造戾陵堰，开车厢渠，灌田岁二千顷。后经进一步开发，灌溉面积达到了一百多万亩。晋元康五年（295年），戾陵堰被洪水冲毁四分之三，当时镇守幽州的刘靖之子刘弘，子从父业，亲临永定河现场指挥，制定修复方案，并命司马关内侯逄恽率所属将士二千人对其进行修复和改造，确保了车厢渠和下游灌溉系统的安全，使该项工程发挥了更大的效益。这一灌区前后延续了四百多年，为我国北方的经济发展起到了重要作用。车厢渠距今已有1750多年的历史了，但是现在的永定河引水渠道仍然遗留着往昔旧渠的踪影。在这一千多年的时间里，永定河水就是通过戾陵堰、车厢渠哺育了这里的人民，灌溉了这里的农田，繁荣了这里的经济，为北京城市发展准备了必要的物质条件。所以，称刘靖父子是"首开永定河的先驱，造福北京百姓的功臣"当之无愧。

关于刘靖父子开发永定河，修建戾陵堰和车厢渠的历史，在《水经注》书中有完整的记载。据多年的考察，车厢渠口大体上就在今石景山发电厂内的低洼地带，这里在金元时期曾搞过金口引水。近些年首钢在石景山山顶营建亭阁，绿化山体。刘靖曾登此山查看永定河水情。因此，为了纪念这两位治水先贤，学习先辈们百折不挠地与水旱灾害做斗争的精神，教育市民爱水、护水、惜水，提高节水意识，建议在现在的石景山山顶首钢修建亭阁处修建刘靖父子塑像和纪念碑。

我们认为，这样做不仅不会影响首钢对此山的建设，而且增添了人文历史景观。不需要大兴土木，花钱少，见效快，并且很有纪念意义。为此，我们建议由市政府出面商请首钢，北京市水利局和石景山区政府共同努力办好此事。

北京水利学会水利史研究会

关于北京市西北郊水源地保护（合作课题）

致牛有成副市长的信及批示

牛有成副市长：

现有急事向您报告。

今年6月30日，北京市水利规划设计院在该院召开了"南水北调市内配套工程终端调蓄回灌规划方案"专家论证会，论证拟在颐和园西门外修建一个四方形、30万平米、水深4.50米的大回灌池，池底及四周为钢筋混凝土和砖石密闭结构，周围有防护设施，以防游人靠近。论证的结果：多数人赞成，少数人反对。

与会的北京市市政系统高级工程师李裕宏等人不同意这个方案。我们支持李裕宏等专家的意见，理由如下：

1. 北京西北郊历史上是北京水脉的上游，为重要的水源地，进行保护和涵养，对于改善和恢复北京水生态环境、建设绿色北京至关重要，应该作为北京市规划设计的一个重要的指导思想确立下来。在北京水生态保护的重要地区，修建偌大的密闭水泥池及多处泵房、输水管道，将对北京西北郊水源地的涵养与保护造成严重破坏。

2. 在著名的世界文化遗产——颐和园控制建设地带建此宏大工程，与国家对颐和园及其周围"三山五园"的整体保护政策相违背，不仅对文物造成破坏，还将产生误导，引起强烈社会反响。

3. 该回灌池的规划设计位置正是颐和园西面古代养水湖和高水湖所在地（这是清代涵养水源的重要措施），属于水文物的保护范围。南水北调进京为利用北京原有水源（水库水和雨洪水）恢复养水湖和高水湖提供了历史机遇，北京市社会科学院正在组织有关专家对恢复养水湖和高水湖的必要性和可行性进行调研论证，调研报告将在10月结题上报。

为此，我们建议：在对颐和园西侧修建回灌池规划方案有不同意见的情况下，不应匆忙决策。市规划设计等部门的同志应多听听不同意见，应邀请多方面的专家进行再论证，以得出科学的规划方案，避免造成不可挽回的损失。

盼得到您的支持。

顺祝

安康

段天顺　于国厚

2005年8月13日

（段天顺：北京水利史研究会会长）
（于国厚：北京新闻文化咨询中心主任）

2005年8月18日
牛有成副市长批示：

请志忠查阅并提出意见。

2005年8月20日
北京水务局局长焦志忠批示（摘）：

这可是一个观念如何更新的实例，请你们组织全院人员剖析，把你们的设计和段老的想法对照一下就清楚了。从这件事看，设计院观念转变的任务远未完成。

致焦志忠局长的信及回复

致焦志忠局长的信

焦志忠局长：您好！

去年2月我参加北京社科院课题组组织的调研论证。有关专家学者通过调研提出一个《关于将南水北调中线终点调蓄水池与恢复高水湖养水湖结合，加大西北郊水源地涵养与保护力度的建议》，报送市政府、水务局、南水北调工程指挥部，同时送志忠局长、孙国生副局长。但至今一年多了，没有得到任何信息。据知此项工程明年奥运前即要通水。我们参与调查的同志都很关心这件事情。特写信给您并附原报告一份，希望能告诉我们一个结果意见。您工作很忙，不多打扰。

　　谨祝

　　工作顺利

段天顺

2007年8月24日

焦志忠局长的回信：

段老：您好！

　　您的信和"建议"我已拜读，我也是第一次知道这件事。

　　您的建议非常好，现在南水北调终端的设计完全采纳了您的建议。具体是将颐和园西面的砂石坑作为蓄水池，周边的一个村庄要全部拆迁，这样既可以恢复历史上的"高水湖"，又能做调蓄水之用，可谓一举两得。

　　今年，我们又将更西一点的一个大砂石坑作为雨水蓄水工程，并已开始蓄水。相信经过一段时日，这一地区的水环境会有一个好的面貌。十分感谢您对水务的关心和支持。

　　祝

　　身体健康！

焦志忠

2007年8月26日

附1：北京西北郊水源地涵养 与保护对策研究报告

（课题组：段天顺 于国厚 李裕宏 冉连起等）

一、北京已从水量性缺水转变为水量水质性缺水，成为制约北京经济和社会发展的瓶颈

北京是一个严重缺水的城市，据统计数据显示，北京市人均水资源占有量不足300m³/a，仅为全国人均值的1/8，世界人均值的1/30。而且随着工农业和生活污水的大量排放，水资源环境被污染，北京市已从水量性缺水逐渐转变为水量水质性缺水，水危机日益凸现，有限的淡水资源难以承载北京市经济和人口的高速度增长，已成为制约北京市经济和社会发展的瓶颈。

1.地下水已成为北京主要供水水源，造成地下水位持续下降

北京市的水资源量经历了盈余——平衡——短缺的过程。20世纪60年代前，地表水资源充沛，地下水开采量小，水资源总的供过于需。

60年代后，随着工农业的发展和人口增长，对水资源的需求量不断增加，地表水资源已经不能满足需求，政府逐渐加大了对地下水的开采量，这一阶段水资源的供需基本保持平衡。

进入70年代后，地下水逐渐成为工农业和市民生活

化的发展，硬化面积不断扩大，地下水入渗量不断减少，1975年，维持了十多年的地下水供需平衡状态开始被打破，其重要标志是以玉泉山为代表的众多泉水的断流。

进入80年代，由于水源八厂、"引潮入城"，同时政府加强了自备井的管理和节水工作，又遇上1985—1988年连续四个平偏丰降水年份，使城近郊区地下水位下降减缓，东郊承压水水位有回升的趋势。但地下水的开采量依然大于其补给量，地下水水位在总体上仍处于下降状态。

90年代降水量的增加，在一定程度上缓解了地下水的开采压力。同时因官厅水库经永定河向下泻流，河道内的地表水入渗量增多，城近郊区地下水得到快速回补，北京市城近郊区的地下水水位有所回升。

1999年以后，北京市进入连续干旱期。5年的连续干旱，导致地表水锐减，地下水在总供水量中的比例逐渐上升，由上世纪80年代的50％上升为2004年的77％，成为了北京市的主要供水水源。

由于长期大量超采地下水，造成地下水位持续下降。2003年地下水开采量为25.42亿m^3，超采3.92亿m^3。地下水埋深由1980年的7.24m增至2003年的18.33m，地下水储存量累计减少56.78亿m^3。

2. 水资源开发利用中引发的环境问题

（1）地表水、地下水污染严重

伴随着北京市经济和人口的迅速发展，产生了大量的生产废水和生活污水，排入河流后严重污染了地表水，进而导致了地下水水质的恶化。不仅如此，北京市平原区还分散有众多防渗措施较差的垃圾填埋场、畜禽养殖场和污水灌溉区等地表污染源，这些均严重威胁着北京市的地下水质量。

（2）地下水质存在"四高"问题

目前，北京市的地下水水质存在"高盐、高氮、高氟、高砷"四大问题。其中，"高氟、高砷"主要为天然污染，"高盐、高氮"主要为人为污染。在城近郊区，高硬度的地下水分布广泛，居民区、污水和垃圾集中填埋地区的地下水总硬度较高，污水灌溉区的地下水总硬度高于清水灌溉区，浅层地下水的总硬度高于深层地下水。与国家饮用水水质标准相比，城近郊区地下水中总硬度超标面积约290km²，主要集中在城市中心、西南和南部地区；硝酸盐氮超标面积约180km²，主要集中在城市南部地区。目前水源三厂和八厂由于硝酸盐和总硬度超标，需要与地表水勾兑才能达到饮用水标准。

（3）地面沉降严重

地下水的长期超量开采，也引发了地面沉降等一系列的环境地质问题。目前北京地区已形成了五大沉降区，分别是东郊八里庄——大郊亭、东北郊来广营、昌平沙河——八仙庄、大兴榆垡——礼贤和顺义平各庄，这些区域沉降中心的累计沉降量分别达到722mm、565mm、688mm、661mm和250mm。地面沉降最严重的地区，沉降量仍然还在以20——30mm／a的速度发展。

二、恢复高水湖、养水湖一举数得

根据对西北郊地区的现场调查，在西北郊的海淀区现有大量砂石坑，这些砂石坑渗透系数在5——200m／d之间，渗透性能良好，十分适合作为水源涵养地点。在这些砂石坑中，玉泉山脚下南侧的3个砂石坑为历史上高水湖、养水湖和泄水湖的遗址。高水湖、养水湖、泄水湖为历史上三座人工湖泊，清乾隆年间营建，水文化内涵丰富，遗留有水文建筑。如果能充分借用南水北调供水契机，利用届时北京市水资源可能出现的盈余水，在现有砂石坑基础上恢复高水湖、养水湖，既可以解决南水北调终点调蓄池的问题，又可以达到涵养地下水源的目的，还可以恢复历史水文物及湖泊水系，可谓一举数得。

三、南水北调终点调蓄池与恢复高水湖、养水湖、泄水湖结合的可能性

1.结合的必要性

南水北调中线工程进京终点调蓄池，原设计方案选定在颐和园西侧的团城湖，我们认为仅限团城湖是不够全面的，应该把利用团城湖调蓄与恢复高水湖、养水湖、泄水湖结合起来进行。众所周知，颐和园是世界历史文化遗产，其中团城湖的水面面积仅28.7公顷，可调蓄量为14万m^3，远小于南水北调进京终点调节池的要求，而且受颐和园文物保护的限制。如能将团城湖调蓄池与恢复后的高、养、

泄三湖合理连结，实行联合调度，会对颐和园一带整体生态环境的改善大有好处。

高水湖、养水湖、泄水湖恢复后，与西山、玉泉山、万寿山、昆明湖遥相呼应，在京西"三山五园"之间增添一处优美的风景胜地。以后还可以逐步恢复金河、北长河的"界湖牌楼"、"一孔闸"、"功德寺"等历史古迹，体现古都风貌。

2. 结合的具体方案

高水湖、养水湖的恢复要紧密结合南水北调工程的建设进行。根据对高水湖、养水湖、泄水湖周边环境的考察，以及与有关专家的多次讨论，建议不需要按照历史原貌原地恢复高水湖、养水湖、泄水湖，可在现有砂石坑基础上，根据土地利用现状进行适当的扩建和改造，与京密引水渠在团城湖闸上游连通，将南水北调中线供水工程、密云水库和官厅水库联合起来；利用团城湖西面田村山水厂取水口与高水湖连通，在高水湖西南侧又可与养水湖连通，这样就形成了高水湖、养水湖、泄水湖、团城湖、昆明湖多湖联合调蓄的局面，共同来调蓄南水北调中线供水进京水量，实现多水源的联合调度。

3. 湖底防渗措施

高水湖、养水湖、泄水湖将在现有砂石坑基础上恢复，可保持砂石坑现状基本不变，对于砂石坑以外范围则开挖湖深2m。历史上的高水湖、养水湖水面面积约为昆明湖面积的一半，现高水湖、养水湖遗址周边环境十分适合恢复，可恢复的面积大于100万㎡，实际恢复面积需要深入调研、分析后确定。

高水湖、养水湖、泄水湖恢复时，可根据供水量的多少最终确定湖泊底部采取何种防渗措施。

需要注意的是，高水湖、养水湖、泄水湖在恢复初期，水的入渗量较大，随着水的慢慢入渗，水中一些悬浮颗粒逐渐沉积下来，湖底的入渗量将逐渐减小。

4. 水源的保障

（1）京密引水渠水

南水北调水进京后，北京市供水格局将发生变化，北京市的生活用水将优先使用南水北调水。根据对南水北调水进京后的水资源供需平衡分析，根据水务部门估算，2010年约有10.52亿m³水进京，2030年北京的净分水量为14.9亿m³，届时有盈余水量可用于改善生态用水。因此，2010年后，可以考虑减少京密引水渠对生活的供水量，增加对海淀区的环境用水量，以补充恢复后的高水湖、养水湖需水。

（2）雨洪水

受大陆性季风气候及地形的影响，北京地区近10年的年均雨洪出境量为6.63亿m³（扣除过境水量），雨洪利用率仅20％—30％。高水湖、养水湖恢复后，有条件充分利用当地雨洪资源滞蓄于湖中。

四、西北郊的海淀地区为理想的涵养地点

西北郊可分为山区、过渡地带和平原，包括海淀区、石景山和门头沟的一部分。受基岩地质构造和永定河为主的河流作用控制，北京市平原区第四纪沉积物的分布由西向东逐渐加厚，岩性由粗变细，层次由少变多。在西北部地区，第四系主要以单一的砂、卵砾石层为主，十分适合作为地下水源涵养场所。

永定河穿行北京西山地域，西山出露地层的奥陶系灰岩地层节理裂隙很发育，有利于地下水在这些地层贮存与运动。其间以西山香峪村为轴心（自西向东经军庄、香峪村、挂甲塔、香山、玉泉山一线）形成的"香峪向斜"带，构成了补给和排泄自成体系、深埋地下逾千米、界限分明的独立含水层。含水层的西端向上翘起，上端出露于永定河谷，为接纳永定河补给创造了条件，其排泄去向为"香峪向斜"东部与南部相接的北京平原，其排泄的主要方式是泉。历史上玉泉山以下28处喷涌而出的泉水，成为"三山五园"之魂，也是北京人的饮用水源。这一特殊的水文地质单元，决定了这一地区是北京的水脉上源，选择在西北郊地区开展水源涵养工作，就等于抓住了北京市水环境改善的龙头。

五、建　议

1.恢复高水湖、养水湖与南水北调中线终点调蓄池结合进行涉及西北郊广大区域和多个部门，建议市政府敦请由市规委、水务局联合有关部门作出详细规划。

2.高水湖、养水湖的恢复不一定完全按照历史原样，可结合现状进行适当扩建和改造。在开展对高水湖、养水湖恢复工程时，必须将砂石坑内填埋垃圾清理干净，以免直接污染地下水源。

3. 高水湖、养水湖周边北坞、船营等村庄拆迁之后，在条件具备时，可建南水北调及历史水风貌博物馆。

4. 南水北调中线调水工程正式供水后，要有计划减少水源三厂对地下水的开采量，封存区域内的自备井，加大西北郊水源地的涵养力度，藏水于地下，以利于逐步形成北京市地下水战略水源储备库。

2006年2月

附2：《北京西北郊水源地涵养与保护研究》评审专家意见

匿名评审专家A意见

本文针对北京水资源短缺，地下水超采和污染，造成水生态严重失衡等问题，提出了"取养并重，以养为主"，"藏水于地下"的思路，并结合南水北调中线工程的建设，提出了恢复"高水湖、养水湖"的水源地涵养保护方案和对策。思路新颖，方案论述清楚，对策合理，论文条理清晰，资料数据收集广泛，具有较强的实践价值。对北京市水源地的保护和利用有很好的理论价值和指导意义，但对将"高水湖"作为"南水北调"的进京终点调节池问题还需进一步论证。

匿名评审专家B意见

此研究项目从一个全新的角度来研究北京市的水源地涵养问题，利用地下水超采形成的31.8亿立方米地下空库作为地下调蓄库，将地表富余水转入，成为北京市战略水储备，对北京市的水源保护战略有指导意义。研究从历史和自然条件的实际出发，提出的恢复高水湖、养水湖作为两大水系的调节池和地下水的入渗池，论证严密，资料和数据准确，切实可行。既解决了丰水年的两洪利用和南水北调的处理问题，又为北京市恢复了一处历史人文景观，只是在枯水年和平水年水源吃紧的情况下，如何应对两湖的入渗量未见论述。

匿名评审专家C意见

此项成果对于北京西部生态带的建设有重大意义，论证有很强的实用价值。

北京市地下水
可持续发展体系的构建（合作课题）

（课题组：马东春 段天顺 于国厚 冉连起 李静锐）

摘要： 目前北京市地下水尚存在地下水位下降、地下水环境恶化等问题，分析表明，地下水资源的利用和保护还处在比较简单的自然发展阶段。结合北京实际情况构建地下水资源可持续发展的体系，提出发展对策和建议，为北京市地下水资源利用和保护提供思路。

在我国，由于洪涝灾害、干旱缺水、水环境恶化和水质不达标，水资源问题尤为突出，成为当前制约我国国民经济发展的最大瓶颈。地下水资源是水资源的重要组成部分，特别是在地表水资源相对贫乏的干旱、半干旱地区和地表水资源污染比较严重的地区，地下水在保证居民生活用水、社会经济发展和生态平衡等方面起到更为不可替代的作用。

由于北京近8年连续干旱和地表水资源的污染，地下水的使用量占总供水量的比例逐渐上升，由1980年的50%上升为2004年的77%，地下水成为北京市的主要供水水源。如何可持续发展利用北京地下水资源关系到首都经济社会的全面发展。

1.北京市地下水发展现状及问题

1.1 从1960年到现在，北京地下水资源经历了盈余—平衡—短缺的过程。目前，本市平原区第四系地下水平均埋深20m。根据地质勘查部门分析，在不会造成不可逆的地质环境灾害的情况下，在地下水现有埋深的基础上还可超采15——20m，相应地下水储量为75亿——100亿m。其中具备集中开采规模的有潮白河、永定河、平谷、昌平等4处，共可开采32亿m^3[1]。据中科院和市地质勘查院初步勘查及研究成果，北京市岩溶水年可利用量4亿m^3，现有岩溶井3004眼，年开采量2.6亿m^3，尚有14亿m^3的开采潜力[2]。

1.2　北京平原区地下水水质总体较好，地下水污染主要集中在中心城区及南部城近郊区。根据对地下水质变化规律的研究表明，北京城近郊区地下水的污染范围与地下水的赋存条件、开采利用状况有密切联系。近年来由于地下水过量开采以及连续干旱、排污等多方面的影响，引发了许多地质环境问题。如地下水水位下降、地下水水环境恶化等。

1.2.1　地下水水位下降

20世纪70年代以来，由于人工开采以及地下水补给条件的变化，北京平原区地下水整体处于下降趋势。1999年开始，这种趋势有所加剧。与1970年水位相比，2003年潜水水位下降最严重的地区主要分布在冲洪积扇的顶部，包括北京西郊和密云、怀柔地区，最大降幅＞20m；承压水水位下降最严重的地区是朝阳八里桥地区和顺义天竺地区，最大降幅＞30m[3]。

从2003年对北京市平原区地下水水位调查中发现，北京平原区地下水漏斗总面积占平原区总面积的16.9%[4]。多年来，北京市平原区地下水开采大多处于超采状态，致使北京市平原区地下水位下降，最直接导致的地质环境问题是地下水降落漏斗和含水层的疏干。

1.2.2 地下水环境质量恶化

北京平原区地下水总体较好，水质优良。局部地区有机污染严重，主要分布在丰台潜水区和中部天坛、广安门一带的潜水—承压水过渡带，有机污染物呈点状分布，没有连成片，但仍然说明北京城近郊区地下水受到了有机污染。其他地区如北郊、东北郊、东郊承压含水层相对较好，基本未受污染。根据对北京城近郊区第四系地下水主要污染指标总硬度、硝酸盐氮超标区的多年变化规律分析，其污染主要经历了四个发展阶段，二十世纪五六十年代的原始阶段；1960—1980年的地下水水质缓慢变化阶段；1980—1995年的地下水水质加快污染阶段；1995年至今的地下水污染稳定阶段。

2.可持续发展体系构建

从北京地下水的发展现状看，地下水资源利用和保护还处在比较简单的自然经济发展阶段，应科学构建北京地下水资源可持续发展体系。

可持续性是使水资源永续利用。它要求长期与近期之间、当代与后代之间在水资源的利用和保护上遵循协调发展、合理利用的原则，而非掠夺性地开发利用和破坏。根据首都水资源的特点、地下水资源现状和发展地位，构建首都地下水资源可持续发展体系。

北京地下水可持续发展目标是既能满足当代人的一部分用水需要，又不危害后代人的需要，尽可能多地保存现有水资源。既实现当代人类经济发展的目标，又保护人类赖以生存的自然资源，促进人与环境的和谐发展。当代人的社会经济活动不超过水资源的承载能力，便可达到水资源的永续利用。

2.1　影响因素构建首都地下水资源的可持续发展利用体系应考虑5方面主要因素。

（1）自然因素。地下水资源的可持续利用要顺应水本身的自然属性和特性。

（2）环境因素。地下水资源作为环境资源之一，可持续利用必须充分考虑环境的承载能力，不仅是水自身的负荷能力，还有其他环境资源的约束和可承受范围。

（3）经济因素。经济增长是地下水资源可持续发展和利用的目标之一，同时经济发展水平也是水资源利用的决定和制约因素。

（4）技术因素。技术可以使潜在水资源得到有效利用，扩大水资源的可利用量，提高水资源的利用品质，并将人类行为对自然的干扰所形成的负面影响降到最低。

（5）社会因素。地下水资源可持续发展理念来源于人，受益于人，人既是服务对象也是参与者，因此人是核心和行为主体。

2.2　发展思路面对北京缺水现状，地下水资源的可持续发展应该是基于自然、经济、社会、环境与技术发展水平，通过法律法规、规范管理、科技与教育手段改善水资源利用系统，在不影响生活质量和发展速度的前提下，减少需水量，提高用水效率，降低水的损失与浪费，合理增加可利用水量，最大限度减少对环境的破坏，实现水资源的有效利用，达到环境、生态、经济效益的一致性和可持续发展。通过有效的污染防治措施和管理措施，与技术、经济、社会、环境同步协调发展，生态系统步入良性循环轨道，真正达到保护地下水资源的目标。

2.3 发展原则

（1）落实科学发展观，坚持全面、协调、可持续的发展战略，以地下水资源的可持续利用支撑北京经济社会的可持续发展。

（2）走人与自然和谐的可持续发展之路，在为经济社会发展提供水资源保障的同时，把改善地下水生态系统和保护水环境作为水务工作的重要内容。

（3）提高水资源管理水平，加强水市场建设，建设节水型社会。

2.4 体系构建和对策措施

基于对北京市地下水现状及存在问题的分析，立足现实，着眼未来，政府主导，动员一切社会力量，逐步形成四大主要体系。一是污染综合防治体系。主要针对现有污染源和可能的污染源对地下水质造成的不良影响。二是地下水源涵养体系。主要是保持现有地下水的水质、水量，通过其他辅助性措施涵养地下水源。三是地下水源回补体系。主要针对地下水超采过量，通过回补地下水量，减少超采地下水造成的负面影响。四是水资源联合调度体系。

通过水资源联合调度，对地下水用量统筹安排，适度开发，合理使用。

2.4.1 防治体系

（1）健全和完善污水排除系统。结合城中村、危房改造，道路改造与兴建，住宅区和公共服务设施的建设，健全污水支线和完善户线，企事业单位及居民点全部纳入市政污水排除与处理系统。

（2）建立完善生活垃圾暂存和转运站。各企事业单位设置密封垃圾箱，各居民点特别是农村平房户，统一建设防雨、防渗的垃圾临时堆存和转运站等设施。

（3）加大对城乡结合部等人口集中居住区的整治和管理。外来人口相对集中的地区环境一般脏、乱、差，随意排放污水和堆放垃圾的现象较为严重，对环境的污染，特别是对地下水的污染较重，通过整治和加强管理，理顺污水排放和垃圾转移过程的途径，全部纳入集约化系统。

（4）水质污染防治措施。严格执行《中华人民共和国水法》和《水污染防治法》，实行谁污染谁治理、谁开发谁保护原则，有步骤、有重点地解决水环境污染。采取措施减少污水排放，从而有效减缓环境污染。尽快完善水质监测站网，特别是对重点排污地段和重点水源地进行重点监测，以便更加清楚地掌握地下水污染现状，及时采取减少污染的有效措施。

2.4.2 涵养体系

（1）合理调整经济结构和布局。结合当前经济结构调整，将耗水量大、环境污染较重的企业进行转产或搬出水源防护区及主要补给区，以减轻对环境的污染负荷。

（2）合理布局居民点，减小硬化面积。整个西郊地区是水源三厂、四厂地下水源的主要补给区，地下水防护条件差，应保持良好的生态环境和补给地下水的自然条件。居民点密度过大，会加重地下水的污染，而且随着硬化地面的增大，会减少地下水补给面积。

（3）增加绿地面积。加大绿化力度，增大地下水的补给面积，以形成良性的生态系统，实现保护地下水资源的目标。

（4）营造水源涵养林。建设水源涵养林工程，固土阻沙，涵养水源。

（5）地下水水位降落漏斗防治。从地下水漏斗的发展趋势看，在不改变现有开采格局以及地下水补给条件没有大变化的情况下，地下水降落漏斗将会进一步扩大，应采取有效措施进行控制，控制地下水开采量，严格执行用水许可制度、加强节水宣传改善目前地下水的开采格局，进一步加大对地下水动态的长期监测力度，优化地下水动态监测网。

2.4.3 回补体系

地下水的回补水源主要是雨洪水和中水。通过回补，间接保护地下水资源。利用城市雨洪，拦截雨水和5年一遇的洪水，回灌地下蓄养地下水资源。利用中水。将经过深度处理达到一定标准的中水，在人工可控条件下，投配到土地上，通过土壤——植物系统自然地完成一系列物理、化学、生物净化污水过程，达到设计要求水质标准后回补地下。

2.4.4 联调体系

(1)划定水功能区域，加强水功能区域的管理。根据区域地理位置、环境特点、污染源和地下水污染现状及环境自然净化能力，合理布局工农业生产，合理调整产业布局，进行环境功能分区。在重点水源保护区，确保水源饮用功能的同时，兼顾其他功能，经济、环境协调发展。[5]

(2)调整供水水源结构，逐步转变为以地表水为主，地下水为辅的供水水源结构，有效储备和保护地下水。控制开采量，力争达到补给量与开采量相平衡，使地下水位稳定下来。

(3)加强地表水、地下水统一调度规划和雨洪水、再生水综合利用规划。对全市供水、排水、防洪、防涝、抗旱和污水处理等统一规划和管理，合理利用水资源，促进水的循环利用。

3.政策建议

根据对北京市供需水预测和平衡分析，2010年至少缺水16亿m³。水资源紧缺矛盾突出。如何克服水危机，保护和合理利用地下水资源，当前急需采取以下措施。

（1）加大节水力度，减少地下水使用量。以节水管理制度为主线，以节水措施为主要内容，以保障制度为支撑，通过强化节约用水，压缩用水需求，继续挖掘节水潜力，使北京全市的用水总量得到控制，从而减少地下水的使用量。

（2）突出治污，保护地下水资源不被间接污染。地下水资源保护，水生态环境建设方面的资金投入严重不足引发的现实问题凸现，如城市污水需要截流、处理，周边水系需要整治等。应加大改善水生态环境，保护地下水资源不被间接污染，为市民提供良好生活环境的同时保证地下水的持续可利用。

（3）科学开源，强化管理，实现水资源的合理利用。深度开发利用雨洪水，提高污水处理和回用率，充分发挥再生水的替代战略作用，达到保护环境和合理开源的双重目标。科学适度开采地下水，实现地表水与地下水联合调度。加强流域水资源统一调配，引导北京上游水源地区水资源配置和经济发展，建立北京与上游地区共同保护地下水资源，共同可持续发展的合作机制，保证地下水资源的可持续利用。

参考文献

[1]李会安，窦艳兵．南水北调水进京后北京市地下水利用与保护[J]．水利规划与设计，2006（5）：19-26．

[2]贺国平，周东等．北京市平原区地下水资源开采现状及评价[J]．水文地质工程地质，2005（2）：45-48．

[3][4]王炜萍．北京市超量开采地下水引起的地面沉降研究[J]．勘察科学技术，2004（5）：45-49．

[5]曹型荣．浅论北京市水资源问题和对策[J]．北京水利，1999（3）29-31．

《北京水务》2007.4

（马东春，女，高级工程师，此报告主笔。）

北京城区雨洪利用推广
政策研究 (合作课题)

（课题组：段天顺　于国厚等）

北京地区的水资源主要来源于天然降水，而全年降雨量极不均衡，其中85%的降雨集中在汛期6—9月份，这使得总体干旱少雨的北京时常出现汛期暴雨成灾，造成瞬间积水严重，甚至引发交通中断或严重堵塞。由于城市雨水利用在我国起步较晚，相应的政策法规尚不健全，特别是执行力度不够，因此尽管北京市在雨洪利用推广方面已经取得了显著成效，但仍存在一些难题需要破解。

一、北京市雨洪利用现状

北京市关于城市雨洪利用研究始于上世纪80年代末，北京市水利科学研究所等单位在国家自然科学基金资助下，开展"北京市水资源开发利用的关键问题之一——雨洪利用研究"。2000年，中德合作"北京城区雨洪控制与利用"项目启动，结合示范区建设，进行系统研究，初步建立城市雨洪利用技术框架。随后开展了国家"863"项目子课题"利用城市雨洪灌溉绿地技术研究与示范"等的研究。2000年，市科委、市发改委支持开展"北京城区雨洪控制与利用技术研究与示范"项目，取得关键技术突破，为北京市进一步推广雨洪利用提供了技术支撑。2005年4

月，北京市水务局组织编写的《北京城市雨洪利用技术导则》被作为奥运场馆建设推荐性标准，使城市雨洪利用技术得到逐步深化和系统化。

（一）北京市山区和平原雨洪基本得到了有效控制

雨洪利用从空间地域上分为山区、平原及城区雨洪利用。北京市山区修建了大中小型水库85座，累计治理水土流失面积4500平方公里，使山区雨洪基本得到了全面、有效的控制和利用。平原区雨洪采取点、线、面相结合的方法拦蓄汛期暴雨、入渗补源，调节浅层地下水，年回补地下水约3亿立方米，基本能够控制和利用自身产生的径流消纳部分来自上游的雨洪水。

（二）城区雨洪利用推广初见成效

北京市全面推广应用雨洪利用技术，分别应用在温泉环保园、奥运公园中心区、亦庄卫星城、永顺新区、黄村工业园区等地区。特别是在各个奥运场馆全部应用了雨洪利用技术。为充分利用河道、沟岔、砂石坑等蓄滞雨洪，2005年在凉水河、通惠河、潮白河上建成雨洪利用工程，总滞蓄能力为1966.3万立方米。截至2006年底，全市共建雨水利用工程103处，总雨水利用量达125万立方米。2007年，全市又新建雨洪利用设施328处，雨水综合利用量接近1000万立方米。

（三）城区雨洪利用有章可循

2005年至2007年，市政府及相关单位先后发布了《北京市节约用水管理办法》、《关于加强建设项目节约用水设施管理的通知》、《关于加强建设项目雨水利用工作的通知》等文件，规定北京市行政区域内所有新建、改建、扩建工程（含各类建筑物、广场、停车场、道路、桥梁和其他构筑物等建设工程设施），均应建设雨水利用设施。2007年4月1日，建设部发布的《建筑与小区雨水利用工程技术规范》国标正式实施，明确规定此规范适用于民用建筑、工业建筑与小区雨水利用工程的规划、设计、施工、验收、管理与维护。

二、北京市雨洪利用存在的问题

（一）部分工程设计不合理，只建不管现象严重

现有的雨洪利用工程，由于未考虑地区差异，其中有一部分工程不太符合当地情况，主要表现为：集雨池一味建大，导致部分设施闲置，效率低下，造成了浪费。有些地区则监管不力，只在雨洪利用设施建设时进行监管，在建设完成后，没有相关部门对该设施的使用情况进行管理，也没有制定相关的奖惩措施，因此，部分用户为避免麻烦将设施闲置。有些近年建设的雨洪利用工程使用的技术规范资料陈旧，与北京市目前水资源的实际状况不符合，导致很多工程设计不合理。

（二）城市道路雨水未得到利用，雨水污染未得到控制

北京城区内机动车道的面积约15平方公里，每年产生大量高污染的雨水径流。这些雨水直接排入城市河湖，从而污染河湖、破坏景观。每年冬季融雪剂的使用更增加了道路雨水利用和清洁排放的难度。

（三）城市绿地的滞蓄和引渗功能未充分发挥

目前北京规划市区内已建绿地达到170平方公里，其中很大一部分绿地不能全部消纳自身的雨水径流，需要向外部排放。如果充分利用这些绿地调蓄和下渗周边区域的雨水，则不仅减少雨水流失，还能营造绿地水景观、增加地下水补给量、涵养水源。

（四）缺少公众的参与

雨洪利用工程与全体市民的日常生活息息相关，对社区家园的绿化、美化及环境建设有直接的影响，是一项利民惠民的社会工程。目前公众对这一问题的认识和参与程度还远远不够，即使有所认识并持欢迎态度的用户和市民，也因缺少具体指导而不好参与或不知如何参与。

（五）缺乏激励政策，企业积极性不高

雨洪利用工程建设公共性强，投资回报期较长，在短时间内很难显现其经济效益。有些企业和投资人看到了其中的商机，有参与建设的愿望，但因缺乏激励机制，在未看到收益前景时，参与雨洪利用建设的动力和积极性不高，大多持观望等待态度。

（六）雨洪利用推广工作缺乏长期计划，进展缓慢

通过调研我们了解到，北京雨洪利用工作通过试点，正在有序推进，但从总体上讲，一方面缺乏长期规划；另一方面实际应用面积有限，工程进展及推广速度远远满足不了城市建设过程中对雨洪收集利用的需求。

三、进一步推广雨洪利用的对策建议

（一）制定激励政策，鼓励企业、使用单位和公众参

与建设和管理

　　为了调动相关各方参与雨洪利用的积极性，建议通过政策界定建设方（政府、社会投资人）、管理使用方（企事业单位、居民区）和服务方（社区民众）的责权利关系，让各方有权可用，有利可图，有责可问。当前迫切需要出台的激励政策有：

　　1.从战略上对北京雨洪推广利用做出中长期计划安排，鼓励和推动这项公共工程的进展。建议根据不同情况提出不同要求，制订出在未来五到十年能够达到的合理的推广目标。

　　2.建议出台一套估算雨洪利用经济效益的方案，确定项目效益具体包括的内容及计算方法，并落实责任单位，让开发商及使用单位切实感受到利益所在。同时每年出台一个关于排放的标准手册，让研发、生产、使用单位都有章可循。

　　3.制定与现征收的防洪费相关（减免或返还防洪费）的激励政策。由征收防洪费改为征收"防洪设施费"和"雨洪排水费"。将征收的费用直接与排水量的大小挂钩，以鼓励企事业单位积极建设雨水利用工程。减免防洪费的原则应以不增加河道行洪压力为最终目标，依据削减的比例进行减免或返还。

　　4.将雨水收集利用与市场开发相结合，鼓励高科技企业开发雨洪利用技术，鼓励民间资本参与雨洪利用建设，使其逐步走向产业化发展的道路。

（二）因地制宜，合理开发建设

雨洪利用工程是一项利国利民的大工程，为避免事倍功半，推广工作应该结合当地实际情况，不断总结经验，循序渐进，以免造成不必要的损失。

1.雨洪利用设施建设应因地制宜，针对不同的特点在不同的地方采用不同的设计方案。例如：在适合入渗的地方铺设透水砖，在适合储存的地方修建集雨池，在适合营造自然景观的地方直接利用雨水进行景观建设等等。不同的利用方式不仅达到了节约用水、充分利用雨水资源的目的，还美化了环境，涵养了地下水源，让设施最大程度发挥效用。

2.对于新建、改建、扩建工程（含各类建筑物、广场、停车场、道路、桥梁和其他构筑物等建设工程设施等），依照法律法规规定其必须进行雨洪利用工程设计和建设。已建设中水利用设施的新改扩建设工程，必须同时考虑建设雨水利用设施。

3.对于旧有建筑，包括小区、公共服务区等，政府应鼓励建设雨洪利用设施，逐步将已有的城市人行道、广场、停车场改造为透水地面，将城市公共绿地改造为雨洪滞蓄地，同时制定相应的奖励政策以调动各单位参与的积极性。

（三）加强监管，确保雨洪利用设施有效运营

1.雨洪利用设施建设施工期间，需要有相关部门对施工技术加以指导和监管，确保雨洪利用项目的建设质量。同时加强对"三同时"的审批和监管，即建设项目的主体

工程与节水措施同时设计、同时施工、同时投入使用。

2.保证雨洪利用工程和设施的正常运营，落实雨洪利用的运营监管责任，加强监管。要制定责任追究和奖惩管理办法，根据设施使用运营的情况给予一定的奖励或惩罚。

3.制定实施雨洪事故应急管理办法，应对突发事件。

（四）加大宣传力度，动员全民参与

1.雨洪利用工程需要政府主导下的企业和普通民众的共同参与。建议利用网站、报纸、电台、电视台以及科普读物等多种形式加强宣传力度，让公众更多地了解雨洪利用建设的优点，并鼓励企事业单位开展雨洪利用工作，形成全民参与雨洪利用建设的局面。

2.通过政府购买服务的方式，动员、组织社会团体参与到社区建立雨洪利用推广志愿服务小组中来，负责小型雨洪收集工程的修建、管理和维护。政府则以购买行业协会服务的方式与委托服务方签署服务协议，支付相应的费用，并负责监管。

3.大力推广成熟技术，鼓励市民和社会组织参与。雨水利用有多种技术实现方式，有关部门应制定一些简易雨水利用设备，分发给居民、学校和其他社会单位收集雨水，就地利用。

2008年10月17

来源：北京社科规划办官网

略论永定河历史上的水患和防治

永定河是流经我国北方山西、内蒙、河北、北京，天津等五省、市的一条重要河流。它虽然比不上长江、黄河等大江大河的源远流长，但是，由于它特殊的地理位置——流域穿插于长城内外，加上其他政治、军事、经济等因素，使这条河的两岸广大地区成为我国北方各民族汇集融合之区。在历史上，它哺育了北方各民族的发展，促进了汉族和各兄弟民族间的经济、文化的交流，也创造了辉煌灿烂的文化艺术。永定河上游的大同，古称平城，是早在1600年前鲜卑族建立的北魏王朝的首都。在建都近100年的时间里，成为北方地区的政治、经济的中心。辽太宗会同元年（938年）把燕京（或称南京）和西京（大同）定为陪都。从女真族建立金王朝以后，元、明、清各代的800多年间，都以永定河中游的北京为首都，使北京成为全国的政治中心。

这里应该特别指出的是，北京从最早的居民聚落点发展到全国政治中心的大城市，它的迁移及扩展和永定河息息相关。有人把永定河誉为北京的摇篮，是很有道理的。历史上，北京人民是靠永定河水抚育成长的。那清冽的玉泉山诸泉，主要是永定河水通过石灰岩层渗滤而来的，城近郊区丰沛的地下水，大部分是永定河水通过地下补给的；西郊、北郊和南部郊区的大片土地是引永定河水灌溉的；就是那装饰着北京城秀丽风光的河湖淀泊、什刹诸海，其实也都是古永定河道的余脉。直到今天，永定河仍然是承担北京地区工业、农业和城市生活的主要水源之一。因此，我们完全可以说，永定河北京地区世世代代的人民，促进了北京城的成长和发展。

然而，永定河在历史上也曾给两岸人民带来过巨大的灾难。北京，也正是在和永定河洪水进行长期斗争中发展起来的。众所周知，北京建立在永定河的冲积洪积扇上，在其漫长的发展过程中，经常受到永定河洪水的威胁，并且多次遭到洪水之害。从金、辽建都北京以后，永定河洪水更成为首都建设发展的严重障碍，历代王朝都为它伤透了脑筋，付出过高昂的代价，有过惨痛的教训。但同时也为防治水患积累了丰富的经验。新中国成立后，党和政府对永定河进行了大规模的治理，取得了历代王朝所不可比拟的巨大成就，保障了首都的安全和社会主义建设事业的顺利进行。然而，我们必须清醒地认识到，永定河的全面治理方案还没有确定，目前，永定河的洪水还没有得到根本性的控制，它仍然威胁着首都的四化建设。因之，认真研究历史上永定河洪水的规律和特点，总结历代治水的经验和教训，对于彻底根治永定河，保障首都四化建设的顺利进行，仍然是一件有重要现实意义的事情。它是我们首都的水利工作者，水利史研究者的一项十分重要的任务。

一　永定河的形成及其水流特点

永定河古称㶟水、治水，又名卢沟河、浑河、无定河。其上源分南、北两大支流，北支为洋河，发源于内蒙兴和县；南支为桑干河，发源于山西宁武县。两大支流经山西雁北地区和河北张家口地区，在河北怀来县的朱官屯会流，始称永定河。再东流到官厅，又纳发源于延庆的妫水河后入官厅山峡，至三家店出山，进入北京平原、从西北向东南方向穿京、冀，达天津归入渤海。全长约700多公里，流域面积50,830平方公里。

根据中国科学院地理研究所和北京师范大学地理系的地质地理工作者考查研究，认为永定河在穿过官厅山峡出山口后，堆积成北起清河，西起小清河、白沟河向东南方向的方圆百余里的冲积扇。古时候，永定河在这北京平原冲积扇上自由摇摆，留下众多故道。整个冲积扇平原表面覆盖着一层堆积物，自西向东逐渐加厚。

永定河出峡后的河道，是距今5,000年前形成的。当时这一地区气候温和，水网发育，植被茂盛，水量充沛。以后，随着人类活动的增加，战争频仍，植被渐遭破坏，水土流失日趋严重，使河水含沙量逐年增加，河道摆动迁徙频繁。几千年来，永定河大体经历过如下几次大摆动。

商代以前，永定河出山后经八宝山，向西北过今昆明湖入清河，走北运河出海。其后约在西周时，主流从八宝山北南摆到今紫竹院，过积水潭，沿坝河方向入北运河顺流达海。春秋至西汉间，永定河自积水潭向南，经北海、中海斜穿出内城，经由今龙潭湖、肖太后河、凉水河注入北运河。东汉至隋，永定河已移到北京城南，即由石景山南下到卢沟桥附近再向东，经马家堡和南苑之间，东南流经凉水河入北运河。唐以后，卢沟桥以下永定河分为两支，东南支仍走今马家堡和南苑之间；南支开始沿凤河流动，其后逐渐西摆，曾经摆到小清河、白沟河一线。自有南支以后，南支即成主流。迨至清康熙筑堤后，永定河始成现状。

查永定河水系自其形成以来，渐次显示出其自身的如下特点：

（一）坡陡流急。永定河上游自桑干河源头海拔1,100米开始，行经石匣里峡谷，到达怀来平原的官厅，高度降到400多米，河道平均纵坡达2.9‰，其后由官厅到三家店出山，长达110公里，高度又降到100米有零，纵坡达2.7‰以上。在如此陡峻的纵坡上行洪，水流急速，从山峡的雁翅到三家店约45公里行程仅用两个小时即可达到。

（二）泥沙夹泄。永定河源出自黄土高原，流域形状上宽下窄，上游支流众多，山坡植被差，水土流失严重，从而每次暴雨，众水汇归，冲蚀坡谷土沙，奔流急泄，洪水含沙量大，全河最大含沙量为每立米400公斤。年平均含沙量为每立米122公斤。年平均输沙量为8,200万吨，素有"小黄河"之称。出官厅山峡后，河道纵坡变缓，从而水缓沙停，淤积填塞，常易造成河道决口或改道。

（三）洪、枯水量相差悬殊。由于永定河地处华北半干旱地区，年降雨量仅400至500多毫米，且70%或80%集中在7月中、下旬和8月上、中旬。同时，年际降水变化也很大，少雨年仅200至300毫米，而丰水多雨年则达1,300多毫米。这就形成为枯水季河多断流，汛期却又决堤漫桥或是连旱数年后又连续出现洪灾的现象。据统计，该河多雨年份与少雨年份汛期最大流量竟相差近百倍。而这一特点又往往麻痹人们对于洪水灾害的警惕性，以致造成更大的灾害和损失。

（四）中下游摆动不定，尾闾不畅。由于上游水急，沙行甚速，出峡后水缓沙停，河床逐年淤出地面3至5尺。三角淀河道游荡区洪水屡有出槽决口，河道南北摇摆。下游尾闾，与大清、子牙、南运等河同归海河排入渤海（现已新开一条永定新河直接入海），几条河道经常在汛期同时发生洪水灾害。

二 历史上的永定河洪水及其灾害

正是由于上述地形、地貌的特点，永定河经常发生洪水灾害，成为北方地区有名的害河。从洪水发生的季节和水量来看，该河年有四汛，即凌汛、麦汛、伏汛和秋汛。

凌汛为春季融雪融冰所造成。历史上最大凌汛水流量曾达到500至600秒立米，由于河水带有大量冰凌，左冲右撞，极易毁坏河道工程。如遇气温骤降，冰凌阻塞，还会造成"冰坝"，壅高水位，漫堤决口，以致造成重大灾害。最严重的如清乾隆十六年（1751）农历二月，凌汛的冰水把永清县冰窖村附近堤防埽工冲开缺口，河水汹涌澎湃，夺溜而出，造成永定河下游改道[①]。

麦汛，亦名麦黄汛，一般在5月初麦黄时节发生，有时也能达到200或300秒立米的流量。

秋汛，即立秋后的涨水，有时水量也相当大，如1947年9月23日三家店洪峰流量曾达到1,770秒立米，险些造成灾害。

但是，永定河水量最大，为害最重的则是由夏季暴雨所造成的伏汛。其洪峰流量经常在1,000秒立米以上，最大可达10,000秒立米以上。一次洪水的延时一般是三天左右，但如果在长时间连续降雨后又降暴雨时，其洪峰往往形成"复峰"，则洪水持续时间会相当长，达到十日左右，对两岸的城镇农村危害性很大。

永定河洪水发展为严重的水害，有它历史发展过程。有的史家认为，金、元以前永定河有灌溉交通之利，不闻有大患②。这个问题应该做历史的分析，实际上永定河洪水在金、元以前也屡有发生，只是有洪而未致大害。这一方面是永定河中、下游地区当时尚未全面开发，地广人稀，经济落后，洪水虽有泛滥，于国计民生危害不大，因此记载也较少；另一方面，下游广大地区内湖泊洼淀很多，永定河水流散漫，又多为众多的湖泊洼淀所滞蓄，因此，不遇特大洪水是不易酿成大灾的；同时，上游地区的植被也未遭到破坏，森林密布河水含沙量小，河道很少淤塞，从而减轻了河道漫溢成灾的现象。金、元以后，北京成为全国政治中心，这一地区经济不断发展，人口增加；处于尾闾的天津，也逐渐由小镇、小城发展变为商埠重地。而上游地区，由于原始植被遭到破坏，水土流失日渐严重，河水含沙量增加，河道淤积日趋严重。加之，金、元以来修堤固槽，使河道形成地上河，每遇洪水，常常决口成灾。

清代中叶以后，永定河失修失治，因此洪水灾害到后期也就日益严重了。根据历史资料统计，从金代开始至1949年的834年间，永定河共决口81次，漫溢59次，河道改道9次。其中，金代108年决漫4次；元代134年中决口漫溢17次；明代276年中，决口漫溢29次；清代达到了高峰，在268年中就决口漫溢78次，平均每7年左右就发生一次洪灾③。

从永定河的丰枯交替频率来考察，有两个特点，一是年内丰枯变化剧烈，经常出现先旱后涝，春旱秋涝的现象；二是久旱之后出现洪涝，或连续出现大旱或大涝。例如，公元17世纪，明代的万历三十二年（1604年）、三十三年（1605年）、三十五年（1607年）连续大水。19世纪末，清代的光绪九年（1883年）、十二年（1886年）、十四年（1888年）、十六年（1890年）、十九年（1893年），10年间有5次较大的洪涝。

值得注意的是，永定河洪水为害的主要地区在中、下游，即从三家店出山后的广大平原地区、首当其冲的就是北京。

现在的北京城位于永定河左岸，永定河出山后河道高程比城区地面高出40多米，成建瓴之势。从永定河河道的偏摆过程和北京城址的转移来看，两者呈相反方向发展，即永定河道从北京地区的北部向西南部迁移，而北京城则是从西南转移到北部的现在位置，这不是偶然的。我们认为，北京城的这种移动，和御防永定河洪水袭击有极为密切的关系。因为，在永定河岸边建立和发展城市，必须首先考虑到这条河的洪水问题，不然，这个城市是难以存在的。辽代在今广安门附近建立陪都南京（北京前身），金代更将其扩建为中都。当时永定河正位于今看丹、马家堡、凉水河一线，距都城较近。这一地带比较低洼，又是西山诸水汇集之地，因此，经常受到洪水的侵袭和威胁。据《辽史》载：统和十一年（993年）秋七月"桑干溢居庸关西，害禾稼殆尽，奉圣、南京庐舍多垫溺者"。应该说，在这里建立都城是不合适的。元代修建大都城时，即将城址北移，显然是考虑到防洪这个重要因素。从防洪角度看，元代的大都城址，可以说是在永定河冲积扇脊背上的最优位置。如果再向北移，则离清河河谷太近，再向东迁，又遇到温榆河、北运河低地，由此可见大都城设计者的匠心。应该说这个城址比前代的中都就安全多了。后来明代又将城址稍向南移，并于明中叶以后修建了外城。现在的北京城址，几百年来，经受了多次洪水考验，基本上避开了一般洪水的袭击。当然，遇到特大洪水，城区受到很大威胁，特别是外城部分和近郊区，在明、清时期曾几次受到洪水侵扰。从历史文献及有关资料记载，明、清两代，永定河洪水（有时与西山洪水并发）进袭北京西南诸门和近郊区的有明嘉靖二十五年（1546年）、天启六年（1626年）、清康熙七年（1668年）、嘉庆六年（1801年）、光绪十六年（1890年）、光绪十九年（1893年）等等。这几次洪水进袭北京，都是在遇到以下情况时发生的：一是永定河洪水与拒马河、大清河洪水遭遇，形成顶托，卢沟桥以上洪水宣泄不畅，致使石景山以下埽工决口漫溢，溢水东趋，直灌京城。二是永定河卢沟桥以上左堤决口洪水东趋后与西山水合流，进袭北京西南诸门。三是，永定河洪水逼城后，为防止洪水灌城而关闭城门和水关，致使城内沥水难以宣泄，造成城外洪水壅门，城区内沥水浸泡的局面，此种情况为害最烈。如清嘉庆六年（1801年）七月，永定河全流域大雨，上游山西浑源一带大雨十余日，浑源县城被淹；中游怀来县大雨六、七日，造成"田稼淹没，籽粒不收，四境无完室"的惨景④，当时宛平县境内官厅山峡的珠窝村被迫半个村搬家⑤，清水河支流上的斋堂镇被冲掉南部半条街。北京地区也连续降雨，据《清宫晴雨录》记载，当年七月份只有四日晴天，一个月降雨六百多毫米。城内"宫门水深数尺，屋宇倾圮者不可数计"⑥。永定河石景山左堤漫决5处，计长90余丈，南北两岸决口18处，总长达3,200余丈，卢沟桥孔宣泄不及，洪水将桥栏石狮冲毁。北京城右安门外大桥被冲断，永定门、右安门外灾民多至两万余人，"人多避树上巢居"⑦。又如光绪十六年（1890年）大水，北京7月份降雨871毫米，永定、大清、潮白等河同时暴涨，永定河桥下左岸决口，加上西山洪水自旱河南侵，使阜成门、西便门一带洪水陡涨，外城之永定、右安、左安诸门不能启闭，京城外东、南、西三面"均成泽国"⑧，而城内侧，"沟渠壅塞，水无出路，致家家被水，房屋倒塌。大清门左右部、院、寺各衙门，亦皆浸泡水中，墙垣间有坍塌"⑨。

这里，有个很值得注意的情况是：据两条史料记载，永定河洪水曾冲进过北京城内。

其一是，康熙《通州志》载："明天启六年（1626

年）闰六月，久雨，卢沟河水发，从京西入御河，穿城经五闸至通州，民多溺死"。

其二是，彭孙贻《客舍偶闻》记载：康熙七年（1668年），"浑河水决，直入正阳、崇文、宣武、齐化诸门，午门浸崩一角"。

有些水利史家认为以上两条史料不见官方文献记载，同时认为北京城墙是坚固的防洪工程，一旦来洪，诸门紧闭，可保无虞，因而怀疑其真实性。这当然有待于进一步查证。但是据我们分析，这两次洪水进城是极有可能的。

第一，这两次洪水都属于百年不遇的。并且久雨之后又降暴雨，洪峰高、洪量大，持续时间长，灾害严重。像天启六年洪水，久雨之后，永定河洪水与西山洪水同时暴发，城内积涝严重，"水涨五六尺，新旧房屋倒塌，不计其数"。有人作诗形容"满城如听万家哭，墙崩屋圮随流荡"。"屋舍平浮迩波涛，百家尽洗卢沟桥"[10]。情景之惨，可见一斑。康熙七年是全流域大雨，首先在永定河上游的宣化、怀安及晋北一带连续降雨，中游的怀来、延庆降雨七昼夜，洪水淹泡了怀来城，"城垣屋庐多浸没"[11]。然后从官厅山峡倾泄而下。决卢沟桥上左岸而东趋。据《（康熙）武清县志》记载：这次洪水"水凡七涨，计二十余日"。

第二，城墙固可防洪，但久雨倾圮之事，则常有所闻。《天启实录》载："天启六年闰六月辛亥……大雨连绵，都城及桥梁坍塌"。可见城墙也不是最保险的抗洪工程，洪水有可能自圮墙缺口攻入。

第三，从地形和洪水流势来看，洪水进城也是极有可能的。历史上永定河决口在卢沟桥以上左岸者大多在故金口（即今麻峪村南石电护堤头）、庞村（岸边原有镇河铁牛）、衙门口等三处，这三处距护城河西便门起点分别为21.5公里、18.7公里、12公里；而三处河岸高程北京海拔标高顺序为90米、80米和70米，但西便门处河岸标高仅48.5米，最小的高差有21.5米，这就形成洪水高屋建瓴，直泄而下之势。同时若从庞村或衙门口决口，水将沿现在的新开渠和水衙沟直入莲花池和莲花河，冲决莲花河左堤岸，直侵广安门。如果从故金口决堤，洪水行经线将沿石景山北、金顶山南、老山北、八宝山北的一条明显的沟槽地带，其后顺金钩河路与沿现在的永定河引水渠路线汇合，直入西便门水关进城。这条流经路线的纵坡约为20%，是比较陡的坡度。一个小水关或城门是不易挡住的。

至于这两条史料的可靠性，我们认为没有什么问题。

康熙《通州志》成书时间距天启六年洪水不过几十年，而志书对灾异情况的记述是比较重视的。《客舍偶闻》的作者彭孙贻就是当时人，是一位明末清初颇有民族气节的名士，入清后一直未做官。这部书是在旅居北京时，从"酒人豪士间，抵掌谈世事，无所讳突梯者"[12]听到的材料写成的。因为京师被淹，被认为是有伤皇威的政治事件，未记诸《实录》，也不无可能。

永定河洪水对于京畿各县的浸害也是相当严重的。像明天启六年洪水，据有关县志记载：良乡城被冲毁，"势若江河、尸积遍野"（见《良乡县志》）；安次县

"浑河入城，房舍淹没，人民架巢为居，禾稼尽失"（见《安东县志》），清代康熙七年洪水，良乡城"水入西门至县治，衙内外水深数尺，南关民房冲毁过半"；新城县"淫雨，浑河涨，溃民舍千余，溺死者三百余人"（《新城县志》）；永清县"卢沟桥水溢，禾稼尽漂"（《永清县志》）；雄县"浑河决于卢沟，遂东奔雄，平地如钱塘江湖，先攻高阜，泛滥四溢，村庄陆沉殆尽"（见《雄县志》）；武清县"卢沟水溢，从凤河至城下，平地深丈许，三门俱塞，水瀑入城不能御，东城楼坍坠，其流始障"。（见《武清县志》）清代康、乾之际，兴修加固了三角淀以上两岸三地堤防，但因泥沙淤积，下游河道仍经常决口。洪水在京南、霸县北、涿县东、武清西间的广大地区游荡，这一地区的十余县几乎年年被灾[13]。

天津，位于永定河的尾闾，是海河诸水的出口，而永定河又经常与大清河、子牙河、潮白河同时泛滥，或相续为虐，从而使天津成为历次洪水的重灾区之一。如清嘉庆六年（1801年），永定河洪水与大清、子牙洪水相遇，汇淹了天津城。适值东南风紧，东风鼓浪、海潮倒漾，洪水受阻难泄，海潮与洪水在海河河道中互相激荡冲突，造成溃堤决口，水淹天津城二十余级城砖。据《天津县新志》载："永定河盛涨，天津受群流贯注，城不没者三版"（按一版为八尺）。又如1939年洪水，永定河全流域连续降雨，河水急剧上涨，洪峰最大流量达4665秒立米，大清、子牙、南运诸河同时上涨，仅拒马河（大清河上游）洪峰流量即达8,500秒立米）。形成庞大的移动湖，移向天津。8月20日，天津内围堤决口，洪水进入天津市区。仅5个小时，即将天津化为水乡，最深处水深2.12米，仅河北区尚可认出陆地。这次海河洪水淹没区约45,000平方公里，死人达2,720人⑭。

三 历代对永定河洪水的防治

历代对永定河洪水的防治，是随着这一地区经济的不断发展，政治、军事地位不断上升，以及统治阶级对这条河的开发利用等因素而不断发展的。总趋向是随着对这条河的特性的逐步认识，治水科学技术的不断进步，防治措施也逐步完善，效益也在逐步提高。

历史上最早治理永定河水患的工程，是三国时曹魏嘉平二年（公元250年），征北将军刘靖在永定河上修建的戾陵堰和车箱渠。这项北京地区最早的大型水利工程，主要是兴灌溉之利。但同时也具有防洪分洪作用。据《水经注》刘靖碑表之记载，车箱渠和戾陵堰是"山水暴发，则乘塌东下，平流守常，则自门北入，灌田岁二千顷"。"高下孔齐，原隰（？缺字）平，疏之斯洫，决之斯散，导渠口以为涛门，洒滮池以为甘泽"。这说明该项工程平时引水灌溉，汛期分泄洪水，防洪兴利兼收。该渠于公元262年、295年又曾两次扩建和重修，获益几十年。

但是，以后几百年间，特别是唐代以后，北方地区潘镇割据，连年战乱，大片土地荒芜，人烟稀少，经济凋敝，历届统治者自然不会关心水灾的治理。直到辽代将北京建为五京之一，才又对永定河洪水有所注意，但如何治理，未有所闻。

在永定河治理上提出治水思想并修建防洪工程，是以金代中都建成以后才开始的。此后的800年间，历代的治水方略和工程措施，大体可分为几个阶段。

（一）金、元时期，永定河治导思想的重点是开发利用河水以通漕运，对防洪问题，基本上是采取水来土挡、筑堤防水的方法。如金代曾于大定十一年（1171年）开金口，分水过中都北，东入漕河，以通漕运。但由于高峻积浅，不能胜舟而告失败。以后又于大定二十九年五月至明昌三年六月（1189——1192年），在永定河兴建卢沟桥，定名广利桥，以便利南北交通。但对于永定河的洪水灾害，只堵决口，不做工程。如金大定二十五年，永定河决上阳屯、显通寨等处，只发民夫堵塞缺口，以致下游改道。

元代也是重点着眼于开发利用河水通漕。元初，元世祖忽必烈很注意河道的通航问题，当他听说永定河可以通船到张家口的洗马林，就立即派郭守敬前去踏勘，后行船至半途，受山峡之阻，根本行不通才作罢。在元世祖至元三年（1266年）他采纳郭守敬的建议，再次开金口，导卢沟水以运西山木石，用于修建大都宫殿。1272年5月末大雨，永定河洪峰在金口黄浪如屋，洪水东趋，冲毁桥梁。为了吸取教训，郭守敬在1301年，当浑河水势浩大时，为防止水灌大都城，将金口以上河身用沙石杂土尽行堵闭。这次堵塞20年后，到元至治元年（1321年）洪水又曾冲开金口，"七月大霖雨，卢沟决金口，势眺王城"。情势紧急，元廷立即"补筑堤百七十丈崇四十尺"，阻挡了洪水入城[15]。又过了20年，到元顺帝至正二月（1342年）再开金口，引水通漕，但放水后由于流湍势急，泥沙壅塞，船不可行，终于失败。只好杀掉两个建议重开金口的官员了事[16]。

开发永定河的水利，必须正确处理水害和水利的关系。害和利是水流的两方面，只知兴利而忽视除害，则害未除，其利也难兴。金、元的治水教训，恰恰是重在兴利，对于防洪则缺乏科学的治导思想，以至多次开发，兴利不大。元代对防洪工程虽稍有注意，曾多次修筑部分堤段，进行过较大规模的修整，但只知筑堤一法，效益不高。

（二）明代在永定河治理上是以筑堤防洪为重点，防洪的核心是保卫北京，这是在治水方略上一个很重要的转变。据有关史料记载统计，有明一代，曾有25个年份发动军民修筑永定河堤防。规模较大的几次如：自宣德九年至正统三年（1434——1438年），用了4年的时间大修卢沟桥以上左岸堤防，在重点险工段修建了石堤，以保卫首都的安全。嘉靖年间，京师又曾发生连续性的永定河洪水侵袭，几次从卢沟桥以上的狼窝口，杨木厂等地决口，威胁京师安全。所以在嘉靖四十一至四十二年（1562——1563年），皇帝发帑银三万五千余两，派工部尚书雷礼修筑卢沟桥以上左岸堤防，把土堤都换成石堤。据《宛署杂记》卷二十《敕修卢沟河堤记》载："凡为堤延袤一千二百丈，高一丈有奇，广倍之，崇基密榬，累石重甃，鳞鳞比比，翼如屹如，较昔所修筑坚固什百矣"。以后，又将卢沟桥以下的部分土堤改成石堤，提高了抗洪效果。

（三）清代康熙、雍正、乾隆三朝对永定河进行了大规模的治理，有很多经验和教训，治水方略和工程措施都有了重要发展。与过去相比，有两个重要进步：

1. 在治水的同时注意了治沙。清初基本上采纳了明代治黄专家潘季驯"筑堤束水，以水攻沙"的理论。康熙在分析永定河特点时说："此河性本无定，溜急易淤，沙既淤河身垫高，必致泄溢，因此泛滥横决成灾，今欲治之，务使河深而且狭，束水使流，藉其奔流汛下之势，则河底自然顺道安流，不敢泛滥"⑰。为此，大筑南北两岸堤防，北岸自卢沟桥下石堤起至狼城河口，计程165里有奇。南岸自卢沟桥下石堤，经高佃、拦河坝至狼城河口，长186里有零。另外，又从良乡张各庄以下疏改引河一条至三角淀，长40余里。全部工程共用银三万余两，费时近一年。堤成后，康熙亲临河道观察，并命名为"永定河"。此后30多年来，永定河上、中游基本安顺，未发生大的灾害。

永定河与黄河虽然都是多沙河流，但两河特点却有所不同。最大的不同点就是黄河有自己的直接入海尾闾河道，而永定河尾闾却是经过三角淀洼地后再入北运河，经北运河汇入海河入海的。这就使三角淀逐渐成为储沙之库，而不能直接送沙入海。因此，在康熙治河初期，河道尚称安顺，到后却暴露出了后患，上中游河道内淤沙虽较前为少，而尾闾三角淀的积沙却日益增多，以至下游河道偏摆冲决，并且此种趋势逐渐上溯，永定河水患仍未解决。到了雍正初年，怡亲王允祥提出"疏中弘，挑下口"的主张，并建议必须逐年清除下游淤积⑱，以利于洪水经北运河入海。雍正四年（1726），进行了下口的挖淤改河工程。自郭家务至柳岔口另挖新河，使尾闾不再经三角淀而直接入运归海，情况稍有缓解。

2. 开始注意了上、中、下游的全面治理。乾隆时期，可以说是旧王朝治理永定河的全盛时期。乾隆二年（1737年），永定河大水，多处漫溢决口，京城近郊也受到洪水之害。乾隆非常重视，亲自作调查，并和几个重要臣僚对永定河的治水方案多次进行讨论。他们总结历代特别是从康熙筑堤以来的经验和教训，提出一整套治理措施。正如大臣鄂尔泰所总结的："窃思永定河之所以为患者，独以上游曾无分泄，下口不得畅流，经行一路，中梗磅礴，以故拂其性和激其变也"[⑲]。后来总结出几个要点是："疏中弘、挑下口，以早畅其流；紧筑两岸堤工，以防冲突；深浚减河，以分其盛涨"[⑳]。以后在乾隆朝60年中，基本上按这个办法治理该河。主要措施是：（1）在上游修筑缓洪坝，以煞水势。于乾隆九年（1744年），由大学士高斌主持在今官厅大坝附近修筑两道拦河石坝，全长十四丈，宽十七丈，借以缓减下流水势，当时叫玲珑坝。但因技术条件所限，坝前未作防渗体，也无溢洪道，因此3年后为洪水冲毁。后来虽曾有所修复，迄未成功[㉑]。（2）在中游选择适当地址建造分水闸坝，以分减洪水对主河道堤防的冲击。如在乾隆初年，修建金门闸、北村闸、求贤闸等分水闸坝多座，当时在防洪中也起了一定作用[㉒]。（3）疏挖下游淤沙，在三角淀泛区修越堤、遥堤、格堤，以使洪水畅流，并可在淀外囤沙，以减少三角淀的淤积。另外，为了保证各洼淀蓄水能力，明令不许围堤垦种。

应该说，这一套防洪措施，已经突破过去历史上各朝治水的头痛医头、脚痛医脚的局限，从上、下游全局来考虑不同的治水治沙措施，得到了一定效果。但是，自乾隆后期以来，清朝国祚日衰，库存日绌，不仅无力修闸作坝，疏竣河道，就连每年的岁修费用，均不能保证。不少贪官污吏，借治河发财，国家拨款，多入私囊。即或做了一些工程，也是偷工减料，应付差事。因此，尽管治河思想已较前完善，永定河水患并未能减少。道光、咸丰、同治等朝，国库更加空虚，连能力也没有了。同治七年（1868年）直隶总督官文就抱怨说："自道光二十三年后，库款支绌，不得已始由外设法筹捐，委曲迁就，工用不充，诸从核减，以致二十三、四年及咸丰六、七等年，连岁漫溢"。又说："自（道光）二十二年后，土工永停未办，其每年额设岁修并备防秸料、运脚等项，自咸丰三年以后，奉部裁减一半"[23]。从上述情况可知，尽管有些有识的大臣，在永定河治理上，做了一些可贵的努力，到头来仅是一些空谈而已。

民国以来，我国一些爱国的水利专家，工程技术人员曾于1929年提出过《永定河治本计划》。这个治本计划，吸收了外国先进的科学技术成果，与过去历朝相比，大大前进了一步。计划包括在上游修建拦洪工程；如修建官厅和太子墓水库，以及多座拦沙坝；在中游修建减河工程和整理河道；在下游修建尾闾工程，以及放淤工程等，规模是很宏伟的。但在军阀混战和国民党黑暗统治下，这个宏伟计划只是一纸空文，从未实行过。而永定河在1924年、1929年、1939年接连发生3次大洪水、灾情严重，反动政府则无人过问。

四　历史的启示及建国后的开发治理

从上述历史对永定河水患的防治，能够总结出哪些经验教训呢？除去社会制度这个重要因素外，从治水角度看，最主要的经验教训是：治水必须同时治沙。根本措施则应从全流域着眼，进行全面规划，综合治理。把工程措施和生物措施结合起来；兴利和除害统一考虑；治山和治水统筹安排。特别是对上中游的坡地、支流，要大力搞好水土保持，封山育林，开等高倒坡梯田，建拦沙谷坊，以减少泥沙的冲蚀，减少沙源。

建国以来，永定河两岸人民在党和政府的领导下，以空前的规模，对永定河进行开发治理。早在1950年，国务院即决定筹建官厅水库，到1954年建成蓄水，基本控制了永定河官厅以上流域的洪水。其后在永定河上游各支流修了大、中、小型水库300余座，既可缓洪，又大兴灌溉之利；在官厅山峡地区修建了斋堂、苇子水等中小型水库，并修建了珠窝、落坡岭、三家店等拦河闸坝；利用官厅山峡落差，修建三座水电站，并把清水引入北京；在中游，对卢沟桥以上左堤进行了全面加高加固，对卢沟桥以下的大部分左堤也进行了复堤和加修堤顶路面，对部分堤段险工进行了护砌，提高了防洪标准；在下游开挖了永定新河，使永定河有了一条直接入海通道。几十年来，治理永定河已经取得了很大成就。但当前还存在不少需要继续下力量解决的问题。

第一，上、中游水土保持工作，需要有关省、市协同动作，逐沟逐坡做出流域规划，分年落实。大力搞好植树造林，逐步使中、上游植被郁闭，把来沙减少至最小程度。

第二，在官厅山峡地区继续作防洪工程，以期使这地区的洪水得到基本控制。

第三，中游河段修建分洪口，以分减超标准洪水。在卢沟桥以上兴建拦河闸改建小清河分洪闸，既可控制洪水，又可补充地下水，还能美化卢沟桥名胜区的环境。要设法堵闭卢沟桥以上左堤的缺口，确保首都的安全。

第四，对中、下游河道加固堤防、固定流势、固定险工，束窄深水河槽；坚决清除河道内各种阻水障碍物，以逐步刷除河道淤积。

第五，疏通尾闾，整治和增大永定河下游新河道，使洪水能畅流入海。

与此同时，对官厅等淤积严重的水库要迅速设法清除淤积，以维护水库寿命和防洪效果。

总之，对永定河的治理还应再接再厉，以使永定河的水资源在首都四化建设中发挥更大的作用。

参考文献

①见《（光绪）顺天府志》卷四十二年
②参见郑肇经《中国水利史》商务印书馆1939年2月版

③据郑肇经《中国水利史》中的统计资料

④见《（光绪）怀来县志》

⑤水利部、北京林学院等《永定河流域官厅山峡地区普查报告》（1960）（内部）

⑥见水电科学研究院编《清代海、滦河洪涝档案史料》（1981年中华书局版）

⑦同上

⑧同上

⑨同上

⑩见《镜山庵集》卷二十四《枸幽稿》

⑪见《（光绪）怀来县志》

⑫谢国桢《明、清笔记丛谈》（上海古籍出版社1981年版）引《客舍偶闻·自序》

⑬见水电科学研究院编《清代海、滦河洪涝档案史料》

⑭见《都水监事记》《国朝之类》卷三十一

⑮见太田公秀《天津水灾志》昭和15年本间部队本部出版

⑯见《元史·河渠志三·金口河》

⑰见黎世序等纂修《续行水金鉴》中《永定河篇》1937年版商务印书馆《万有文库·国学基本丛书》本

⑱同上

⑲同上

⑳同上

㉑同上

㉒同上

㉓见《（光绪）顺天府志》卷四十三

《北京史苑》1983年第一辑　北京出版社

1949年以来北京山区的
泥石流灾害及防治

一

　　1991年6月6日至11日，北京市北部山区遭受持续四五天的大风、冰雹和大暴雨的袭击。处于暴雨中心的密云县和怀柔县北部的七个乡镇，降雨都在300毫米以上，其中密云县的四合堂乡降雨543毫米，仅6月10日一天就下了373毫米。这次特大暴雨，引发了多处山洪，泥石流，其中泥石流灾害最重的是密云县四合堂乡和怀柔县长哨营乡。长哨营乡西石门村，泥石流卷带的石块、树木、房屋瓦砾等绵延堆积20余里，全村69户中有32户的房屋被冲得片瓦无存，25户房屋被冲坏。两县泥石流共造成26人死亡，8人重伤；冲毁房屋1886间，使3681人无处居住；冲毁耕地8000多亩，树木150万棵，机井400眼，扬水站500座，坝阶2000多道。山洪、泥石流还冲毁桥梁65座，公路517公里，供电线路124公里。受灾人口15万人。直接经济损失达2.65亿元。

　　实际上，泥石流是北京山区夏季经常发生的一种自然灾害。据粗略统计，1949年以来，在我市西部和北部山区至少有13个年份发生过1000处以上的泥石流，尤其近20年来频频发生，几乎每两年就出现一次，而且有越来灾害越严重的趋势。例如，建国以来发生的重大灾害性泥石流有七次，其中有五次是近20年内发生的。40年中全市因山洪泥石流而死亡的人数就达467人，至于冲毁的土地至少有几十万亩，房屋数万间以上，还有大批牲畜、粮食被冲走，公路、桥梁、水利工程、电讯等各种设施被冲坏。

二

泥石流所以危害严重，主要具有以下特点。

其一，被泥石流袭击的重点地区，遭受的灾害往往具有毁灭性。例如，在1950年8月4日门头沟区清水河流域发生了泥石流灾害。其中斋堂小北沟是暴雨中心，在12平方公里范围内就有124处产生泥石流。全沟1300亩耕地，一下冲走了一半，房屋数百间，死亡59人。又如1989年8月10日在怀柔、密云两县的云蒙山区发生泥石流，共死亡159人。最严重的密云县莲花瓣大队，死亡42人，重伤13人。该大队二道逛子生产队18户人家，仅剩下七间半房，死亡25人，全生产队牲畜、粮食、家具全部冲光，耕地全部冲毁，整个村庄面目全非，完全丧失了生产和生活条件。怀柔县小平沟3户人家21口人，除有2人外出，其余全部被冲走。再如1976年7月23日密云县北部山区出现暴雨泥石流，把东白莲生产队冲毁了半个村，11户57口人中死亡32人，古北口西牙台生产队18户人家，全村的房屋、牲畜、粮食全部被冲光，土地仅剩下二亩。

　　其二，泥石流突发后抬高洪水冲激浪，造成短时间高峰流量，冲激下游的堤岸、公路、桥梁、水利设施和土地，以至造成重大破坏。有的是由于泥石流堵塞河道后洪水主溜外移，造成溢堤崩岸。有的夹带上游树木泥石，堵塞或淤平水库塘坝，造成垮坝失事。例如，1976年7月23日在密云北部山区六个乡的范围内降大暴雨，6小时下300多毫米。密云县上甸子乡暴雨强度每小时达150毫米，致使20多条山沟发生几十处泥石流，冲下大量树木，把一座90多万立方米的水库溢洪道堵塞，以致漫坝溃决，洪峰汹涌澎湃，倾泻而下，冲毁一座小水库，淤平五个塘坝，把潮河大桥冲断，进入密云水库的洪峰流量达每秒6900立米。

　　其三，从北京山区发生泥石流的时间看，最早是6月10日，最晚是8月20日，其余都是在7月下旬和8月上旬。从地区看，大体沿着一条海拔一千米等高线地带，从房山、门头沟、海淀西山，昌平北山、延庆、怀柔中部、密云北部和平谷的山前地区。应该引起特别注意的是，几十年来在这些地区形成多次重复出现的暴雨中心。其中有门头沟区的以斋堂为中心的清水河流域暴雨区；房山区的以史家营、霞云岭、班各庄等地大石河流域暴雨区；怀柔县的中部山区（包括八道河、崎峰茶、琉璃庙、汤河口、长哨营等地）暴雨区；密云县北部山区（包括古北口、上甸子、城子、番字牌、冯家峪、石城一线）暴雨区。这些地区累次遭灾，暴雨、洪水、泥石流轮番袭击，给当地人民的生命财产造成重大损失。据密云县的调查，密云北部山区平均每年有五次暴雨，一次大暴雨。暴雨出现频率是该县其它地区的两倍，使国家和集体为发展山区经济和提高人民生活而投入的大量资金，毁于一旦。

三

根据有关部门的实际考察，北京山区成为泥石流多发区的原因是多方面的。

（一）从地质地形看，北京市和北部山区多为石灰岩地区，不少地方属于条带状灰岩和砂岩，层理发育，多孔隙，易风化，有的地区岩石破碎，风化严重，深度达二三米。在地形上，北京市山区和平原的过渡地带很短，从平原海拔三四十米到一千多米高山区中间丘陵地带最短的仅有几公里。中间过渡带众多山沟，沟谷狭窄，沟底纵坡陡峭，许多沟岔大于30度陡坡。这种地形和地质条件，一旦雨水饱和之后，极易产生山体滑坡，洪水携带覆盖层上的碎石、树木、梯田坝阶，推波助澜滚滚而下，形成泥石流。

（二）夏季暴雨是产生泥石流的诱发因素。历史上发生的各次泥石流，无一不是暴雨引发的。有的是在出现连续降雨天气后又降暴雨而发生的。如1969年7月份至8月初，在密云、怀柔交界的云蒙山区共降雨540——790毫米，相当于一般年份全年的总雨量，使山地土壤，岩石裂隙达到饱和状态。到8月10日又降暴雨200多毫米，致使多条沟岔山洪暴发，造成重大泥石流灾害。还有的是在久旱之后出现连续暴雨造成的，如，1972年北京市全年雨量仅为445毫米，比常年少三成以上，是建国以来最旱的年份之一。但是，就在这一年的7月26日至27日，在怀柔中部山区降了暴雨，枣树林村43小时降雨518毫米，沙峪村一小时降雨114毫米。由于暴雨历时短，强度大，致使山洪暴发，暴雨区域内多处出现泥石流，造成了毁灭性的灾害。

（三）山区人口成倍增加，人类活动增加，山区生态环境恶化，从而出现了泥石流灾情越来越重的趋势。建国以来，随着经济发展和社会安定，山区人口不断增加。为了发展生产，提高人民的生活水平，人们千方百计在沟谷山地大搞闸沟造田，开垦荒山，在不宜林的陡坡和河道内大量植树造林，在河道内建造房屋，圈养牲畜，缩窄行洪河道。而一旦发生洪水泥石流，增加了大量夹带物，使人民生命财产遭受严重损失，更加重了灾情。

四

从以上分析看出，造成泥石流灾害，既有自然条件的原因也有社会环境的原因。应该说，通过认真总结和研究泥石流的发生规律，从自然和社会两个方面，因地制宜，采取综合性措施，泥石流是可以防治的，泥石流所产生的灾害也是可以大大减轻的。近些年来当地区县政府采取了大量的预防性措施，有一定成效，也取得了一定经验。

但总的看仍需下力量，把防治泥石流当做山区建设的重点工作来抓，才能收到显著效果。首先要组织一支专业科技力量，在当地政府的密切协作下，进行认真的实地勘察。在此基础上对泥石流易发区提出因沟因坡的治理对策，列入计划，先易后难，分年实施。其次，要从全县全区的经济社会发展的总体规划上充分考虑泥石流易发区的经济和社会发展的制约关系，汲取过去盲目乱提经济发展口号，屡投资，屡毁坏的严重教训，重新研究和确立这些易发区的发展走向。要有计划有步骤地组织山区的险村险户向平原地区迁移，严格控制山区人口的增长，做好计划生育和优生优育工作，认真做好山区村镇的规划和建设，对于泥石流容易发生的凹形坡、阴坡和沟头支流地带，严格禁止建房居住和开荒种地。根据流域面积，规划和清理行洪河道，严禁在河道内植树、搞建筑，以便给洪水留出路，因势利导，减免灾情。

《北京晚报》1991年8月14、15日

略谈北京历史上的水源变迁

现代的北京人经常感到缺水，这是一个老问题了。可以追溯到八百多年前北京作为金代的首都始。北京的地理位置和自然条件属于半干旱地区，气候受季风影响，降雨量极不均匀，冬春干旱，夏秋雨水集中，水的余缺幅度很大，年际之间枯洪变化也很大，所以，历代在北京建都后，都把开发水源作为重点项目。

北京最早开发的地面水源，是广安门外的莲花池。它最早是地下涌泉形成的水域。据《水经注》记载："湖东西二里南北三里，盖燕之旧池也"。最早的北京城，位于今天的广安门一带，古名叫蓟城，唐代称幽州，宋代叫燕京，辽代在此建陪都，称南京。莲花池的水源，供应这座城的城内和护城河的用水（市民一般都用井水），应该说，在辽代以前是能满足需要的。

但是，金代把北京作为首都以后，不同了。金主完颜亮于公元1153年迁都北京，在这前三年，开始按照宋京汴梁的规模扩建辽南京，城市人口和经济活动有了迅速发展，据史书记载，人口达到一百万。城市用水的需求量增加了，每年要从河北、山东等地将近百万石粮食通过大运河运往北京。另外，中都城修建的行苑离宫也需要补充水量。显然，原来的莲花池水源已经不够了。于是就到比莲花池稍远的西山泉群中去开发水源。

宋人范成大出使金国时，曾记载"龙津桥在燕山宣阳门外，以玉石为之，引西山水灌其下"（见《石湖集》），可见，早从金代开始就开发使用了西山诸泉。

西山泉群中水流量最大的是玉泉。早期有大小十四道泉眼，夏秋季总出水量可达4秒立米。所以，到了元初，为了增加运河的水量，郭守敬于中统三年（1262年）八月促请开发玉泉山水以济漕运（见《元史·本纪五》），并得到元世祖的批准。看来，郭守敬是受到金代开发西山泉水的启发而提出的。

元代，在金中都的东北新修建大都城，规模宏伟壮丽，是当时的世界名城。为了导引玉泉水入大内，又从玉泉专修了一条人工渠道，把玉泉水引入大都城内的皇宫，专供皇室饮用和宫苑用水。当时把这条引渠叫金水河，这大概是至元十一年至十五年（1274——1278年）的事。至今在颐和园西墙外还留有遗迹呢！值得注意的是，元政府为了保护这条引渠的水质清洁，还特别颁布了具有法律效力的规定。据《都水监纪事》中记载，"金水入大内，敢有浴者、浣衣者，弃土石瓴甋其中，驱牛马往饮者，皆执而笞之"。甚至连在渠水里洗手都在被禁之列。可见那时对这条水渠的水质保护是十分严格的。不仅如此，元政府还下令禁止在玉泉山"樵采渔弋"以涵养水源。上述这些规定可算得上我国古代的水源保护法了，今天看来仍有借鉴意义。

元代继续开发利用玉泉，主要用于皇宫苑林用水。

对于担负繁重运输任务的大运河，供水十分紧缺，必须另外再开辟新的水源，以保障城市发展需要。在著名科学家郭守敬主持下，经过多年努力于元至元三十年（1293年）终于在大都城西北昌平县的山前地区开辟一条新的水源工程，这就是白浮引水。这项引水工程，沿着西山脚下五十米左右的一条等高线，接连汇集了十一道大泉，从东向西再向南汇入瓮山泊（即今昆明湖），然后通过今长河、高梁河而入大都城内的积水潭，并疏通通惠河流入通州的北运河。工程完成后，果然水量大增，很好地解决了大运河漕运用水，漕船一直开进大都城，停泊积水潭，出现了船货云集、"舻舳蔽水"的盛况，促进了大都城的经济繁荣，也美化了城市园林环境。白浮引水工程是北京水源史上一个重大突破。从河系上看，它是导引温榆河水系的水源，东水西调入城。它的工程设计和施工技术都达到了很高的水平，在实际效益方面也取得了空前的成功。

这里值得一提的是，金代和元代都曾试图开发永定河的水源。开始是在金大定十一年（1171年）从石景山金口（今石景山发电厂院内）引永定河水，水流经今老山、八宝山北，东至玉渊潭，折向南流入中都北护城河，再东沿今通惠河一线，入通州北运河。但由于地形落差大，水流急湍，加以泥沙夹泄，不能行船，以失败告终。（见《金史·河渠志》）到了元初，于元至元三年（1266年）科学家郭守敬再一次提出重开金口的主张，指出"上可以致西山之利，下可以广京畿之漕"。他认真研究金代开凿金口引水的教训，采取在金口西预开减水口（即今溢洪道），为防止泥沙拥塞采取免建水闸的措施，取得了一定成效，对运输西山木石起了作用。（见《元史·郭守敬传》）但几年后于至元九年（1273年）由于京都大雨，金口河黄浪如屋，监察御史魏初提出堵塞金口的建议。后来到大德三年（1298年）"浑河水发，为民害。大都路都水监将金口下闭闸板"。三年后又将金口以上河身"用砂石杂土尽行堵闭"（见《元史·河渠志》）。历史上第三次开金口，那是元末的事了。元至正二年（1342年）中书参议孛罗帖木儿和都水傅佐又提出重开金口。在丞相脱脱的支持下，用了八个月的时间疏挖通水，但随即失败。据《析津志》记载放水后"水至所挑河道，波涨潨洶，冲崩堤岸，居民傍徨，官为失措，漫注支岸，卒不可遏，势如建瓴。河道浮土壅塞，……难于舟楫。其居民近于河者，几不可容。"结果，孛、傅二人同遭"伏诛"下场。

明、清两代北京城市地面水源，没有修建开拓性的工程，白浮引水早已废弃，基本上以西山诸泉和西北郊水域为主，漕运用水十分紧缺，经常以停止灌溉用水的办法以保漕运。清代乾隆时期，疏浚扩宽昆明湖，导引香山，卧佛寺等泉流，使漕运用水稍有缓解。至于清末、民国时期，统治者根本不治水，城区河湖淤塞，污水散流，已无水源工程可言了。

北京解放后，为了建设人民首都，党和政府首先在永定河上游修建了官厅水库，随后又修建了永定河引水渠，历史上第一次成功地开发了永定河水源，实现了千百年来人们引永定河水入城的愿望。1958年开始修建密云水库，又把潮白河水通过京密引渠调进了北京城。二十多年来两大水源工程联合运用，基本保证了城市生活和经济的持续发展，美化了城市和郊野的环境，给首都人民生活增添了瑰丽的色彩。

　　是的，北京的水是得之不易的。我们的前人和今人都付出了艰辛的努力和高昂的代价，没有理由随意糟踏它，染污它；应该珍惜它，爱护它；大力搞好节约用水，保护水质和水源。

《中国环境报》1985年2月16日，3月5日

谈谈北京历史上的水患

近几年，北京地区连续干旱，许多人对防洪的观念淡薄了。其实，北京的洪水沥涝灾害在历史上是经常发生的，千万不能丧失警惕。

北京所以容易发生水患，从自然地理环境考察，主要由于几个方面的因素：北京地区虽属半干旱地区，但属季风气候，冬春少雨，夏秋多雨，全年雨量几乎百分之八十集中在七、八、九三个月。有的年份，甚至七月份一个月即降了全年雨量的百分之八十。如1890年全年雨量1043毫米，而七月份一个月就下了871毫米，造成"京师"伏水。北京地区位于华北大平原的西北角，整个地形为西北高东南低，西部和北部为太行、燕山山脉，高山重叠，一般都在1000米以上，山地和平原之间只有狭窄的过渡丘陵地带（海拔在80米至150米之间），河流从山地进入平原，坡陡流急。北京主要河流之一的永定河上游多为黄土高原，土质松疏，易于被水冲刷，含沙量很高，有"小黄河"之称。从官厅山峡出山后，坡度突然变缓，极易淤塞，造成河道迁徙，漫堤决口。

由于上述因素的影响，北京地区的永定、潮白，拒马、北运诸河，多次为患。以永定河为例，从元朝到清朝（公元1271年至1911年）640年间，发生决口、漫溢等较大水患即达124次。特别值得注意的是洪水还几次进袭到北京城区。据《华北、东北近五百年旱涝史料》和《清代海河滦河洪涝档案史料》等有关资料分析，北京城区和近郊区的水灾主要有三种情况：

一是永定河洪水袭击。永定河流出北京西北山峡时，河道高于城区地面几十米，成建瓴之势，对北京为害甚烈。据《辽史》记载：统和十一年（公元993年）秋七月"桑干洋河溢居庸关西，害禾稼殆尽，奉圣、南京（即今北京广安门一带）居民店舍多垫溺者。"当时辽的南京和金的中都建置在广安门一带。由于地形比较低，是城西北诸水汇集之地，常受洪水威胁。当元代建都时，就把城址向北迁移了（当然还有别的因素）。明、清建都北京后，为防止洪水袭击，在永定河上大筑堤防，以堤束水，日久堤内高于堤外，形成地上河。每到汛期，卢沟桥以上左岸形成多处险工。尤其当拒马河洪水在白沟河一带与永定河洪水相遭遇时，极易形成顶托，石景山附近的庞村和衙门口、小屯厂等处曾多次决口，大水东趋直薄京城。城西部的阜成门、西便门、广安门、永定门以及右、左安门等处曾多次发生洪水塞门。据有的史料记载，洪水还冲进过北京城。例如明代天启六年（1626年）闰六月，北京地区久雨"卢沟（即永定河）水发，从京西入御河，穿城经五闸至通州，民多溺死"（通州志）。再如清康熙七年（公元1668年）七月大雨，怀来以上降雨七昼夜，怀来城垣屋舍多被浸没（《怀来县志》），大水从官厅山峡汹涌而下，决卢沟桥及其堤岸，冲进城区，"直入正阳、崇文、宣武、齐化诸门，午门浸崩一角。"（见《客舍偶闻》）洪水所及的良乡、宛平、武清、固安、新城、雄县诸地皆成泽国。

二是西山洪水袭击。汛期从西山向东南来的各水，常沿南旱河东下与永定河决口的洪水肆相为虐，威胁城区安全。

三是城区沥水为患。如遇大雨或久雨，城内排水不畅，即形成大面积沥水浸泡。明嘉靖二十五年（1546年），由于大雨久雨，形成涝灾，曾"坏九门城垣"。明万历三十二年（1604年）七月，淫雨连绵，两月断续不停，造成房屋倒塌，正阳门与崇文门之间的城墙被浸塌七十余丈。过了三年，到万历三十五年（1607年）闰六月，"京师大雨，沟洫皆塞闭"，"平地水深三尺，长安街水深五尺"，"东华门城垣及德胜门城垣皆纪气，雨后三日，城内积水仍未排出，正阳、宣武内外，犹波涛汹涌，舆马不得前"。

值得注意的是，北京历史上还有过几次洪涝并发，城内沥水浸泡，城外洪水塑门。

如清嘉庆六年（1801年）七月份一个月就下了600多毫米雨，北京城内"大雨五昼夜，宫门水深数尺"；而城外永定河水陡涨，卢沟桥洞不能宣泄，冲坏栏杆石狮；石景山堤工溃决，阜成门、广安门、右安门、永定门都被洪水包围。灾民一万多人被困于丘陵岗地。又如光绪十六年（1890年）七月份一个月降雨871毫米，永定河在卢沟桥南决口。加之西山洪水自旱河南侵,使阜成门、西便门一带洪水陡涨,外城之永定、右安、左安诸门不能关闭。京城门外东、南、西三面"均成泽国"。而城内因沟渠宣泄不畅,致家家被水,房倒屋塌。据御史周天霖的一份奏折称:"大清门左右部院寺各衙门,亦皆浸灌水中,墙垣间有坍塌"。掌司各官进署沾体涂足,甚至不能下车,难以办公。水顺城门而出,深则埋轮,浅及马腹,岌岌可危,殊为狼狈。

但每次水患首当其害的是广大市民和农民。嘉庆六年,水灾,顺天府二十四个县,有收成的土地只占"三成"。在城区,大水淹浸之处也往往"室庐十不存一"。天启六年的水患,仅是城区塌倒民房就有七千三百多间(恐怕还是被压缩的数字)。而"铺户藉是居奇,粮价腾贵。"再加官吏借故勒索,弄得民不聊生,饿殍载道。

应该说,历代封建王朝,基于保护他们的"皇都"出发,也曾搞过一些防洪工程。清代的康熙、雍正、乾隆三代都曾花过不少钱,疏浚永定河下游和修筑堤防。康熙三十七年(公元1698年)永定河堤防全线加高加固,还疏浚了尾闾,皇帝把卢沟河赐名为"永定河"。但由于缺乏全流域的规划治理,成效仍然不大。

北京解放后,防治水患,成为保障首都建设的基本条件,党和政府大力进行了防洪工程的修建。建国不久即修建了官厅水库,基本控制了官厅以上的洪水。以后又修建斋堂、苇子水等水库,改善了山峡地区洪水控制。在石景山以下进行了左堤加高加固，修建了小清河分洪闸，提高了卢沟桥以上抗御洪水的能力。为了控制西山诸水，解放初期疏挖昆明湖、玉渊潭和莲花池，使其成为西山各水的缓洪湖泊；疏浚了清河（目前正进行解放以来第二次疏浚扩宽）、护城河，改善了城区排水系统。

1958年以后陆续修建了密云、怀柔、十三陵等大中小水库几十座，加固了潮白、北运河大堤，疏挖了北运河等，基本控制了东部地区的水患。三十多年来，尽管在官厅以上曾出现过九次1000秒立米以上的洪水，北京城区未曾遭到洪水之患。

但是，由于北京的地形特点，西北和北部山前地带历来是暴雨中心，洪水对首都仍然存在很大威胁。防治水患还需要我们做很大的努力。永定河在官厅以上虽修建了控制洪水的工程，但还不能永保无虞，官厅山峡地区的洪水尚未完全控制。山区的水土保持还需要大力开展。城区的排水设施还远不能满足需要，沥涝威胁远远没有消除。因此，我们必须记取历史上洪水为患的教训，提高警惕，在抗旱的同时，加强防汛，以保障首都安全和四化建设的顺利进行。

《中国水利》1982年第3期

北京西郊的三座缓洪水库

或许有人会问，这是指哪三座呢？就是昆明湖、玉渊潭和莲花池。它们现在都是北京有名的公园了，但在汛期也是缓解西山洪水的调节水库。

北京城区历年都有汛期防洪问题。采取的措施就是，"注意两河，西蓄东排，南北分洪"。所说的"两河"，就是永定河和南旱河。永定河大家都知道，历来是全市的防洪重点，而南旱河呢，它是从香山脚下向南流，汇入玉渊潭的一条河道，主要是排泄西山洪水，平时是干的，所以叫南旱河。这两条河的走向都是从西北流向东南，大水时往往进逼城区。"西蓄东排"是指一旦洪水来了，为调度洪水有先有后的流走，先将西郊的洪水在昆明湖、玉渊潭和莲花池三个淀泊内滞蓄一部分，让城区和东郊的水率先迅速排出，以免除城区和西郊的水同时遭遇的机会，造成城区浸淹。"南北分洪"，是在洪峰高涨的时候，利用右安门和东直门两个分洪闸，将洪水导入坝河和凉水河泄出，使城区的雨水及时导入护城河和通惠河。由此可知，这三座公园在汛期调度洪水方面所起的作用是十分重要的，是不能忽视的。

实际上，三座公园的缓洪作用是由北京地区的地形特点和雨型特点决定的。北京地区地形特点是西北高东南低，雨型特点是夏季多暴雨，不下则可，一下就是沟满濠平，时间短，强度大，很快地面形成径流。这三座公园正是处于西郊区向城区的过渡地带，地形低洼，是必经之地，成为天然的缓洪淀泊。可以说，在它们开辟为公园之前就是起这种作用的。

比如昆明湖，不仅可以缓洪，而且是分减西山洪水的泄洪水库。由于昆明湖的地势，稍向东北倾斜，抬高水位以后，水向东北流入清河。这种地形恰好是分减洪水的理想出路。历史上就曾有利用昆明湖向清河导流洪水的事。据《日下旧闻考》记载，乾隆三十六年(1771年)夏天，夜降大雨，西山洪水暴发，昆明湖水位猛涨，为保障城区和西郊一带的安全，就启开青龙桥闸，将水导入清河，通过温榆河下泄。直到现在，昆明湖仍起这种分洪的作用。

玉渊潭，离阜成门3里多地。原是一片低洼地带，有泉水流出，冬春不竭，形成一片水塘。金代有个隐士叫王郁，曾隐居这里修筑钓鱼台，所以也把这里叫钓鱼台。元代建玉渊亭，也称玉渊潭。清代乾隆时期，扩大昆明湖以后，为排泄西山一带洪水，同时也为解决南护城河的水源问题，于乾隆三十八年对玉渊潭进行疏浚，并疏通了南旱河，在下口穿渠建闸，以资宣泄。下游则将水导入阜成门外的护城河，一支入前三门护城河，另一支入南护城河，两支在东便门外的大通桥汇流后入通惠河。北京解放后于1951年、1953年曾进行疏浚治理，1963年8月北京降了特大暴雨。为使玉渊潭发挥蓄洪缓洪的作用，1964年又进行第三次整治。工程包括兴建进出口闸门，加固东北大堤及疏挖整理上游渠道，进一步改善了缓洪的效益。

莲花池，可称为北京最老的湖泊了，离广安门二里多地，古代时面积比较大。《水经注》说"东西二里，南北三里。"现在没有那么大了。由于它正处在古代蓟城的西侧，开发很早。金代还把莲花池水引入中都城，建造优美的同乐园。至元、明、清三代北京城址向东北转移后，莲花池也逐渐冷落下来。至民国时期变成了荒芜的死水潭，芦苇丛生、淤积严重。解放后为了宣泄石景山以南地区的雨水，于1957年在莲花池上游开挖了新开渠，同时对该池也进行整理浚治，使其成了一座小型的调洪水库。它的下游是莲花河，通到右安门入南护城河和凉水河。近年又开辟为公园，莲花池的荷花又重新开放了。

总之，这三座水库虽然已先后辟为公园，但每到汛期，都要适当降低水位，给洪水腾出部分库容，以便发挥蓄洪的作用。当然，这并不影响游人的观瞻和水上活动。三座水库仍以它们各有的风景特色，招引游人，成为人们喜爱的休憩游赏佳地。

《学习与研究》1985年11期

金中都漕运水稻及对后世的影响

金代于海陵王贞元元年(1153年)从上京会宁府(今黑龙江省阿城县南)迁都燕京(今北京)改名中都，到金宣宗贞祐二年(1214年)首都南迁，前后在北京建都达62年。时间虽然不算长，但对北京城市的发展，无论从政治、经济、文化等各方面，都可以说有承前启后的作用。

众所周知，把北京作为全国性政权的统治中心，可以说就是从金中都开始的。在金以前，辽代曾把北京作为陪都，当时叫南京，不是它的首都。那时的北京城，基本上是沿袭唐代幽州旧城加以改造的，规模并不大。金代的疆域扩大到淮河以北的广大地区，占据了大半个中国。金海陵王完颜亮于公元1151年下令迁都燕京。他雄心勃勃，一开始就欲图灭宋统一天下。所以，当他令尚书右丞张浩主持营建燕京城时，整个城市设计都是按照宋京汴梁城的规模和制度修建的。在张浩主持下，燕京城在辽南京的基础上，向东、南、西三面展拓城垣，城周三十六里多，城门十二座，有三重城墙，宫城居中，宫殿九重，三十六殿，俨然一座全国统治中心的气派，显示了皇帝至高无上的权威。这和辽南京城比较起来，有了根本性的变化。海陵王完颜亮于1153年进燕京时，也是仿宋制"乘玉辂，服衮冕"，以盛大的仪仗队，前呼后拥，浩浩荡荡地开进城内，"俨然汉家天子"。

北京成为金代首都之后，城市人口和经济有了较大发展。据《金史·张浩传》记载，"浩请凡四方之民欲居中都者，给复十年，以实京城，从之。"这些措施使中都城和郊区所管辖的户口达到二十二万五千五百九十二户（《金史·地理志》），如按每户五口计算，就达到一百多万人口，规模相当可观。中都城市经济也发展很快。城北有三市，是国家专设的市场交易地区，市上"陆海百货，萃于其中"，四方商贾辐辏，比辽代繁荣多了。尤其当金世宗以后的几十年，金朝统治相对稳定，农业生产有了较快发展，中都路农业产量居全国之先。据宋人许亢宗的记载，中都路大兴府在金初就已是"果实稻粱之类，靡不毕出，而桑柘麻麦、羊豕雉兔不问可知。"（引《三朝北盟会编》）世宗时，中都的商税额就达十六万四千多贯。城市里"宫阙井邑之繁丽，仓府武库之充实"（见《金史·梁襄传》）都是历史上空前的。经济的繁荣，也带来了文化的繁荣，金代世宗、章宗都有较高的汉文化的修养，对于文化教育颇为注意。《金史·艺文志》："世宗、章宗之世，儒风大变，学校日盛，士人由科举而位列宰相者甚多。"中都城也成为文人活动的中心，"朝野习尚、遂成风会"。

随着金中都城市发展的需要，城市供水问题变得突出起来。

本来，在金代以前，从最初的蓟城，到唐代的幽州，辽代的南京，城市地表水源就靠蓟城西郊的莲花池，古代叫西湖或大湖。由于城市较小，用水量不大，史书上没有记载过水源紧缺的情况，应该说基本上是够用的。但是，从金代把北京作为首都之后，情况发生了很大变化。首先是由于供应首都漕粮运输量大增，水源供应缺乏保障，出现了运河供水不足的问题，金代为解决这方面的问题，曾进行过多方面的努力和探索，取得过一些可观的成就，而且对后代王朝都有着重要影响。

古代封建社会的经济基础是农业，国家的赋税主要是粮食。它是维系古代王朝首都政治经济地位的命脉。在古代陆路交通不便的情况下，最方便的是通过内河航运，将产粮区的粮食运往首都，史称"漕运"。清初人董恂曾对漕运对封建王朝的重要意义做过扼要的概括，他说："京师控天下上游，朝祭之需，官之禄，主之廪，兵之饷，咸于漕乎取给"。可见，漕粮是皇族、中央官吏与首都驻军的主要供应来源。他说的虽然是清代的情况，其实，这种对漕运的依赖关系，早从金代在北京建都以后就存在了。那时，中都城的粮食供应，主要依赖大运河从河北、山东等产粮区运输而来。由于北京地区多为间歇性河流，枯洪季节径流极不稳定，"涝则洪流万顷，旱则一苇不通"。因此，金代政府为了保障首都的粮食供应，大力疏浚和开辟航道，开发新的水源，千方百计补充水量，提高运输能力。

解决漕运的首要问题，是开辟从通州到中都的漕渠，把运粮船开到中都附近。

金代大运河的行水路线大体是：一条是引黄河故道

水，"行滑州、大名、恩州、景州、沧州、会川（今青县）之境"；一条是漳河，"通苏门（今辉县）、获嘉、新乡、卫州、浚州黎阳、卫县、彰德（今安阳）、磁州、洺州（今永年）之馈"；再一条是衡水汇滹沱河"以来献州、清州（今青县）之饷"。几条河都"合于信安（今霸县东信安镇）海埂，溯流而至通州"。（以上见《金史·河渠志》）但是，从通州至中都五十里，由于地势陡峻，只有靠牲畜和人力驮运，"人颇艰之"。

金代为解决通州至中都的漕渠问题，大体经历了三个阶段：

第一阶段：曹望之疏浚旧漕渠。

在《金史》上最早提出挖浚漕渠的是金大定四年（1164年）。这年八月，山东秋粮丰收，金世宗"诏移其粟以实京师"。同年十月，"上出近郊，见运河湮塞，召问其故"。主管官员说是由于户部"不为经画所致"。于是，世宗召户部侍郎曹望之，对他进行批评，说"有河不加浚，使百姓陆运劳甚"，要求他"悉力使漕运通也"。第二年正月，尚书省提出方案，经世宗批准"令营藉监户、东宫亲王人从及五百里内军夫浚治"。看来，这次不是新开辟运道，而是沿旧渠疏浚的。但史书上并未注明这条旧渠在哪里，从何地到何地。查从中都东部通向通州的水道共有三条。一条是位于中都东北的坝河，一条是与现今通惠河相一致的水道，但那时可能已多处淤塞，切割成若干水泊了；再一条是位于中都偏东南的现今肖太后河一线的水道。曹望之所疏浚的是哪条呢？最有可能的当是肖太后运粮河。因为它曾是辽代运粮的水运路线。辽代南京的粮食供应，多来自东北的辽河流域，而霸县、天津以南都是宋代疆土。从辽河流域往北京运粮食，只能利用滦河和蓟运河而后达到北运河。这条行水路线，据明蒋一葵《长安客话》上载"香河县境内有大龙湾、小龙湾二水，夏秋始合，流经宝坻，入七里海，相传辽时运粮河也"。大龙湾、小龙湾即是现今的青龙湾，它的上游于香河县接北运河，从北运河上溯至通州的里二泗，斜向西北，经张家湾以上有一条至今沿用旧名的肖太后运粮河，至左安门附近的八里庄，再上即龙潭湖，进入古高梁河南支故道，那就是幽州城的东郊了。金利用这条运粮河有几个优点，其一，利用辽代旧渠，疏浚比较简便，省钱省工，发挥效益快，稍事修整即可通航；其二，卸粮运粮离中都城最近，比从坝河运粮要近便得多。

有的同志根据《金史·河渠志》开头一段"金都于燕，东去潞水五十里，故为闸以节高良河、白莲潭诸水，以通山东、河北之粟。"往往认为金都建燕京以后不久即修建了通州至中都的闸河。其实，这是不准确的。从《金史·河渠志》的行文看，开头一段是说的金代漕运的总论，修建闸河是在曹望之以后又过了四十年的事。

也有的同志认为肖太后运粮河的名字在金代从未出现过，怀疑是否后人所加，因而未重视这条水运的路线。其实，在明人写的《帝京景物略》里就提到有"肖太后运粮河"的名字，而且一直沿用至今。从肖太后执政时期的业绩和辽代运粮的行水路线看，不应有什么怀疑，而且后人也没有什么缘由硬把这条河渠加上"肖太后"的名字。

也还有的同志根据《金史》记载的大定四年"十月，上出近郊，见运河湮塞"而命令户部侍郎曹望之疏浚河渠以及《金史·世宗本纪》载的"十月癸丑朔，猎于密云县"等史料，认为既是"近郊"，又是"猎于密云县"，从所行路线上分析当是坝河。这自然也不无道理。不过，据《金史·海陵本纪》："十月乙亥，猎于近郊，观造船于通州"。又《明成祖实录》"永乐十三年十月，上猎近郊，经白河之上，……"。可见，在史书上对"近郊"的地理概念不是很确切的；也可能既到了近郊，还去了比近郊更远一些的地方。至于去密云的路线，《金史》记载，金世宗这次去密云，共有半个月时间，他的"狩猎"路线也很难断定。

笔者认为从"见运河湮塞"来看，当指温榆河或白河（今北运河）。从第二年正月尚书省提出的疏浚方案"可调夫数万"来看，这次疏浚的范围，决不限于金世宗狩猎时所见到的具体地点，而是经过一定的调查踏勘后，提出的一个范围较广的疏浚方案，可能包括北运河的主河道及附近漕渠。从坝河和肖太后河的两条河渠看，疏浚肖太后河的可能性要大。

第二阶段，引永定河水通漕失败。

但是，利用这条旧漕渠显然不是理想的运粮渠道，负担不了日益繁重的漕运任务。所以，过了5年，到大定十年（1170年）为了扩大水源，又有了引卢沟水通漕运的动议，并且在中都以东另辟了新的运道。

据《金史·河渠志》记载："大定十年，议决卢沟以通京师漕运，上忻然曰："如此，则诸路之物可径达京师，利熟大焉。"于是，在第二年十二月开始动工，"役千里内民夫，……以百官从人助役"，到了十二年三月完工。这就是北京水利史上第一次金口引水。水源是开发永定河。行水路线是"自金口疏导至京城北入壕，而东至通州之北，入潞水。"这里所说的金口，是指今石景山麻峪村东，石景山发电厂院内的金沟。"至京城北入壕"是指金中都城北的护城河。"东至通州之北，入潞水"，是沿今通惠河一线。据近人考证，这条金口引水路线，上段从石景山麻峪引永定河水，在金口设闸控制，水流经今老山、八宝山北，东至玉渊潭，折向南流入中都北护城河，再东流经今嘎哩胡同东北折，过旧帘子胡同、人民大会堂南侧、历史博物馆南，沿台基厂三条、同仁医院、北京火车站，出东便门，行今通惠河一线，于通州北入北运河。

这条金口引水的路线具有重要的历史价值，对后世的影响也比较大。它的上段是古车箱渠的旧道。中段从玉渊潭以下，循中都城北护城河东引，地势上是条低洼的沟漕地带，南、北地势较高，利于行水安全。下段即今通惠河一线，一直为后世所利用。应该说它比肖太后河和坝河距离中都城更为径直，运输也较方便。

但是，它也存在着严重缺陷，其一，由于从金口至通州的地形落差大，纵坡陡，水流急湍，金口闸下视都城140尺，平均比降2‰多，中间只有一个玉渊潭调蓄能力有限；其二，永定河含沙量大，水流不能用闸节制，"峻则奔流漩回，啮岸善崩；浊则泥淖淤塞，积渣成浅，不能胜舟"（《金史·河渠志》）。后来虽请了"识河道者"，"按视其地"，也毫无办法"竟不能行而罢"。以后，大概一直未敢再用。据史书记载，在大定二十一年有一次大的漕运活动。金世宗"诏沿河恩、献等六州粟百万石运至通州"从通州到中都只好由牲畜人力"輂入京师"。到二十五年永定河发洪水，决于显通寨、上阳村。两年后，宰臣怕洪水暴涨，有人破堤毁闸，京城遭受水患，建议在金口设双闸，并在岸上设专人看管防卫。经世宗批准，干脆将金口堵塞了。

第三阶段：韩玉修闸河。

引永定河水济漕的失败，使中都漕运水源又成了大问题。到1204年（泰和四年）朝廷商议疏浚通州漕河，金章宗命乌古论庆寿去"按视"，完工后，"赐银一百五十两，重币十端"（《金史·乌古论庆寿传》）。《金史·韩玉传》又记载：翰林应奉玉"泰和中建言开通州潞水漕渠，船运至都。升两阶，授同知陕西东路转运使事"。看来，两个人所疏通的就是通州到中都的闸河。这次疏浚总结了以前金口引水失败的经验教训，在河道工程和水源开发方面都有新的突破。其一，改引用高梁河、白莲潭水源，还有玉渊潭的水源，以清水代替永定河多沙的浑水。其二，随着清水替代了永定河浑水，沿河即可建置闸门以节制水量。从《金史·河渠志》看到，在中都至通州的漕渠上共建闸五六座，运粮船只每天过一闸，五天可到中都。后来由于水量不充足，需要十天才能达到。这条河因设置闸门节制，所以历史上都叫它"闸河"。有的史家考证，当时名为"通济河"，它的行水路线即后来的通惠河。大约过了90年，元代郭守敬主持疏挖通惠河时还见金闸河的旧闸基，"时人"还惊讶郭太守的高明。其实，作为治水专家的郭守敬事先肯定研究过闸河的路线。早在至元二十八年（1291）郭守敬建议疏凿通惠河时就提出"改引浑水溉田，于旧闸河踪迹导清水"（《元史·河渠志》）这里说的"旧闸河"当指金代闸河。金闸河代表了金代漕河工程的最高水平，但只使用了10年左右，蒙古族进逼中都，金主迁都汴京，河道也逐步湮没了。

金代疏通从通州至中都漕河解决"陆挽"之苦的努力，前后用了四五十年的时间，做出了可贵的贡献，也取得了重要的经验和教训，对后世发生过深远影响。

（一）在开发水源上，金代从引用中都近郊的莲花池水源，到开发西山泉水，引高梁河、白莲潭水源，标志着北京城水源开发迈入了新的历史阶段，尤其对开发永定河水济漕的大胆尝试，给后世以极大启示，揭开了开发永定河水入城历史的序幕。

金代金口引永定河水失败后，元代又两次开金口引水。第一次为修筑大都城运送西山木石和补充漕运水量。在水利专家郭守敬的主持下，于1262年进行了重开金口引永定河水的努力。郭守敬总结金代失败的教训，采取了两条措施，一条是在金口以西修建减水口（即溢洪道），以"防涨水突入之患"。另一条是沿渠不设水闸以免泥沙拥塞。然而，还是由于地势陡峻，水急沙多，对漕运未起到什么作用。后来，由于几次出现洪水浸城的危险，终于在大德三年（1298年）"将金口以上河身，用砂石杂土尽行堵闭"。（《元史·洞渠志》）其后，到了元代末年（1342年）又进行第三次开金口引水。结果，尽管采取了一些新的措施，下游河道改为从肖太后河一线入运，但仍未能改变失败的结局。而且由于"开挑之际，毁民庐舍坟茔，夫丁死伤甚众"，（《元史·河渠志》）连两个建议人也杀掉了。但这次在开发永定河工程技术上却有了新的提高。这就是将永定河岸的引水口，从金口附近的麻峪村上移到三家店，增长3.5公里。三家店是永定河的出山处，地势平缓，河道较宽阔，引水比较安全，比麻峪更优越。这种引水口的选择十分高明，以至几百年后的1956年，人民政府修建新的永定河引水工程时，仍然以三家店作为取水口。

（二）修建金闸河为解决通州至北京一段漕运找到一条径直的路线，尤其用水闸调剂水量，解决纵坡陡峻高速行水问题，为元代疏凿通惠河准备了条件。

金代韩玉等在解决中都至通州的水运路线上，应该说是做了一番"技术经济"论证的。正如上文所述，中都以东当时有三条线路可供选择，一条靠北的是坝河，一条是斜向东南的肖太后河，再一条就是现今通惠河一线。金代闸河选在最后这条中线上显然不是偶然的。首先，它距中都城最顺便。从城区地势看，中都城北护城河迤东到东便门，是一条沟槽地带，它的南、北都比较高，至今南北城的水大部分流向通惠河。据笔者推测，从地势看这条沟槽也是渲泄西郊部分洪水及金中都和元大都城区雨水的主要通道。金建中都时，曾向西、东、南三面扩展，而唯独没有向北扩展，它的北护城河也即是旧幽州城的北护城河；而元代建大都城时，也偏偏在这条沟槽以北，与旧中都城错开了一段距离，很可能是给它让路，避开它对城区的侵扰。而从东便门迤东的今通惠河一线，与北面的坝河和东南的肖太后河相比，地形比较平缓，很少陡起陡落的地形，修建水闸工程比较方便，工程技术较易掌握。其次，水源引用条件也比坝河优越，坝河只能引用高粱河、白莲潭水源，而闸河还可以引用西郊的玉渊潭、莲花池及其附近水泊的水源。当然，还有一个很重要的经济上的原因，就是通州作为水运码头地位的提高。通州，原为潞县，是大运河的终点，隋唐以后逐渐繁荣。金代在海陵王迁都前两年，天德三年（1151年）就把潞县升为通州（《金史·地理志》）。取通州之名，即谓"漕运通济"之义（《日下旧闻考》卷108）。海陵王迁都北京后，把这里作为造船练兵的基地。据《金史·海陵本纪》：正隆四年（1159年）二月"造战船于通州。诏谕宰相以伐宋事"。十月，"猎于近郊，观造船于通州"。这是一次大的军事行动，据称：
"调诸路猛安谋克军年二十以上、五十以下者，皆藉之，
虽亲老丁多亦不许留侍"。至于在经济上的地位，漕运的
运输量比辽代大大增加了，每年增至一百多万石。（《金
史·河渠志》）《畿辅通志》上说："通州上拱京阙，下
控天津。……舟车辐辏，冠盖交驰，实畿辅之襟喉，水陆
之要会也。"这种地位实际从金代就开始形成了。而通州
至中部的最方便的水运联系，自然要属这条路线最佳。

正是由于上述的优点，所以到了元代，尽管大都城
向东北移了，但水利专家郭守敬为解决通州至大都的漕运
时，他选择的线路仍然是金闸河的行水线路。当然，郭守
敬在金代闸河的基础上，又有了新的更大的创造。他的杰
出贡献在于：其一，在水源开发上，引用了温榆河流域的
白浮泉及西山诸泉，在瓮山泊以上修筑白浮堰，使漕运用
水有充足的水量；其二，在水闸技术上，由金闸河上的单
闸，改成双闸。单闸，运粮船至闸下仍要由人力搬运，每
过一闸要搬运一次，费时费工。设双闸，分上下闸互为启
闭，使粮船直达大都积水潭，避免了沿途搬运，达到元代
水闸工程技术的最高水平。

《燕水古今谈》北京燕山出版社1991年

北京历史上水稻生产
与水资源的制约关系

（一）

北京地区种稻的历史可以说很悠久了。这是由于古代北京地区的河网发育，随着主河道在北京平原的摆动，形成众多的沼泽洼淀，为发展水稻创造了水源条件。所以在我国早期的典籍《周礼》中就有："幽州……谷宜三种"的记载，汉代郑氏注：三种为"黍、稷、稻"。唐代贾公彦疏：幽州"西与冀州相接，冀州皆黍稷，幽州见宜稻。"①可见，北京产稻起码有两千多年以上的历史了。

史书上最早记载在北京大面积种稻的是《后汉书·张堪传》，书中说后汉光武帝时的渔阳太守张堪，在狐奴（今顺义县北小营一带）引潮白河水"开稻田八千余顷，劝民耕种，以致殷富"。这样大的面积尽管后人有所怀疑，但从当时百姓作歌称颂"张公为政"②来看，规模是相当可观的。其后，曹魏时代刘靖于嘉平二年（250年）引永定河水在石景山附近修建大型水利工程戾陵遏和车箱渠，"灌田岁二千顷。"③到景元三年（262年）樊晨扩建车箱渠，自蓟西北，经昌平，东尽渔阳、潞县，"灌田万有余顷"。其后于晋元康五年（295年）又重修发挥效益。到了北魏时期，幽州刺史裴延儁又修复了督亢渠和戾陵诸堰，"溉田百万余亩，为利十倍。"④北齐平州刺史嵇晔在范阳"开督亢坡，置屯田"，"岁收稻粟四十万石"⑤。至唐初，幽州督都裴行方"引卢沟水开稻田千顷，百姓赖以丰给"⑥。这很可能仍是利用车箱渠旧道。

唐后期、五代，北方长期战乱。到北宋初，雄州节度使何承矩在北京以南新安一带"兴偃六百里"广种水稻，"民赖其利"⑦。金代，据《天府广记》载"金宣宗贞祐中，遣户部郎中杨大有等诣京东、西、南三路开水田，杭稻之利，几如江南"。《金史·食货志》也有关于利用白莲潭(今积水潭)和高梁河种植水稻的记载。

元、明、清三代，北京成为全国的政治中心，而粮食供应却转自东南诸省，南粮北运多依赖于大运河漕运。由于漕政百弊丛生，一些有识的臣僚，相继提出开发畿辅水利，种植水稻，增加北方粮食产量以消除漕弊的主张。元代最早提出这一主张的是文宗时期（1328——1332年）的虞集，他认为"东南运粮，实竭民力"，"京师之东，濒海数千里，北极辽海，南滨青徐，萑苇之场也。"他提出"宜用浙人之法，筑堤捍水为田。"⑧到了元末，农民起义四起，张士诚据苏州一带，南船不能北来，京师粮食供应发生困难。元顺帝至正十三年，（1353年）在丞相脱脱的建议下，在京畿一带开垦稻田，西自西山，东及迁民镇，南至保定、河间，北抵檀、顺（今密云、顺义一带），凡是官地和做过屯田的土地，都分给农民种植水稻。为了很快推开，还从江南召募能种水稻田和修筑圩堰的农师各千人给予指导。采取了一系列的奖励政策，政府发放农业贷款，"给钞五百万锭以供工价牛具农器谷种之用。""所募农夫人给钞十锭，期年散归"等等。由于这些努力，这一地区获得好收成，"京师借此度支"⑨。这是元以来北京地区种稻史上一次大规模的创举，也是对后世有较大影响的可贵尝试。

明代朱棣建都北京，仍然遇到南粮北调问题，特别是由于北方"边务"粮饷的需要，使这一问题更加突出起来。调粮运道也由元代的海运为主变为河运为主。一些阉人勋戚借漕运发财，贪污勒索，操纵国计民生，成了明代经济的一大"肿瘤"。在这种情况下，终明一代建言改革漕政，开发京师水田者迭起，如丘浚、徐贞明、汪应蛟，左光斗、董应举、徐光启等等。但终因权阉当道，阻力重重，大多成效甚微⑩。其中影响较大的是徐贞明。徐在万历年初任工科给事中，他目睹漕政诸弊，曾亲往京畿各地进行调查研究，并上书言兴修北方水利。为此遭贬离京。他在潞水之滨乘船南下时，写下了著名的《潞水客谈》。书中详细论述了京师粮食"宜近取诸畿甸而自足"的道理，提出了许多可取的具体措施。其后到了万历十三年，经人推荐，又被任命为垦田使。"赐敕勘水利。"徐贞明在这年九月，先到永平募南人为师，从水源条件较好的京东各州县开始，包括密云的燕落庄，平谷的水峪寺、龙家务，三河的唐会庄、顺庄屯和蓟州的黄崖营，马伸桥诸地。到第二年三月，不到一年时间，共垦田种稻三万九千余亩。可是，正当他兴致勃勃继续扩大水稻面积，实现他的"一岁开其始，十年究其成"、"万世席其利"的规划设想时，却遇到重重阻挠，流言四起，不久即夭折了⑪。

不过，在徐贞明之后又三十年，在永定河上游两岸的怀来、延庆一带，由怀隆（今怀来、延庆属地）兵备道胡思伸倡导开治水田，营种水稻，却获得成功。据《怀来县志》记载，胡思伸在万历四十二年（1614年）任兵备道时，鉴于国库空虚、边防衰弛的景象，决心利用当地水源，兴修水田。他提出三点理由，其一，守边只依靠"贡款"不足恃，必须"首以开垦为急图"；其二，只有发展边地农业生产，边地人民生活富裕，人心才能安定，"藏富闾阎神气自壮，即固围之计也"；其三，兴修水田，垦种水稻，由于沟洫纵横，是防止敌骑突袭的天然障碍。他说："其如御虏尤善，虏故利骑不利步，倘尽地而沟洫之，虏不得长驱，是闾井之界皆为金汤。"这无疑是对前代诸家在开发京畿水利方面的理论上的重要补充，从一个侧面反映了为解决边务粮饷而开垦水田的必要性和紧迫性。在这种思想指导下，他首先在延庆妫水河两岸开水田三万亩。随之又在洋河和桑干河两岸垦田种稻六万多亩。几年光景，大大改变了这一带面貌，"使沙碛、萑苇之地，悉化为膏腴"，"比岁获稻数十万石。"出现了"家家户户，人心安堵"，"遥望东路畦疆，不逊江南"^⑫的景况。

清代，雍正时期，京畿水稻生产达到高峰。雍正三年十一月，皇帝任命其弟怡亲王允祥、大学士朱轼勘查直隶水利。允祥等派人作了大量实地考察。他在给雍正的疏奏中称："畿辅土壤膏腴甲于天下，东南濒海、西北负山，有泉流湖汐之滋润，无秦晋岩阿之阻隔，豫、徐、黄、淮之激荡，言水利于此地，所谓用力少而成功多者也。"^⑬基于这种有利的自然条件，雍正下决心大规模垦种稻田。

首先成立了营田四局，即京东局，自白沟河以东，辖八州县；京西局，自苑口以西，辖十四州县；京南局，自滹沱河以西，辖十一州县；天津局，自苑口以东，辖三州县。这是一个广大的海、滦河流域地区，其中包括现今北京的东、西、南各区县。同时，颁发了一系列奖励营田的政策，规定："一、自营己田者，照田亩多寡，给九品以上、五品以下顶带，一、效力营田，酌量工程录用；一、里误降革之员，效力营田，准复；一、流徒以上犯，效力营田，准减等。"还规定，"愿耕水田者，皆给农本。"实行这些措施，果然有了效果。到了雍正七年(1729年)，开发稻田共达六千余顷⑭。规模之大，可谓空前。

清代自嘉道以后，迄于民国，国家沦为半封建、半殖民地社会，国祚日衰，农业废弛，北京地区的水稻生产更不足为道了。

这里值得注意的是北京地区利用泉水种稻有悠久历史。由于泉水水质良好，出现过不少优良稻种，为我国水稻史做出了贡献。像昌平的马池口，大小汤山、芹城、暴榆泉、黑泉、埝头等地都有泉水稻田。芹城附近生产的膳米，是有名的良种。海淀一带利用玉泉和万泉庄泉水开垦稻田，是几百年的老稻区，也是京西稻的故乡。房山县长沟一带利用白玉塘泉水种的红、白二稻也颇负盛名。还有顺义县的灵迹泉，平谷县灵泉等等，泉流所及广辟为稻田，总面积虽不甚大，由于有水源保证，易于引灌，都赓续长远、历代不衰⑮。

（二）

从旧中国北京地区种稻历史可以看出，尽管年代久远，却一直未能大规模地持久地发展起来，虽有几次稍见起色，旋即趋于衰落，原因何在呢？

从社会、政治原因分析，金、元以前概属战乱频仍，民不聊生，农业破产所致。元代以后特别是明、清以降，则贯穿着政治经济改革与反改革的斗争。元、明、清三朝由于国家建都在北京，而粮饷供应转自东南，漕运成为维系封建王朝的命脉，京师凡"朝祭之需，官之禄，主之廪，兵之饷，皆于漕平取给"⑯。明、清两代每年都有四、五百万石粮食从大运河运往北京。惟其重要，许多官僚勋戚，竞相插手，把漕运作为他们贪污敲诈发财致富的麇集之地，也是封建王朝政治经济领域最黑暗腐败的角落。《清史稿》中说："东南办漕之民，苦于运弁旗丁，肌髓已尽，控告无门。"实际上在运弁旗丁的上面还有庞大的官僚集团的层层榨取，把国家经济搞得一团糟。为此，不少开明政治家都提出过改革措施。其中重要的办法就是发展京畿水利，开垦稻田，增加粮食生产，解决南粮北调，以消除漕弊。这当然要受到借漕运发迹的当权者的强力反对，终致失败的结局。清代著名政治家林则徐曾正确指出："然北米充仓，南漕改折，国家岁省经费万万，民间岁省浮费万万，此皆自蠹穴中剔出，陋规中芟除者，则举行之日，浮议阻挠，必且百出"⑰。他一针见血地指出，漕政改革遭到失败，"若究其根本，则欲去其在此之害，必先去在彼之利，恐事未集而侧目者众，不惟挠之使其无成；且必构之使其受祸"⑱。他正确地道出了在畿辅之地开治水田终致言者得咎行者得罪的政治上的原因。当然，历史上在北方营种稻田的主要劳动力是驻地士兵和流徙难民，他们的调动频繁，流动性大，水田种稻的成果也不易巩固。

但是，如果从北方地区的水文条件来考察，客观上的降水不均，枯丰悬殊，水源无保证，也是水稻不能大规模发展的不可忽视的重要因素。

不言而喻，水稻离不开水。元代王祯《农书》中就说："治稻者，蓄陂塘以潴之，置堤闸以止之。"他还讲了水稻生长过程各阶段的需水情况："耕耙既熟，放水匀停，掷种于内。候苗生五六寸，拔而秧之，……苗高七八寸则耘之，耘毕放水煏之，欲秀复用水浸之。"根据现代农业科学用水测定，按北京地区土壤条件，每亩水稻从泡田到成熟，一般需水700至1000方左右。用水量高出小麦、玉米两三倍以上。而且灌溉时间长，从五月下旬到九月中旬。但是，北方气候由于受季风影响，冬春少雨，夏秋多雨。多年平均降水约600多毫米，实际上80％以上集中于6、7、8月，其中50％集中在7月下旬和8月上旬，一年中的降水往往集中在夏季的几次暴雨或连阴雨过程。而每年的10月至第二年5月，多年平均仅有90多毫米，在春播季节的3至5月，仅有60毫米左右，最少年份不足10毫米。年际之间降水也很不平衡，最多年份与最少年份相差五六倍。因此，北方地区气候经常是春旱秋涝，旱则赤地千里，涝则洪流万顷，尤其经常遇到干旱威胁。据史料统计，在近500

年内，总旱年数为173年，平均两年多出现一次。特别是经常发生连旱，其中连旱两年和两年以上的有103年⑲。例如清代从乾隆六年（1741年）至二十五年（1760年）曾出现连续20个偏旱年份。其中从乾隆八年至十五年，出现过连续7年干旱，雨量都在350毫米以下⑳。这对于水稻生长，无论如何都是极为不利的。如果没有大型的多年调节的水利工程，水稻生产肯定要受到严重影响。

实际上，清代第二个皇帝康熙就考察过这个问题。据《清史稿》记载，康熙四十三年天津总兵蓝理请在丰润、宝坻、天津一带垦种水稻。康熙就指出："昔李光地有此请，朕以为不可轻举者，盖北方水土之性迥异于南方。当时水大，以为可种水田，不知骤涨之水，其涸甚易。观琉璃河、牤牛河、易河之水，入夏皆涸可知。"他批准可以先搞试种，后来曾种二百余顷。再如雍正年间允祥大力组织营种了六千余顷稻田，最后也没有坚持下来。究其原因，主要是干旱缺水的缘故。查这一时期的降水情况，开垦稻田活动的高峰是雍正五年至七年，但到九年（1731年）北京地区出现大旱"仲夏以来，京师雨泽愆期，大有亢旱之象，六月二十八、九日，京师地方方得甘霖"㉑。雍正十年，又是个旱年，"京师地方冬间少雪，春夏以来，京师少雨，五月庚辰甘霖大沛"㉒。这种连旱，对于刚刚垦种的大面积稻田供水，显然是无法保证的，不得不把水田缩减为旱田。《清史稿》在记述这段历史时指出"后因水力赢缩靡常，半就湮废"。根据清吴邦庆《水利营田图说》载，北京附近几个州县水田缩减的情况是：平谷县，雍正五年营田六顷有余，到雍正九年改旱田三顷五十亩，减缩水田一半；霸州，雍正六年营田二十九顷有余，农民自营十一顷有余，到雍正九年改旱田四十顷有余，几乎全部改种；蓟州，雍正五年营田二十顷有余，农民自营二十九顷有余，到雍正九年改旱田十三顷有余；涞水县，雍正五年营田二十二顷有余，到雍正九年改旱田一十二顷有余……等等。雍正皇帝也曾采取过一些措施来巩固水田面积，仍然没有多大效果。后来李鸿章在论述这段历史时也指出："雍正年间，怡贤亲王等兴修直隶水利，四年之间，营治稻田六千余顷，然不旋踵而其利顿减。"他说原因之一是天时南北各异，"春夏之交，布秧宜雨，而直隶彼时则苦雨少泉涸。"他结论说："此实限于天时，断非人力所能补救也。"㉓这种结论显然是片面的，他回避了兴修水利是补救的正确途径。但从一个侧面说出了北方的干旱确实是发展水稻的大敌。

明、清时期垦种水稻的水源不足保证，还有一个重要情况，就是漕运与灌溉的争水矛盾。如前所述，保漕运用水是明、清时期头等重要的大事，农业灌溉要给漕运让路。本来，运河到河北省境以后，海河水系水源有限，负担每年的漕粮运输是很难的事。为了保证漕运通畅，从明代就规定"灌田者不得与转漕争利"㉔。清政府也规定过沿河各县"不许民间私截水源"㉕。乾隆二年（1737年）春旱，为了保漕，皇帝下令"每年五月初一开始要尽堵塞各渠口，卫河水全归运河，以接济漕运……凡灌溉用水要稽查严禁。"㉖乾隆三年，河督向钟山下令："……倘值水浅涩，即暂闭民渠民闸，以利漕运。"㉗对于北运河上游的潮白河更明确规定只供漕运用水，"农田蓄泄不与焉"㉘。清代的沈葆祯曾直言不讳地说："民田与运道势不两立。兼旬不雨，民欲启涵洞以溉田，官必闭涵洞以养船。迨运河水溢，官又开闸坝以保堤，堤下民田立成巨浸，农事亦不可问。"显然，这就使水源不足的矛盾更加突出了。

由此可见，北京地区宜种稻，自古已然。但在垦种规模上，则一直受到水源条件的制约。而历史上在北京地区倡导种稻的改革家，由于缺乏对北方水资源的定量分析，忽视水情的特点，统治阶级又不肯花大力量兴修水利，没有把治水上的兴利和除害很好地结合起来，以致一时兴办起来的稻田，常常因干旱而改种，或是遇洪水而淤废。只有在水源条件有保证的流泉洼淀附近才有较稳定的种植面积。

（三）

北京地区历史上水稻生产与水源的制约关系，在建国后新的历史条件下又有新的特点。一方面由于大兴水利使水稻种植面积有了空前规模的发展；另一方面仍然受到水源不足的限制，而后者又是当前应该十分重视和记取的历史教训。北京解放后，20多年来，在党和政府的领导下，进行了大规模的以治洪、涝、旱、碱为中心的治水运动。在山区修建大、中、小型水库80多座和塘坝300多处以拦蓄洪水，控制了山区面积的60%。尤其是官厅水库与密云水库的修建，把原来不能利用的汛期雨水部分地拦蓄起来化害为利，大大增加了水源，提高了枯丰季节和年份的调剂能力。在平原地带逐年整治了河道沟渠，兴建闸涵堤坝，加强排灌工程配套，扩大灌溉面积，使水浇地面积达到510万亩，占粮田面积的80％以上。同时，初步治理了200多万亩的易涝地，对东南郊一带的盐碱沙洼进行了初步整治，增辟了大面积稻田，改变了这一地区的农业生产面貌。全郊区水稻种植面积从1949年的5万多亩，发展到70、80万亩，最高年份的1970年达92万亩，增加19倍。稻谷产量从1949年的1,200万斤，最高增到64,200万斤（1970年），增加53倍。水稻成为北京郊区仅次于小麦、玉米，名列第三的重要粮食品种，遍布60％以上的公社。应该说，当年林则徐所设想在畿辅之地开发200万亩稻田的主张㉙，今天早已实现了（据1980年统计，仅北京和天津郊区种植水稻即达180万亩）。

但是，北京地区30多年来水稻生产实践又证明，稻田面积的发展仍然受到水源不足的限制，不能不顾及水源条件而盲目发展。从30多年水稻种植面积和产量的增减情况考察，明显地呈马鞍形曲线，而且与降水的丰枯相对应，即遇丰水年面积扩大，而遇到干旱年又被迫大面积缩减。根据北京市水利局的统计资料：从60年代以来这种大起大落曾出现过4次，一次，由于1959年丰水，1960年扩大稻田39万亩，但遇到1961、1962年的偏旱年，种植面积又压到15万亩；二次，由于1969年丰水，1970年扩大水稻面积达到92万亩，第二年达96万亩高峰，但遇1972年的大旱，一下落到54万亩，1973年继续落到31万亩，减缩面积2/3；三次，由于1974年风调雨顺，1975年稻田面积恢复到54万亩，亩产719斤，但第二年多灾，种植面积虽未减少，每亩单产却大幅度减产216斤，总产也减了1/3；四次，由于1979年较丰水，1980年种稻面积又多了8万亩，亩产高达759斤，但1981年遇旱，水稻单产每亩减了176斤。显然，这种大起大落，对郊区农业生产的持续稳定发展是十分不利的。相当一部分农田改来改去，对农田基本建设也造成不必要的浪费，还会严重影响农民的生活收入。

应该看到，北京地区建国后尽管由于大兴水利使可利用的水资源增加了。但是，供水范围与古代相比也扩大了。由原来的以农业和漕运为主，扩大到工业、发电、人民生活、旅游等等方面。特别是由于城市生活和工业的需水量日益增大，不得不一再压缩农业的供水，水资源的供需矛盾日益突出。根据北京市水利局《密云、官厅系统水情资料编汇》两大水库在60年代供农业水为56％，供工业和城市生活为44％；到70年代，供农业水为45％，而工业和城市生活用水却占55％，预计到本世纪末，供水比例将变为农业占40％，城市生活、工业占60％。显然，农业用水将日趋紧张。为此，必须根据水资源供需情况调整作物布局，改革种植结构，对用水量大的水稻生产面积加以严格控制，禁止盲目垦种（当然，适当种植水稻是符合人民生活需要的）。首先，应该在有水源条件的地区稳定种植面积，重点抓好有种稻历史的老稻区和一些适宜种稻的低洼盐碱地区，把有限的水源集中，保证这些地区的种植面积。全郊区的水稻面积，根据近年的水源条件，一般年份大体可稳定60、70万亩左右为宜。其次，要主攻单产，提高单位面积产量。这方面的增产潜力还是很大的，包括提高灌溉技术，合理密植，改进施肥技术，防治病虫害等。同时，注意改良稻种，保持在北京久有盛名的优良稻种的种植水平。再次，要积极推广水稻旱种，据北京的试验证明，旱种稻的生长期间，比播种水稻每亩省水1/3到2/3，而且不与小麦争水，产量、产值一般都高于旱粮作物，是增产粮食的有效措施。

【注解】

① 《周礼注疏》卷三十三。

② 《后汉书·张勘传》。

③ 《水经注》鲍丘水。

④ 《魏书·裴延俊传》。

⑤ 《读史方舆纪要》卷十一。

⑥ 《日下旧闻考》转引《册府元龟》。

⑦ 《宋史·何承矩传》。

⑧ 《天府广记》卷三十六。

⑨同上

⑩⑪同上

⑫见《怀来县志》，载胡思伸《新垦水田记》。

⑬《光绪顺天府志》卷四十八。

⑭⑮同上

⑯董恂《江北运程》。

⑰林则徐《畿辅水利议》。

⑱《林则徐传》转引《复贝青乔书》。

⑲《水利科技简报》，北京水利科技情报站，1981年10月。

⑳中央气象局研究所等单位编，《华北、东北近500年旱涝史料》。

㉑《清史稿》卷一百二十九。

㉒㉓《清史稿》卷一百二十九。

㉔《天府广记》卷二十一。

㉕《清史稿》卷一百二十二。

㉖《清史稿》卷一百二十九。
㉗《清史稿》卷一百二十七。
㉘㉙《光绪顺天府志》卷四十八。

参考文献

刘浩然《京津地区历代水田兴废情况述略》，《前线》1962年第12期。

冀朝鼎《中国历史上的基本经济区与水利事业的发展》，中国社会科学出版社，1981年。

《海河史简编》编写组，《海河史简编》，水利电力出版社，1977年。

《环境变迁研究》1985年第1辑

论水利建设与生态平衡

近来听到一种说法，认为兴修水利破坏了生态平衡。我认为，如果说兴修某项水利工程影响了生态平衡则有可能；如果笼统提出兴修水利破坏了生态平衡则是不正确的，也不是事实。

为什么呢？

从根本上说，兴修水利是人类改造自然的活动，也是推动生态系统向有利于人类生存方面发展变化的一项积极措施。因为：第一，水是地球上保护和发展生态系统的基本因素之一。没有水就没有生物。以农业生态系统来说，农作物中无机体向有机体的能量转化是通过水来实现的。土壤中的养分，只有溶于水，才能被植物吸收。因此，水就和阳光、空气一样，成为农作物（包括一切绿色植物）生存、生长的三大要素之一。而绿色植物是生物界唯一能产生氧气的生物，它也是其他生物（包括食肉动物和高级食肉动物）本身的生存和发展的基础。所以，水对整个生物圈有极其广泛的作用，而且具有不可代替性。第二，水这种资源不是取之不尽用之不竭的。它不能随时随地满足各类生态系统发展的需要，地球上各地区之间，年际之间，年内各季之间水的分布是极不平衡的。这就极大地威胁着生态系统的平衡和发展，也给人类的生存活动带来威胁。比如旱灾和水灾，使大批农作物和其他生物遭到死亡和毁灭，从而导致生态环境的破坏，影响人和其他生物的生存和发展。然而，人们认识和掌握了水的规律，采取生物的和工程的各项措施，调剂余缺，克服自然界原有的不平衡，使其尽量满足生态环境的协调发展。这正是水利建设的根本目的。

我国的地理位置和自然条件，由于受到季风的影响，降水量不仅在地区之间，就是在年内季节之间，年际之间差别都很大。水利建设对发展国民经济，发展生态系统具有特殊的重要意义。可以说是我们中华民族生存发展的一个重要条件。从历史上看，历代王朝要发展农业，富国富民，都把兴修水利作为基本国策之一。例如，由于都江堰的修建，使四川成为"天府之国"；郑国渠的修建，使关中平原"无凶年"，成为秦国统一天下的根据地；督亢陂灌溉事业的发展，使燕国振兴，成为战国的七雄之一；由于汉渠、汉延渠、唐徕渠、秦渠等灌溉工程的兴建，使"百害"的黄河流域的一部分变为"唯富河套"……。从生态学观点看，这些水利工程不正是改善了生态环境，发展了生态系统吗！至于建国后，大批水利工程对于生态环境的良性影响更是不胜枚举了。旧社会每次大的水灾和旱灾，都对自然生态环境造成重大破坏，使大面积沃壤成为沙丘；或"赤地千里""禾苗尽枯"。进而还伴之以蝗虫为害，瘟疫流行，使整村人死亡，这哪里有什么生态平衡可说呢？但解放后，以北京地区为例，永定河解放以来曾发生过7次1,000秒立米的洪水，潮白河来过10次，基本上都被拦蓄库内，不仅未造成灾害，而且还成为发展生产的可贵资源。这些水利工程对于干旱年份所起的作用就更加明显。70年代以后，北京地区出现过1972年大旱和1980年大旱，都是百年不遇的旱情，然而却从来未出现过"赤地千里"的情形，这些不止是水利建设对生态坏境的良性作用吗！至于在山区大搞治山治水，修建了许多大中小水库，这不仅改善了自然环境，解决了山区的人畜饮水困难，起到了防治山区人民的地方病的作用，更使昔日的荒山秃岭变成绿水青山、林草丰茂的乐土，这已成为人所共知的事实了。

持水利建设破坏生态平衡观点的同志，常常不能正确评价人类活动对生态环境的影响。总觉得有了人类活动，生态平衡就破坏了。似乎人类活动愈少，愈能保护和发展生态系统。这显然是不正确的。应当指出，随着人类在地球上的出现，就给地球上的生态系统以巨大的影响，变成"人为"的生态系统。那么，是不是都是消极的破坏性影响呢，当然不是。因为人类与其他动物的一个极其重要的区别，就是在于它对自然界绝不是一种简单的消极适应，而是积极地进行改造。恩格斯在《自然辩证法》一书中指出："动物仅仅利用外部自然界，单纯地以自己的存在来使自然界改变；而人则通过他所做出的改变来使自然界为自己的目的服务，来支配自然界。"人类对自然界的改造过程中是否都做得正确呢？都符合生态规律呢？当然不是。当人们对自然界的认识还不够全面，不够深化的时候，它的活动常带有某些盲目性。这些盲目性所产生的后果或迟或早会表现出来，并对人类的生存和活动造成困难。而当人们遭到或预见到这种困难和威胁时，就促使他们去认识造成困难的原因，探索解决困难的方法，从而找出其规律性，按客观规律的要求去改造自然，达到为人类服务的目的。应该看到，在社会主义制度下，随着人们对自然界规律认识的自觉性不断提高和科学技术的发展，将大大缩短这种盲目过程或减少盲目程度，正如恩格斯指出的那样，随着人们认识的提高，"不能预见的作用，不能控制的力量，对这一历史的影响就愈小，历史的结果和预定的目的就愈加符合"（《自然辩证法》）。

水利建设是一种人类改造自然的活动。在水利建设中也出现过不符合生态规律和"不能预见"的某种盲目性。如50年代在华北平原地区兴修水利时重灌溉轻排涝，扩大了土地的次生盐碱化，使农业生产一度下降。又如在农田基本建设上搞一刀切，乱垦荒坡造成水土流失。再如对修建工程的前期工作，缺乏技术经济全面论证，在效益上出现顾此失彼的现象，河道由于在上游修建水库使上下游流域产生一些新的问题，尤其对下游由于河水断流而产生不利影响。此外还有水质污染等问题。形成这些问题的原因是复杂的，必须认真对待，绝不能"一俊遮百丑"而予以忽视。生态学是一种新兴科学，它的出现和应用，对水利科学来说是相辅相成的。它的不断发展将有利于克服某种"盲目性"，使水利建设更好地为国民经济服务，为我国的四化建设服务。

《燕水古今谈》北京燕山出版社1991年

北京古代水利美化城市的作用

（一）

提起水利工程效益，人们常常多从物质文明建设方面去考虑，这当然是无可非议的。水是人类社会经济活动的物质基础，凡是人类的生产活动都离不开水。水利在农业、工业、发电、交通运输、水生物生产、生活饮用等方面都有其不可缺少和不能代替的作用。但是，从水的多种用途的综合效益来衡量，水对精神文明建设也同样有其独特的不可缺少的作用，水利建设也同样应该适应这方面的多种功能的要求，并予足够的重视。随着精神文明的发展，水利对于诸如清洁卫生、体育、医疗、游览、娱乐等等，日益显示出重要的功能，尤其是随着城市的发展，水利的这种功能越来越受到人们的重视了。

美化环境是精神文明建设的重要组成部分，也是城市水利的重要功能。特别是对首都北京来说，更有其特殊的重要意义。三中全会以来，党中央提出了建设首都的四项重要指示，要求把首都建设成为世界第一流优美清洁的城市；党的十二大以后，根据北京的特点，市委要求把物质文明建设和社会主义精神文明建设一起抓。这就要求北京的水利工作遵循这一宗旨，为把首都建设成为世界第一流优美清洁的城市做出贡献。

应该说，北京古代水利很早就注意到利用水利工程和水体来美化和改善城市环境的问题了。明代马祯峨《运河蓄泄陂记》中就提出闸坝工程"务根底坚固于下，台牒壮丽于上"，"台牒"就是水上建筑物。为了能对今天首都的四化建设，起到一点借鉴作用，本文将对北京地区有代表性的古代水利工程在美化城市环境方面的特点做一些粗浅的探讨，并希望得到有关方面同志的指正。

（二）

北京城市水利的历史十分悠久，一千多年来北京城市的发展都和水利有直接的密切关系。从对城市的效益方面考察，古代水利工程主要是对城市人民的生活饮用、漕运、防洪服务的，但同时又兼有美化城市环境的作用。值得注意的是，这种作用不是附带的、派生的、次要的，而是当作水利的一种重要功能，一个效益目标，从工程的设计指导思想上就是十分明确的。并且根据不同的工程和其所形成的水体又有其不同的特点和布局，以与周围的环境相配置。从一些史料的记载来看，大体上有以下几种情况。

（1）水利工程建设与园林风景建设相结合。位于北京西北郊的昆明湖就是一个典型。它是著名的风景名胜，但它又是北京最早的一座人工水库。（见侯仁之《步芳集》）

昆明湖最早叫瓮山泊或大泊湖。是汇纳附近的玉泉、龙泉诸泉水的洼地。在元代，它曾被利用作为通漕运的水源基地之一，著名的古代白浮引水工程就是从昌平白浮神山泉，引而向西，沿西山南行汇入瓮山泊，并通过瓮山泊流入通惠河作为漕运水源。明代，在其周围又开辟大片稻田，并成为封建统治者游乐玩赏的风景区。但是，成为现代这样规模却是到了清代的乾隆十四年（1749年）进行了整修疏浚而成的。

当时疏挖昆明湖的直接目的是为了解决大运河漕运用水，通过扩大库容，修建闸坝、堤防，增大运河的调剂水量，同时又可扩大海淀一带的稻田供水。据御制《万寿山昆明湖记》碑文记载，疏挖的目的，在于"浮漕利涉灌田，使涨有受而旱无虞"，"其在导泄有方而潴蓄不匮"。显然，按现在的语言来说是按平原水库来设计的。但是，封建皇帝并不仅仅是要求达到上述目的而已，他还要充分利用水之佳美，结合修建水库建设一座供皇家独享的园林风景区。乾隆自己说："盖湖之成以治水，山之名以临湖，既具湖山之胜概，能无亭台之点缀？"（见御制《万寿山清漪园记》）于是，从工程的设计思想上就十分明确地把开发水利与建设园林两个目的有机地结合起来。在设计施工中，把东西两岸加以扩宽挖深，加高了东堤以障水东溢；对原有的明代古迹龙王庙，加以保留，使其成为湖心岛；并从龙王庙迤东建十七孔桥与东岸相连；仿杭州西湖的苏堤模式，修建西堤，沿堤组建不同风格的西堤六桥，即界湖桥、豳风桥、玉带桥、镜桥、练桥、柳桥，自西堤而南，湖面渐小，湖水南汇经绣漪闸而流入长河，调节了水量。水库建成后，与瓮山的建筑群谐和辉映，不仅收到了增加漕运水量、灌溉稻田的效益，俨然一座皇家园林也随之而出现了。

当然，乾隆皇帝的本意完全为了个人和皇族的享乐，不惜榨取广大劳动人民的血汗，为建园林费资浩大。而今天的昆明湖已经成为人民享用的公园了，它的湖光山色，浩渺烟波，与协调配置的园林建筑浑然一体，成为人民赏心悦目的游览胜地。这种把水利工程建设与园林风景建设相结合，并收到相得益彰的效果是颇可借鉴的。

（2）把堤防绿化美化为具有特色的风景区。北京古代城区水道的堤防绿化历来颇有讲究，特别是堤防植柳，即可防洪固堤，又兼收美化环境之效。象玉河桥东西岸都广植柳树，垂荫水面，明人有诗说："风飘河上垂垂绿，烟锁桥边濯濯轻"（见《宸垣识略》）。玉渊潭堤岸有"万柳堂"，《长安客话》说："柳堤坏抱，景气肖爽，沙禽水鸟，多翔集其间，为游赏佳丽之所"。通惠河上的柳树也颇有特色，据《帝京景物略》载："廛居夹岸二十里，柳垂垂蘸河，漕舟上下达"。然而，最有特色的堤防绿化，还是以长河下游的高梁桥为中心的驰名京华的"高梁桥柳林"。

长河，是一条早在元以前疏挖的引玉泉山水的水道，两岸都修有堤防。元代郭守敬修白浮引水，又扩大整修，成为入城的水道，并建有广源闸和西城闸，以兴灌溉、通漕之利。高梁桥就是元代西城闸的旧址。明代，在这里形成了以柳林为特色的著名风景区，成为城里人郊外踏青的重点游览胜地。据《宛署杂记》载，每逢清明节、端午节，"踏青游者以万计"，可以想见其盛况。这里柳林的特点是"夹岸高柳，垂丝到水"。"高梁堤上柳，高十丈，拂堤下水，尚可余四五尺。"那时，都人踏青高梁桥，不仅观赏堤柳清流的旖旎风光，而且形成一种庙会型的嬉乐之地，附近有多种多样精采的杂技、歌舞表演，"簇地三四里"。明人写的《帝京景物略》描绘的景象说："舆者则塞，骑者则驰，塞驱徒步，即有挈携，至则棚席幕青，毡地藉草，骄妓勤优，和剧争巧"。都人士女"或解裙系柳为围，妆点红绿，千态万状，至暮乃罢"（见《宛署杂记》）。由此可看出当时柳林的风情画面。

（3）利用水体的多种经营与美化环境相结合。水，作为一种资源，可以利用来养殖和种植各种水生物，供人们食用，同时又兼有观赏审美的效益。把两者结合得好，既有经济价值，又有美化城市的作用，德胜门水关就具有这种特点。

德胜门水关，又称为西水关，是明代永乐年间修筑北京城垣时建置的引长河水入城的工程。它有两座水闸。一座在德胜门以西一里许的北护城河上，叫松林闸（几百年来经过改建重修，至今仍在），它的作用，一是在汛期宣泄洪水、雨水；二是蓄水入城，流经积水潭，通过三海。在松林闸南侧沿城墙脚下有洞穴，并有方棱形铁柱为栏，铁栏外建水闸，今俗名铁棂闸。水自铁棂闸"穴城址而入，有关为之限，下置石螭迎水倒喷，旁分左右，既噏复吐，淙淙然自螭口中出"（见《京师坊巷志稿》引《燕都游览志》）。水进城后，回渊积水，形成大面积湖泊，就是有名的积水潭了。

德胜门水关和积水潭早从明代开始，就成为市民游览风景区。它的最主要特点就是靠良好水质和浩渺水面，开展多种经营，形成以水生动植物生态群体为主的天然景观。既有较高的经济效益，又有优美的观赏效益。这里水体的布局是，深的水域养鱼，浅的水域种植莲、藕、菱、茨，浅湿洼地广种芦苇。由于水质良好，水面多鸟禽翔集。在这种优美和谐的天然景观中，吸引了不少达官显宦在周围造建寺、刹、亭、墅，与水体风光，适成天趣。明代有人写诗赞美这里的风光说，"堤至水俱至，游将影与同，波从寺门碧，莲似晚天红"。《帝京景物略》更对这里的四时风景有过精致的描写："岁盛夏，莲始华，晏赏尽园亭，虽莲香所不至，亦席，亦歌声。岁中元夜，盂兰会，寺寺僧集，放灯莲花中，谓灯花，谓花灯"，"水秋稍闲，然芦苇天，菱茨岁，诗社交于水亭。冬水坚冻，一人挽木小兜，驱如衢，曰冰床。雪后，集十余床，垆分尊合，月在雪，雪在冰。西湖春，秦淮夏，洞庭秋，东南人自谢未曾有也"。

对这样美好风景的描述，就是现在读起来也是令人神往的。

应该说，城市水利对皇家园林建设的作用更突出一些，例如，几个朝代的禁园北海、中南海等等，由于众所周知，本文不再赘述。

（三）

研究和总结古代水利在美化城市环境方面的作用，对指导我们今天的水利建设，仍具有启示作用。

北京解放后，为发展首都的经济建设，国家修建了大批水利工程，对北京城市的发展，起了重要作用。还是在第一个五年计划时期，就开发永定河水利，修建官厅水库，把永定河的水成功地引进了北京城，50年代后期和60年代初期，又继续开发潮白水利，修建了密云水库和京密引水渠道，并将潮白河水引进了北京，使北京城区的河湖水体面貌有了极大的改观，给城市美化提供了有利条件。十三陵水库已经成为游人瞩目的风景游览区。密云水库建成二十多年来，使原来的荒山恶水变成了优美的风景区。在郊区卫星城镇附近也修建了一批中、小型水利工程，例如大兴黄村的埝坛水库；昌平的响潭、桃峪口水库，远郊区平谷的海子水库，怀柔的怀柔水库，等等，都具有优美的自然风景的特点，为进一步美化城镇提供了良好条件。当然，把这些水库周围建设成为真正的风景胜地，还需要付出很大努力。目前，无论从水利建设的指导思想、城市规划、投资方式、水体环境和水质等方面都存在不少问题，本文就不再作详细论述了。当前，首先应该从提高对城市水利重要性的认识上，从水利在城市总体规划中应占的地位上，从充分发展水利工程的综合效益，特别是在精神文明方面的效益上，广造舆论，组织有关方面的专家研究探讨，从理论上、指导思想上提高认识，统一思想，从城市建设的总体规划上进行城市水利规划，使水利工作在为城市四化建设方面迈出新的步伐！

《北京水利志通讯》1983第3期

《北京永定河水旱灾害》序

　　《永定河水旱灾害》一书即将出版，北京市永定河管理处马德昌总工程师约我为该书写篇序言，我欣然答应。

　　永定河是流经我国北方五省（市）的一条重要河流，虽算不上大江大河，但由于它特殊的地理位置，使这条河的两岸广大地区成为我国北方各民族汇集融合之区，促进了各民族间的经济、文化交流。尤其对北京来讲，可以说从最早的居民聚落点到北方重镇，进而成为全国政治文化中心的大城市，都与永定河息息相关。有人把永定河誉为北京的摇篮，是很有道理的。历史上那清冽的玉泉山清泉，主要是永定河水通过石灰岩层渗滤而来的；城市近郊丰沛的地下水，大部分是永定河水通过地下补给的；西郊、北郊、南郊的大片土地是引永定河水灌溉的；就是那些装饰着北京城秀美风光的河湖淀泊、什刹诸海，其实也都是古永定河道的余脉。直到今天，永定河仍然是北京工业和城市生活的主要水源之一。因此，我们完全可以说，永定河哺育了北京世世代代的人民，永定河是北京的母亲河。

　　然而，永定河在历史上也曾给人民带来过巨大灾难，由于永定河流域所处的自然地理条件和气候特点，它又是一条灾害频发的河流。北京城市的发展也正是在与永定河的洪水、泥沙和干旱等灾害进行长期斗争中发展起来的。

比如，历史上北京城址在北京小平原上的迁移应该说与防御永定河洪水的袭击有直接关系。

众所周知，北京城是建立在永定河洪积冲积扇上。历史上永定河在这个冲积扇上从北郊向西南部摆动，而北京城址则是从西南向东北迁移，两者呈相反方向运动。这绝不是偶然的巧合，而是为了躲开永定河洪水对京城的侵袭。从自然地理条件看，永定河从北京西北的官厅山峡出山后，河道高程比城区地面高出40多米，对北京小平原斜向东南成建瓴之势。因此，在这个平原上建立和发展城市，必须首先考虑到御防永定河的洪水威胁，不然这个城市是难以长久存在的。辽代在今广安门附近幽州城基础上建立陪都南京。金代更将南京扩建为中都。当时的永定河主河道位于今看丹、马家铺、凉水河一线，离都城较近。而这一地区地势比较低洼，是西山诸水的汇集之地，很容易被洪水侵扰。有两条史料可资证明。据《宋史》记载：在宋太平兴国四年（979年），宋辽在幽州西北高梁河曾打过一次大仗，最后以宋军大败而结束。七年后（986年），宋廷再议攻辽事，熟悉幽州的吏部尚书宋琪提出水淹幽州的奏表。表文提出决桑干河水东趋入高梁河，由于高梁河河道狭窄，水必漫溢，沿两条旧河道，一是从幽州北向南，沿高梁河南支流向幽州东郊；一是从幽州西北连接今玉渊潭向南绕至幽州南部。两条水"弥漫百余里"，使幽州变成"孤垒"，随之趁势攻取，"浃旬必克"（见《宋史·宋琪传》）。此项计划由于大臣们反对攻辽而未实施。宋琪的水淹方案正是利用幽州较低洼的地形地貌提出的。另据《辽史》记载：辽统和十一年（993年）秋七月，"桑干溢居庸关西，害禾稼殆尽，奉圣、南京庐舍多垫溺者"。奉圣，是今河北涿鹿县旧称，南京即幽州。可见，元朝修建大都城时，将城址向幽州的东北迁移，显然是考虑了防洪这个重要因素。从防洪角度看，大都城正是建在永定河洪积冲积扇脊背上的最优位置。如果再向北移，则离清河河谷太近；再向东移，又会遇到温榆河、北运河低地；向南亦为沟槽地带，由此可见大都城设计者的匠心。当时作为大都城建城"总设计师"的刘秉忠是一位精通天文、地理、历法、数学的学者。在他的周围有一批熟悉历法、测量、水利的专家，如张文谦、张易、王恂、郭守敬等。显然他们十分清楚在修建大都城时的防洪要求。早在建都之前，"先进行了十分详细的测量，然后根据中国传统规制，结合历史发展的因素和地方上一些地理特点拟定了一个全城的总体规划，再逐步施工"。（侯仁之《步芳集》）。经过18年的营建才告竣工，即或几百年后的今天来审视，大都城址位置的选择也是十分高明的，比中都城要安全多了。后来明代又将城址稍向南移，并在明代中叶以后修建了外城。现在的北京基本沿袭明、清城址，几百年来多次经受了洪水考验，基本避开了一般洪水的侵袭。但遇到特大洪水仍受很大威胁。明、清时期在外城及西南近郊曾几次受到洪水侵扰。

　　近些年在研究大都城址的迁移时多从忽必烈进燕京后

"驻跸"琼华岛，看中了这里优美的园林风光或"风水宝地"作为迁移的主要根据，这自然不无道理。实际上，大都城址从中都向东北的迁移是多种因素的综合。但是为防御永定河洪水的侵袭应该是个重要因素。

当然，这部《永定河水旱灾害》所记载的要广泛得多。这本书以水、旱、泥沙、水污染等灾害为中心，涉及到了整个永定河的变迁史。书中对历史上的灾情，以及中华人民共和国成立以后的情况都进行了认真地资料收集和整理分析工作。对于重大灾害，可谓资料翔实，论证有据。尤其对近现代出现的水污染列出专章撰述，成为本书的一大特色。书中还对防御灾害的新形势和对策措施作了全面分析，对于今后进一步做好防灾减灾工作，建设现代化水利，都具有较强的现实指导意义。因此，我认为这是一部以史为鉴，总结过去，资治未来，实用性较强的水利专著。

2002年1月22日

潮白河流域水灾见闻记

——《潮白河水旱灾害》代序

当我看到这本《潮白河水旱灾害》书稿时，脑海里立即浮现出前些年几次到潮白河流域的密云、怀柔山区查看灾情的景况。尤其1976年那次，虽然已过了近30年，但仍然清晰地留在我的记忆里。

潮白河是北京东部的一条大河，上游的密云、怀柔山区是流域内的暴雨中心多发区，极易发生山洪泥石流灾害，历时短，破坏性强，而且发生频率高。我的印象是，近20多年来几乎两三年就发生一次。记得1976年7月23日密云北部山区发生的暴雨山洪泥石流，就是造成严重灾害的一次。那次暴雨袭击的范围位于密云水库以北的9个公社，西起冯家峪、石城一带，北至滦平县城关，南到高岭、曹家路一带，暴雨中心上甸子田庄水库12小时降雨总量达358mm，古北口降雨量为289mm。大于200mm以上的暴雨区面积320km²，大于300mm以上暴雨区面积约40km²。暴雨发生后有20多条山沟发生泥石流，造成105人死亡，3574间房屋被毁，3万多亩土地被冲毁，水利设施损毁严重，冲垮田庄小水库一座，淤平塘坝5座，冲毁几百眼机井、扬水站，冲断了潮河辛庄大桥等。

灾害发生后，北京市立即组织救灾慰问团赴密云山区。我参加了这次活动。我们先到密云县城，随即由县领导带领去水库北受灾严重的几个公社。我们在过牤牛河时，洪水虽然落下不少，但水流急湍，水深过膝，大家只能互相牵手挽臂而过。在河滩上，我们不断发现有房屋桦檩门窗和死猪死羊，有些很粗的树木被泥石流剥下表皮露出白色的树干漂流而下，在河边的乱石间还发现两具尸体，简直惨不忍睹，大家看了心情沉重。我们过了河来到半城子水库，这座库容1000多万m³的中型水库，刚建成就经受洪水考验。水库过洪水最大洪峰流量745m³/s，仅下泄290m³/s，大大减轻了下游灾害。但水库河床被泥沙淤高，占去死库容60万m³。水库下游的600多间民工棚被洪水掠去，有十几位民工不幸被卷走了。水库管理处的职工坚守岗位密切监视进库的水量，有的人协助乡政府处理善后工作。我们本来想去上甸子的田庄水库看看，这座库容90多万m³的小水库，由于上游入库洪水流量高达500m³/s，又夹带大量树木，阻塞了溢洪道，导致漫顶垮坝，造成下游道路严重阻塞，未能前去。县里的同志告诉我们，这次泥石流共有6个乡的20个大队，计79个生产队受灾严重。其中损失最重、死人最多的有半城子乡西台子生产队8户人家死了13人，土地全被冲光；古北口乡西沟大队72户人家，房屋土地全部冲光；最惨的是冯家峪的东白莲峪生产队有半个村被泥石流吞没，11户人家59口人，死亡31口，占了全村人口的一半以上。当我们到了那里几乎认不清村庄的模样了，都是泥石滚滚，土地、树木几乎荡然无存。有些树木压在乱石堆里。有几家房屋似已空荡无人，余下的村民都转到了安全的村子里。是啊，一个小山村被毁成这个样子，有一半乡亲被夺去了生命，谁能受得了、经得住呢！

公社的同志告诉我们说，这个村的支部书记是个非常坚强的汉子，灾害发生后在公社的帮助下，他带领乡检疫站的同志们擦干了眼泪投入善后工作，并领着乡亲们在乱石堆上宣誓，决心重新建设新的家园。我们听了无不肃然起敬。

从密云回来心情总不平静，那灾后的惨景和那些不屈服的村民们总是长久地萦回在我的脑际。于是，我索性提笔写了一首《渔家傲》，记下了这次终身难忘的灾情。

滚滚黑云压北燕，滂沱大雨倾天灌。一霎山崩雷闪乱，千山暗，泥石吞了前村半。　率起乡亲擦泪眼，乱石堆上发宏愿：贫下中农钢铁汉，从头干，同心再把家园建。

当然，一个失去生存条件的村庄，是不能再居住下去了。后来经市县领导研究决定，将东白莲峪等遭受毁灭性灾害的险村险户迁移到密云水库南部的乡镇，另建了新村。

就在这一年这个月的28日凌晨，唐山发生大地震，波及密云水库。白河主坝上游砂砾石保护层水下部分产生液化，导致大范围的水下滑坡。滑坡长达900m（白河主坝长960m），面积达6万m²，塌滑方量15万m³。

这一天是密云北部山区洪水泥石流遭灾后的第四天。我们还在密云救灾，住在密云县招待所里。凌晨大地震的强烈震感把我们惊醒，大家都跑到院子里，都预感到密云水库大坝安危可虑，就急忙赶往密云水库，到白河大坝，不到早晨6点钟。这时余震仍在继续，西坝头山头摇晃震颤得很厉害，山上的浮石和渣土稀里哗啦地往下飞滚，整个坝体也在颤动，上游坝坡有一片一片的表层向水中滑落，水面上发生哗哗的声响。密云水库管理处的职工也都在坝上。大家看到如此危险情况，心情非常紧张，不知道坝体将发生什么情况。但大家心里都明白，如果一旦大坝出了事，那将是天大的灾害啊！当然，人们没有在那儿看着，而是不断将情况向市里汇报，并紧张地备工备料。这时，水利部、北京市委、市政府、北京卫戍区的领导也赶到现场，紧急抽调兵力和施工队伍，动员附近农民，两三个小时集合起两万军民抢护大坝，苦战26个小时保住了大坝安全。随后北京市组织起密云水库抗震加固工程指挥部，王宪同志任指挥，根据加固设计新方案开始了白河主坝抗震工程建设。于是，我写了一首《减字花木兰》的小词，记载了那一惊心动魄的时刻：

山摇地颤，飞滚坡石堤欲陷。谁敢兴妖？两万军民斩恶蛟。车机鼎沸，号召如风赴如水。苦战连宵，已报金堤牢又牢。

潮白河管理处组织专人编写了这部书，这是非常好的事情。我粗看了一下，感到资料翔实，对于重点灾情写得较细，这对于认识潮白河，治理潮白河都是极为可贵的资料。我祝贺本书出版成功。现在，仅将自己经历过的两次查看灾情的实况写下来，给本书增加一点感性东西，就算是代序吧！

2003年3月2日

为李裕宏《城市水系变迁》序

当北京水利史研究会成立20周年之际，李裕宏同志完成了他的《城市水系变迁》，这是一件十分可喜的事情。

裕宏同志从50年代初出了学校门，就开始与北京城市河湖打交道，一辈子滚打摸爬在京城水利战线，是一位熟谙京城水道的专家。前几年我邀他一起几次考察京城的河湖水道，并共同写出两篇文章，一篇是恢复北京护城河的建议，另一篇是关于消除城区雨洪灾害隐患的建议，曾在北京水利学会、北京文物学会提出，并被几家报刊转载。后来，在北京市人民代表大会上，由我牵头，有20余名人大代表签字，向大会提出议案和建议，得到北京市政府有关部门的重视。2002年公布的《北京历史文化名城保护规划》采纳了建议中部分意见，内容包括"控制前三门护城河规划内的项目，在远期应予以恢复"，并对控制范围作了相应规定。规划中还对恢复菖蒲河、青年湖（鱼藻池）的建议予以肯定，列入恢复计划（现菖蒲河已恢复供人游览）。当然，这些是和许多水利工作者的积极支持和呼吁分不开的。

裕宏这部书稿写完后就给我一份。我看后觉得很有特色。从历史文化的角度，对于北京城市河湖的历史沿革、功能变迁、文化掌故、环境景观等，收集了大量的资料，做了比较系统的阐述，具有丰富的水文化特色。尤其结合文字配有不少水系河湖的历史照片和图表，有的照片十分珍贵，使人赏心悦目，发思古之幽情。文字、照片、图表三结合，体现出历史的厚重感，增加了本书的知识性和可读性。

说起水文化，这是近年流行起来的新理念。其实，早在1500多年前北魏时期成书的《水经注》，就是一部地地道道的水文化巨著。郦道元将三国时期成书的《水经》，加以丰富和扩大，将该书137条河流扩大到1252条河流。以这些河流为经线，分章列节，将每条河流所经地区的自然地理环境和有关的人文历史，文化掌故，风土人情等等，做了详尽的收录。加上优美的文字表述，使它成为我国一部杰出的经典著作。

仅以《水经注》写北京地区的河流为例。该书第十一至十四卷，写了北京地区的拒马河、永定河、大石河、温榆河、潮白河、沟河等河流。行文中引用过近三十部有关书籍。除史书、地理书外还包括当地掌故传说、民歌谚语、文物考古等等，内容十分丰富。例如圣水（即大石河）一章中，对房山孔水洞的记载，不仅写了这道大泉的位置、形状，而且还从《耆旧传》录下一段传奇式的掌故："昔有沙门释惠弥者，好精物隐。尝篝火寻之，傍水入穴三里有余，穴分为二，一穴殊小西北出，不知趣诣，一穴西南出，入水经五六日方还。"不仅如此，还写了这道泉流奇特的鱼产，"其水夏冷冬温，春秋有白鱼出穴，数日而返，人有捕采食者，美珍常味"。把大石河上这道泉流写得令人神往。又如《鲍邱水》一章，将嘉平二年（250年）曹魏时代在永定河上修建的大型水利工程戾陵堰和车箱渠，于晋元康五年（295年）重修后立下一幢纪念碑，该碑文550个字，在《水经注》里一字不漏地收录下来，使后世人们对这项著名水利工程有了完整全面的了解。再如《沽水》章写后汉渔阳太守张堪开发潮白河水利广种水稻致民殷富的事，把《后汉书》中赞扬张堪的歌谣"桑无附枝，麦秀两歧；张君为政，乐不可支"全部录入。至于《拒马水》章中对这里山水的描写，有些段落文字清丽优美，为历代文人学士所称道。

从上述可见，水文化这种理念，我们祖先早有先见。郦道元从天人合一的理念高度写出自然与人文的高度融合，绘出斑斓的水文化色彩。我们应当继承和发扬，使这种理念成为发展我国事业的新亮点。

2003年12月

回忆与希望

——为北京市水务局《北京水务志通讯》代序

当北京市第二轮修志工作陆续启动的时候，市水务志办公室王真琛主任给我打电话，说第二轮修志启动后打算配合志书编写出版一个内部刊物《北京水务志通讯》，邀我写篇序言。我尽管年事已高，仍欣然答应了。

这倒不是我特别爱好写序言，而是当他说到搞《北京水务志通讯》时，我立即想起了30年前开始编写《北京水利志通讯》时的情形。记得第一期《北京水利志通讯》是1980年末出刊的，从此每年出四期，每期约有3～4万字，图文兼及，连续出刊10多年，到1993年停止。共出版43期，大约有130多万字，一直受到广大修志人员和局内外人士的广泛欢迎和喜爱，对编修水利志工作起了很好的作用。当时北京市尚未在全市启动修志工作，市水利局是北京最早开始修志的单位，对如何搞好修志没有经验，只好"摸着石头过河"，走一步说一步。而《北京水利志通讯》的创办，无论是传达上级指示精神、交流工作经验、通报工作进度、提供相关政策等方面都给予了很大方便。《北京水利志通讯》还刊登了许多专业人员和领导干部在过去工程修建过程中亲身经历的回忆文章以及水利工作实践中的点滴体会，一些社会人士也向《北京水利志通讯》投稿，主动提供相关资料，包括一些研究机构、相关的学会也积极参与一些水利史料的研讨和交流。记得1982年北京水利学会与修志办联合举办纪念元代著名水利专家郭守敬诞辰750周年学术座谈会，邀请有关专家、学者及水利局局、处领导30余人参加。座谈会请中国水利史研究会会长姚汉源教授做主题发言后，大家发言踊跃，会后作为一期《通讯》专刊，刊登了主要发言内容，大大活跃了局内外的学术氛围，增加了水利史知识。1983年前后随着水利志工作进一步开展，各区县水利部门也陆续开始水利志的编修工作。这时，《北京水利志通讯》更成为全市水利部门工作具有指导和交流作用的平台和窗口。那个时候，我就听到一位研究北京史的专业人士对我说，你们办这个刊物太重要了！再过20年就会看到它弥足珍贵的价值。可不是，当《北京志·水利志》、《北京水利志稿》完成的时候，一套洋洋130多万字的《北京水利志通讯》也作为志书的副产品摆在人们的面前，这是多么可贵的成果！当然，这一时期，在局党组的关心下，史志办与局宣传部门合作出版了《水和北京》摄影画刊（包括历史图片和现代水利图片100余幅），还出版了明清时期水利典籍《通惠河志》、《再续行水金鉴·永定河篇》，成立了北京水利史研究会，每年都组织学术考察等活动。所以，我认为，从编写水利志工作开始后，我们所完成的不仅是两部水利专志，更为北京水利工作增加了水文化的新内涵，开拓出水利工作的新视野，大大开阔了水利职工的眼界。

由此，我联想到第二轮修志的时限，这段时间正是北京加速城市现代化建设进程的时期，1993年国务院批准《北京城市总体规划》（1991—2010）指出："法规的基本目标是进一步加强与改善全国政治中心和文化中心的功能"，使北京"成为全国文化教育和科学技术最发达、道德风尚和民主法治建设最好的城市。"明确要求将北京建成"世界第一流水平的历史文化名城和现代化国际都市"。

在上述思想指导下，市委、市政府进一步加强水利建设的领导，加速了从1992年开始的通惠河整治工程。1993年围绕市委、市政府"夺回古都风貌"的城市规划，北京市水利局提出"夺回古都水风貌"，并提出"关于整修长河为花园式旅游观赏河道的建议"，得到北京市领导的重视。三年后，1998年全市展开了城市中心区水系综合整治，并提出了"三环碧水绕京城"的目标。随着改革开放的发展，水利工作的内涵越来越丰富，形成了不少新的理念。2004年市政府对涉水工作机构作了大胆的调整，撤消水利局，组建水务局，统一管理全市涉水事务。新一轮修志的内容将涵盖上轮志书中水利志、供水志和排水志的内容，并定名为《北京志·水务志》。在新一轮修志工作开始时，出版《北京水务志通讯》的举措，无疑是十分必要的。有鉴于此，希望新一轮的《通讯》办得更开放一些，更活跃一些，学术性更强一些；希望能图文并茂，将内部刊物当作正式刊物来办，比第一轮的《通讯》办得好上加好，成为广大修志工作者和业内人士的良师益友。

2009年3月9日

敬绳仁祖志　永定冀安澜

——《乾隆永定河志（点校）》序

今年九月，北京市地方志办公室副主任谭烈飞先生和刘宗永先生跟我谈起，说北京门头沟区博物馆更名为北京永定河文化博物馆。该馆拟建立《永定河文库》，希望将前两年由我点校的《乾隆永定河志》纳入文库出版，并约我写篇序言。这自然是件令人高兴的事情。

回想在2007年初，谭烈飞先生约我校点《乾隆永定河志》时，我所以爽快地答应下来，有两个原因：一个是当时要建北京方志馆，我心里高兴，愿意给馆藏做点事；还有一个重要原因，就是清代的乾隆时期，是清代北京治水史上一个重要时期。可以说，乾隆年间对北京的水利工程建设是有清一代建得最多、最为集中的一个历史时期。乾隆可不是一个整天吃喝玩乐、不务工作的花花皇帝，他对北京的水利建设尤其对永定河的治理非常关心，并有颇多建树。因此，我认为，出版这部水利典籍十分必要。

谈到乾隆治理永定河的业绩，先要从康熙治理永定河说起。永定河本是多泥沙的河流，旧称桑干河、浑河。它从山西高原和内蒙高原，一路奔流下来，又经过河北山地，到达北京平原，形成坡陡流急、泥沙夹泄、枯洪水量悬殊、中下游摆动不定、尾闾不畅等特点，经常造成灾害。康熙三十七年于卢沟桥以下两岸修筑长堤，以堤束水，以水冲沙，曾经顺轨安澜一段时间。但几十年后由于泥沙淤高河槽，使中下游河道形成"地上河"，经常漫口决堤，灾害不断。乾隆二年（1737年）他刚刚坐上皇位，永定河流域就下了一场历史上罕见的大雨。据有关资料记载，那年六月二十八日、二十九日，大雨如注，山水迸发，永定河道涨水两丈有余，石景山漫过石堤三百多丈，河水东趋，威胁城区；下游河南岸漫堤十八处，北岸漫堤二十二处，均成泽国，给这位刚刚坐上皇位的青年皇帝以极大的考验。据史书记载，他从这一年开始，连续六年修建永定河防汛工程，包括勘修南北大堤，开挖引河，疏浚下口，扩建金门闸，年年施工，不遗余力。还进一步加强河道管理，修订相应的堤防维修管理、堤防植树等规定。在总结康熙、雍正筑堤束水的经验和教训的基础上，他提出了永定河的治河方略，即治河"亦无一劳永逸之策"、"惟有疏中泓，挑下口以畅奔流；坚筑两岸堤工以防冲突；犹恐大汛时盈薄之患，深浚减河以分其盛涨。"他还注意永定河全流域上中下游的防灾兴利问题。早在乾隆九年（1744年），根据大臣的建议，他批准从山西大同至河北西宁修建50多里长的桑干河灌渠，倡导在河北利用永定河凌汛时推行"引洪淤灌"等以利农业增产。还曾在永定河的官厅山峡和合铺附近修筑过缓洪的玲珑石坝，以煞上游洪水，虽然只有三年即被洪水冲毁。后来，经过20多年，他仍未放弃在山峡地区寻求缓洪煞水的措施。乾隆三十六年，他又派直隶总督周元理去此地"详加相度"，周考察后认为"水小则无需抵御，水大则易于冲坍，坝工自难经久，自可无庸修复"，乾隆只好作罢。然而，他的良苦用心却给后世留下启示。从民国时期开始考察并提出建立官厅水库规划。新中国建立后不久，国务院即投资兴建起既可防洪又兼灌溉、发电的大型水利工程——官厅水库。

《乾隆永定河志》存留有乾隆时期的《上谕》和《御制诗》多篇，可以大体反映出乾隆皇帝"勤政""恤民"的足迹和身影。兹录数例，以见一斑。

（一）乾隆四年去永定河下游视察时的一首诗《赵北口水围罢，登陆之作》，诗中有一段小注称："永定河下游觉淤，允督臣之请，亲临视之，以商疏浚事。"这大概是永定河的洪水刚退下，在下游赵北口召开一次"清淤"的"现场会"，会前做视察了解情况。（原诗略）

（二）在另一首《过永定河作》诗中写道："取道阅河干，浮桥度广滩。汛凌过竹箭，水涝未桑干。四载由来仰，尾闾今度看。敬绳仁祖志，永定冀安澜。"

（三）还有一首《望晴》诗，称："喜晴才六日，愁霖复连朝。……所虑在永定，漫堤筑未牢。此时不放晴，盛涨何时消？哀哉固邑民，风雨所飘摇。账恤诏屡颁，补救心烦劳。万户若失安，九重岂可骄。"固邑，当指永定河南岸的固安县。

（四）有一首作于乾隆三十八年的《阅永定河下口以示裘日修、周元理、何煟》的七言律诗。诗中有一段乾隆的注文称："此次初阅头工、二工，今复示下口，于全河首尾情形略见梗概。兹命裘日修、周元理、何煨三人，由此寻流而上，查至头工。沿河再加讲求，斟酌具议以闻。"（原诗略）

（五）还有早在乾隆六年正月十八日的"上谕"，也值得一看。此《上谕》是乾隆五年，直隶总督孙家淦未作踏勘，在乾隆的同意下，从"数十年未经行的故道"放水，致使第二年永定河凌汛时两岸被灾。乾隆下了一道谕旨以示自责。全文称："昨因永定河放水，经理未善，以固安、良乡、新城、涿州、雄县、霸州各境内村庄地亩多有被淹之处，难以播种。居民迁移，不无困乏。朕与孙家淦不能辞其责也。用是寝寐难安，深为廑念。著大学士鄂乐泰、尚书纳亲，会同总督孙家淦详细查明被水处所，应免钱粮若干，速行奏请豁免。先将此旨晓谕百姓知之。"

看来这位皇帝对于工作中的"瞎指挥"，敢于公开"自责"，百姓自然信服。

关于这部《乾隆永定河志》的编纂者陈琼，他是一位乾隆中、后期在永定河下游几个县担任过县丞（管治河的县级官员）和永定河道的道台。我对此人虽有所闻但知之不多。2010年10月我应邀参加中国水利出版社召开的关于《中国水利史典》编纂方案专家评审会，见到中国水利史研究专家蒋超先生，他对陈琼有较多了解，在他的一篇《李逢亨并非第一个编纂〈永定河志〉的人》的文章中，对陈琼有较多的文字记载。陈琼（1731——1789），字国华，号蕴山，四川南部县人。曾任过永清县丞、固安县令、永定河南岸同知、永定河道台等职。他在任职期间"遇事敢为，于河工尤留心，胼手胝足，不辞劳苦。"乾隆三十四年，陈琮身为固安知县。在任三年，两年遭遇永定河水灾，他"查看灾情，代请赈济灾民，亲自发放米钱。"乾隆三十八年，乾隆阅视永定河堤防工程，第一次召见陈琮，他对奏永定河事宜，皇帝十分满意。其后又几次召见，并受到奖励。乾隆四十七年被任命为东安县知县（该县位于永定河下游）。此后，他用了三年时间完成了《永定河志》的编纂工作。直隶总督刘峨看后，称赞说："浑河工程莫备于是。"还将该书呈报乾隆皇帝。乾隆在驻跸汤山时接见陈琮，并予奖慰。其后不久，陈琮猝然离世。乾隆得知，嗟悼久之，连称可惜。对军机大臣说："陈琮自任永定河以来，今经五年，浑河安澜无恙，皆琮之力，不料其遽溘逝也"。

关于《永定河志》，过去只知有嘉庆李逢亨编纂的一本，上世纪七八十年代我曾看过未校点本。这次校点是根据北京大学图书馆藏《续修四库全书》，由上海古籍出版社印刷的未校点本，编纂年月比李逢亨本早26年。陈琮编纂的这部《永定河志》还刊有四种地图，颇具特色，包括《永定河简明图》《永定河源流全图》《永定河屡次迁移图》，又分绘包括《未建堤以前河图》《初次建堤澹河图》《二次接堤改河图》《三次接堤改河图》《四次改河加堤图》《五次改下口河图》《六次下口改河图》；还有一幅《永定河州县分界图》。每张图都有简明的文字《图说》，使人一目了然，成为本书一大特色。同校点者刘宗永先生十分欣赏，谓古今河考，对比阅读，图文并茂，相得益彰也。

最后，还有一点说明的是，在对这部书进行点校工作结束时，我感到该书的校勘工作还应再加工，以保证质量。我即向谭烈飞先生作了说明，提出请市志办刘宗永先生继续此项工作，并以两人点校署名。宗永先生是位专攻典籍版本学的博士。我的建议得到谭先生同意。对此，我向谭、刘二位先生表示衷心感谢！

2011年12月
时年八十初度

京水史话

北方有个湾，湾里有座城。它最初的名字叫蓟城。

湖光山色间，一片片翠生生的桑树林，

枝与枝相交叉，叶与叶相遮挡，密密匝匝，蓊蓊郁郁。

这正是古代北京地区典型的生态图画。

海畔云山拥蓟城

北方有个湾，湾里有座城。它最初的名字叫蓟城。

一千多年前的一个清晨，曹植就曾站在蓟城的北门外土丘山上遥望。湖光山色间，他看到了一片片翠生生的桑树林，枝与枝相交叉，叶与叶相遮挡，密密匝匝，蓊蓊郁郁。一腔诗情呼出胸臆："出自蓟北门，遥望湖池桑。枝枝自相值，叶叶自相当。"后来，南北朝诗人庾信也曾在一个深秋季节游览此地，见满目桑林，遂即兴而咏："桑叶纷纷下蓟门。"

这正是古代北京地区典型的生态图画，它水甘土厚，河网发育，林木遍布……。

古代北京地区为什么会有那么良好的生态环境呢？这还要从它的自然地理位置和地理条件说起。

北京的位置很特别，在华北平原的西北端，西部、北部和东部是绵延的太行山和燕山山脉，高峰林立；东临雾灵山，北有海陀山，西有东灵山、百草畔、百花山……这些山几乎都高达海拔2000米左右，山海莽莽，形成拱卫在北京周边的一道天然屏障。明朝有个叫王鏊的诗人曾用诗句描写过这道屏障的宏伟气势："百二河山势自西，芙蓉朵朵与天齐。"

高山峻岭从西北部缓缓倾斜，向东南延伸，地势下降到100米以下与华北大平原相接，面朝渤海。地理学上把这块平原称为"北京湾"。

"北京湾"特殊的地势，使潺潺流淌于群山之中的大河小溪，通过山区沟汊谷地，向东南平原汇流，形成五条主要河流，从西向东是：拒马河、永定河、温榆河——北运河、潮白河、泃河，五条河从天津附近入海。其中以永定河最大，北京平原主要是由永定河、潮白河和拒马河冲积扇堆积而成。

这种地形造就出得天独厚的气候条件，夏季的温暖气流，常常在山前迎风坡受阻而形成阴雨天气，山前平原因此而降雨较丰沛，年降雨量平均600多毫米，比纬度偏南的石家庄、衡水一带还要多些。

淀泊，是北京水环境中最具个性的景观。北京平原的河网有过一段不安分的历史，它不断地发育，频繁地摆动，留下许多淀泊。最大的一个，在通州南部，有个漂亮的名字叫延芳淀。《辽史·地理志》称："延芳淀方圆数百里，春时鹅鹜所聚，夏秋多菱茨。"可以看出延芳淀不仅名字漂亮，自然环境也十分优美。辽代将幽州升为陪都南京后，每到春季都到这里"弋猎"。

离永定门十公里远的南苑，也曾是一片湖泊沼泽地带，东西长约17公里，南北宽约会12公里，面积约210平方公里。由于处于永定河冲积扇前沿，这里泉源密布，号称有七十二泉，清人有诗称："七十二泉终不竭，御沟春暖自涓涓。"清乾隆年间，在南海子中修建了四座行宫，其中规模最大是团河行宫，占地400亩。1900年八国联军入侵北京时遭到严重毁坏。

　　北京的雨水也是十分丰富的。在永定河和潮白河两大洪积冲积扇的中上部地区，形成两条地下水溢出带，泉流丰沛。其一是沿山前平原呈弧形，分布昆明湖、紫竹院至右安门，直到南苑镇，有多处平地涌泉，像海淀的万泉庄附近就有28眼泉水。乾隆皇帝"立碣二十八"，给每道泉都起了名字。丰台附近有"平地有泉十余穴，汇而成溪，东南流入柳村河"，谓之"百泉溪"。（见《宸垣识略》）

　　另一条雨水溢出带是北京东侧的温榆河流域从南口以下至百泉庄、四家庄、亭子庄等地形呈长条状分布。像一亩泉、千蓼泉、满井、百泉等。百泉"泉极多，大者曰源泉，清流彻底。曰黄泉，流沙浑漫。曰响泉，其声入闸，合流入虎眼泉水也。"（《清光绪昌平州志》）。

　　　　　　《京水名桥》北京美术摄影出版社2003年1月

忽必烈神思山水城

　　蒙古骑兵于1215年（蒙古成吉思汗十年）攻下金中都，改中都为燕京。那时，成吉思汗还没有在这里建都的打算。过了36年，到1251年（蒙古蒙哥汗元年），蒙哥汗命其弟忽必烈领"漠南汉地军国庶士"。这时，"思大有为于天下"的忽必烈先后以刘秉忠、张文谦、王鄂等一批汉人为谋士，开始把燕京作为立脚点，以实现他的雄才大略，南进中原，统一中国。9年后，1260年忽必烈继承汗位，从蒙古高原的和林来到燕京。当时，中都城已毁于战火，"可怜一片繁华地，空见春风长绿蒿"。于是，他就住在中都的东北部金代建的大宁离宫里。这里是高梁河的一片宽阔水域，虽曾遭受破坏，但风光犹存。此前，1224年，道士邱长春入燕后，在此建立道院。据其弟子李志常《长春真人西游记》记载：乙酉年（1225）"五月终，师登寿乐山巅（指琼华岛）四顾园林，若张翠帷……因赋五言律诗云：地土临边塞，城池压古今；虽多坏宫阙，尚存好园林。绿树攒攒密，清风阵阵深；日游仙岛上，高视八弦吟。"仙岛，指的是琼华岛。这里虽宫殿多毁，但园林尚好，风景宜人。所以，忽必烈一到燕京就住在这大宁离宫里。第二年就下令修缮琼华岛。过了两年再修，并在岛上建立广寒殿。忽必烈还将他最喜爱的宝物"渎山大玉海"和"五山珍玉榻"放在广寒殿内。

从至元四年（1267年）开始，以琼华岛和周围水域为中心建造新城。至元八年（1271年）忽必烈正式建国号为元。至元九年新皇宫落成。至元二十二年（1285年）大都城建成。历时十八年。这是北京城的一个重大转折，也是北京建城史上营造山水城市的成功典范。

新建的大都城，充分地利用了高粱河上的宽阔的湖泊水体，以琼华岛为中心，巧妙地将三组宫殿环列湖泊的东西两岸。东岸建的是皇宫，称大内。即明、清紫禁城的前身；西岸的南部建隆福宫，北部建兴圣宫，分别为皇太子和皇太后所居。中间较宽阔水域称"太液池"。环绕三组建筑群加筑城墙，称为萧墙，也即是后来所称的皇城。环绕皇城外面的是大城，也即是外郭城。大都城周长28.6公里，南北略长，呈长方形。有城门11座。北面两座，其余三面各三座。元大都城垣之广大，建筑之辉煌，设计之精美，都是举世绝伦的。它将灵动的水体，妩媚的风光，融合到庄严雄伟的宫殿群落里，使之动静结合，错落有致，相互辉映，体现出自然美与人工美的高度结合。充分表现出城市水体对环境的美化功能，使大都城成为凭借水体而建设起来的世界名都。明初萧洵《故宫遗录》称："虽天上之清都，海上之蓬莱，尤不足以喻其境也。"

……

当然，光凭借优美的水体环境还不足以把大都城址选定在今天的北京位置，在这里城市的防洪安全，具有重要意义。

众所周知，北京的西北角有一条暴烈不羁的永定河，发源于晋北高原，穿过官厅山峡，从门头沟三家店出山进入北京平原，河道高程比北京城区地面高出40多米，形成高屋建瓴之势。因此，北京城的建立和发展，首先要考虑到永定河的洪水浸害问题。不然，就会遭到洪水的袭击。

据《辽史》记载，辽统和十一年（993）秋七月"桑干溢居庸关西，害禾稼殆尽，奉圣、南京庐舍多垫溺者。"可见，这次南京遭洪灾是很重的。

历史上发生过这样一件事，在辽保宁十一年即宋太平兴国四年（979年），宋太宗率兵攻辽合围幽州城，在幽州西北部的高梁河打过一次大战，双方各出兵力十万人以上，史称"高梁河之战"。最后以宋太宗险遭俘虏，宋军大败而归。此后七年，宋廷再议攻辽，熟悉幽州地形的吏部尚书宋琪提出一项水淹幽州的表文。提出决开桑干河东趋入高梁河，利用高梁河河道狭窄，必然造成河水漫溢，并沿古河道向东南的幽州城进袭。从幽州的西、北、东三面被水"弥漫百余里"使幽州成为孤城，然后趁势攻取，"浃旬必克"（见《宋史·宋琪传》）后由于其他大臣反对攻辽而作罢。

这就说明，如果在中都城原址修建大都新城，从防洪上看是不安全的。修建大都城的总设计师刘秉忠是一位精于天文、地理、历史、数学的大学者。在他的周围还有一批有识之士，他们对于大都的地形、地貌、水道、河湖十分了解。进行详细的考察，显然考虑防洪安全这个建设的重要原则。

当我们今天来审视大都城的地理位置时，它还是处在北京小平原也即是永定河洪积冲积扇的脊背上的最佳位置。城址再向北移，则接近北郊的清河河谷；如果向东移呢，又距温榆河谷太近了，而城的南边，正是一条有利于行水的沟漕地带，有利于排泄洪水。可见大都城址的选择比中都城优越多了。

后来，到了明代又将城址稍向南移，并于明代中叶建立外城，清代以后未再有变化。几百年来，北京城经受了多次大雨洪水的考验，基本上避开了一般洪水的袭击，但遇到特大洪水，外城的广安门、右安门一带曾几次受到侵扰，这也说明，元大都城比明清北京城在防洪上更具有优越性。

《京水名桥》北京美术摄影出版社2003年1月

永定河上游考察散记

1982年3月，我们一行五人，考察永定河上游，溯源而上，一路所见古水名泉，风情文物，诸多佳美，久不能忘。遂将印象所得，录之散记。

洋河凌汛

我的故乡有一条不大的河。它源于京西百花山下，每当三月春汛时节，河水陡涨，满槽满谷地汩汩流淌，崖畔桃花乍开，辉映水面，景致明媚动人极了。故乡的人们，习惯地称为桃花汛。小时候，我常常跑到河边贪看那动人的景色，流连忘返。时隔几十年，至今记忆犹新。

我们这次到永定河上游考察，也正是三月春汛时节。只不过，这里称春汛为凌汛。

洋河、桑干河是永定河上游的两大干流。我们从北京出发经官厅水库向北，首先到了洋河。我们驱车前进，沿河而上，时而颠簸在紧贴洋河的碎石土道上，时而奔驰在离河边稍远一点的平坦公路上。途经土木、新保安、下花园、宣化等地。但见拖带着泥沙的黄色河水滚滚而下，不曾遇到过儿时迷恋过的崖畔桃花。我想，这春汛的别称——凌汛也罢，桃花汛也罢，大概都是因景而得名。永定河发源于晋北高原和内蒙高地，处于长城以北的塞外，气候寒冷。春天，积雪消溶，汇为春水，混杂着大量刚解冻的冰块，拍岸盈堤而下，所以人们才称之为凌汛。不言而喻，凌汛，是与冰凌有关的。果然，我们很快就看到了凌汛的典型场景了。

那是我们沿河经宣化到达张家口的第二天，又起程溯洋河西上，到达京包铁路的重要站口柴沟堡。这里地形开阔平坦，是洋河的三条支流汇合的地方，只见那满河槽刚刚解冻的春水，像是久困囹圄，才得自由一样，翻滚着宽大的身躯，极力摆脱驮在背上的大大小小的、前拥后挤的冰块，兴冲冲地奔跑，连岸边的残雪也不断地被它裹胁而去，其势荡荡，其声汩汩，壮观极了。站在岸边，极目远望，只见褐色山脊的沟沟洼洼里正在溶化着的洁白的冰雪，在阳光照耀下，闪闪烁烁，恰似一条蠕动着的银蛇。清人诗句有道："层冰如玉龙，万丈悬婉蜒"，这是一幅多么壮丽的画卷啊！

春之神，你曾披着美丽的山花，悄悄降临我故乡的崖畔；今天，你又骑着玉龙骏马，风驰电掣般地来到这塞外高原，为沉睡一冬的大地平添无限生机。是的，连不会走路的冰凌，也会跑了，到处都在欢动着，催人奋进！

然而，解放前的永定河凌汛，却记录着冰凌为害的历史。永定河的凌汛，历来不小，最大时达五六百个流量。由于它携带大量冰凌，在河道内左冲右撞，极易破坏河床堤防。如气温骤降或冰凌阻塞，还会堆成"冰堤"，将上游来水壅高，致漫堤决口，造成重大灾害。据史料记载，凌汛决口最严重的一次是乾隆十六年（1751年）旧历二月，下游河北省永清县冰窖村附近的堤防被冲开缺口，造成永定河下游改道，千万户人家损失严重。京师地区的严重冰害，毕竟是有损于皇威的大事。因此，清政府每年对凌汛都有严格的防范措施。据《顺天府志》记载：凌汛期政府要求"各汛员于惊蛰前五日移驻要工，委试用人员及武弁协防，预备大小木榔、长竿、铁钩，俟冰凌解泮时，督率汛兵，将大块冰凌打碎，撑入中泓，不令撞击堤埽"，这自然是很原始的防冰措施了，然而作为历史上人与自然斗争的记录，它告诉我们，永定河不仅有防汛的历史也曾有过防冰的历史。

建国以后，那种冰凌为害的情况大大减少。党和政府在上中游修建了官厅、册田、友谊3座大型水库和十几座中型水库，还有200多座小型水库，凌汛水乖乖地被关在水库里或闸坝内，我们利用它来灌溉、发电、养殖，发展生产、美化园林、造福人民。凌汛变成了四化建设的宝贵资源。然而，由于北方气候变化骤烈，防冰仍然是冬春季工程养护和水流调度方面不可忽视的问题。

现在，正是春灌时节，这里的人们叫春汇。只见沿河各灌区都有管水人员在忙碌着，他们穿着经冬的黑色或蓝色的棉衣，年纪大些的，还结着老式的腰带，戴着三块瓦皮帽，有的在渠道上巡查，有的挥锹培土，有的在渠口提拉闸门。离我们近一些的，还向我们招手示意，淳朴的脸上流露出喜悦的神情。他们精心地将乳汁般的春水，引入久渴的土地。刚浇过的地块，一片水汪汪，很有江南的"泡田"景象。这里的春灌方式与北京近郊的小畦细灌迥然不同：普遍不作畦，多是大水漫灌，每亩用水百余方。灌渠引水口都建得比较大。建筑物虽不大讲究，但引水能力很大。陪同的同志讲，洋河两岸各灌区总引水能力达3,000多个流量，上游来的一般洪水都可以被它喝光。这里地广人稀，雨量稀少，全年仅有400毫米左右，要夺得农业丰收必须抓住凌汛时机，引水灌地，一次浇足浇透。不然错过时机，春播就很难保证了。所以，当地把春汇视为决定全年收成的关键农事活动。每当春汇时期，党和政府各级领导都下到农村，全力领导和组织好这项工作。是呵！凌汛，就是塞外的春雨呀！它唤来了春天，育肥了土地，使种子发芽，大地变绿，万物变得生机勃勃！

凌汛，对北京地区也是至关重要的。自七十年代以后北方出现连续干旱，北京的水资源越来越紧张，尤其春夏之交，经常出现"水荒"。永定河凌汛水每年都有2亿到3亿方汇入官厅水库，接济北京用水。

今年春旱，洋河水量可达7,000万方，除当地春灌用水，大约能有3,000万方入官厅水库。陪同的同志说："现在我们也在大力提倡节约用水，以便将更多的水支援首都。"我们带着兄弟省区对首都的支援情谊离开了洋河流域，奔向晋北的桑干河。

初访神头泉

无端更渡桑干水，却望并州是故乡。

这是唐代著名诗人贾岛的名句。不过，这次桑干河之行，我们却丝毫没有那位同乡（贾原籍范阳，即今北京）那种荒寒冷漠的心情。我们每到一地，都受到水利界同行们的热情接待，心里一直是热乎乎的。

也许是急于想了解桑干河水源的缘故，一到大同，第二天我们就动身探访那位于朔县马邑附近的桑干河清水源头——神头泉。

说起泉，常常使人联想起山间的淙淙泉流，平地冒出的突突喷泉。然而，当我们到达神头泉时，看到的却是洪涛山下一泓清彻明净的水潭。这潭，方圆不过数亩，南北有一道水工墙分隔为二。四周细流涓涓，像是万缕丝线织成两块碧茸茸的地毯。潭水通过一道闸门向东北散流，在几公里的范围内形成沼泽地带。向远处望去，那漾出的斑斑水迹，在阳光底下发出无数晶亮的闪光，很使人联想起黄河源头星宿海的景致。雁北春寒，大地尚未苏醒，而神头泉周围的大片草坪和杨榆树木已是春意盎然了。

神头泉，就是古代的桑干泉。北魏地理学家郦道元在《水经注》中写道："漯水又东北流，左会桑干水，县西北上下，洪源七轮，谓之桑干泉。"洪源七轮，指的是七道泉水。清代杨守敬对"洪源七轮"作了注疏："曰上源、曰玉泉、曰三泉、曰司马洪涛、曰金龙池，曰小卢、日小浦，合而为一为桑干之源。"这几道泉水分布在那儿呢？清人编的《续行水金鉴》中说："考上泉（疑即上源——笔者注）、玉泉，在雷山东侧洪涛山下，俗名神头山。三泉，出三眼故名，在今马邑县治西北十里之神头村。由洪涛山北涌出，宽被九十余丈、池广二亩许，俗呼神头海子。司马洪涛在金龙池上流，中有陂陀泉，北有村名司马泊。小卢、俗名细卢湾，又称戏龙湾。小浦，今曰小泊，东有小泊里村，今其地名曰南小浦。"显然，神头泉，就是指的神头海子，也可能还包括上源、玉泉在内，因为这确是几道泉水汇流的泉群。至于神头的来历，这里也有个传说，据说是由于北魏道武帝的公主在这座山上降生下"三大王"，因名为"神婆山"，后来就演变成神头山了。

神头泉的水量十分丰沛，在华北地区仅次于娘子关大泉。它常年有8个流量，就是遇到干旱年份也有六七个流量，可称为"阳旱不耗，阴霖不滥"（见《水经注》）。全年出水量约合2亿5千万立米。这么大的水量是从何而来呢？早在1,000多年前，郦道元曾做过考证。他说："其水潜承太原汾阳（今静乐县）北燕京山之大池。池在山原之上，世谓之天池。方里余，其水澄淳镜净，潭而不流。"查燕京山就是平鲁、朔县、宁武一带的管涔山。神头泉发源于管涔山的北支洪涛山下。而天池呢？则位于管涔山分水岭的南侧，是汾河的源头。汾河源头和桑干河源头怎么会相通呢？一般人持怀疑态度，郦道元却十分相信。他举出两个例子以为佐证。一个是说，在古代曾有人乘车从天池旁走过，忽遇大风，车轮翻到池里。后来，"有人获其轮于桑干患"。另一个是摘引于《太平广记》，说后魏的孝文帝曾以金珠穿鱼七条放进天池里，后来从桑干泉流出。到底如何，雁北水文站的同志讲，神头泉的泉域有多大，至今说法不一。不过，整个山都是石灰岩地区，夹有多处断层裂隙，二源相通的可能性也不能排除。遗憾的是，我们已没有时间去管涔山上探访那神秘的天池了。

当然，我们最感兴趣的还是对现有神头泉群水量的开发利用问题。据雁北同志介绍，由于泉群水清沙少，水量稳定，是建设能源基地的极好水源。近几年，雁北地区正在修建山西省最大的坑口电站——神头发电厂，就是引神头泉水源的重点项目。目前第一期工程已建成，装机容量15万千瓦；第二期即将竣工，两期合计装机55万千瓦；还有第三期工程，如果全部建成将达到135万千瓦。那时，强大电流将输往北京、天津、唐山等地，神头泉将为祖国的四化建设做出更大的贡献。还有即将兴建的我国最大露天煤矿之一的平朔煤矿，也将使用这道泉水。至于利用泉水进行农田灌溉已有漫长的历史了。现今建有17个电灌站，灌溉着60多万亩农田，成为这一带人民繁衍生息的粮仓。说到这儿，雁北的同志向北指着说，你们看，那里还有一座新建的虹鳟鱼养鱼场呢！

我被这座称为"塞上西湖"的多种效益迷住了。当我再一次环视那清碧的潭泉时，它显得愈发凝重和美丽。那远处斑斑水迹，也变成智慧的闪光了。

回来的路上，美好印象，萦回脑际，不禁口占小诗一首：

> 古泉旧貌换新姿，聚如明镜散如丝，
> 都道西湖塞上好，银花金谷跃鳟鱼。

恒山水库与悬空寺

从神头泉回到大同，下一个目标就是浑河。浑河，是桑干河上的重要支流，发源于山西浑源县著名的北岳恒山。由于流域内多系黄土丘陵，植被率低，至今仍是名副其实的浑水河。它是永定河泥沙的主要来源之一。

那天，我们从大同出发向东南方向前进，先到达浑源县，县水利局的领导热情接待了我们。这是一座古老的县城，早在唐代就建置了。传说宋代杨家将穆桂英大战洪州就发生在这里。城市街道尚称繁华，农工商各业具备，陶瓷器皿也颇有名气，商店里和地摊上摆着各种形态的陶瓷，塑形古朴，颇有特色，引起我们很大兴趣。每人都买了一两件以作纪念，随即就驱车向恒山水库进发了。

沿山区公路向南大约走了5公里路就达到恒山脚下了。恒山水库正是在恒山主峰与翠屏山之间峡谷间，坝体为混凝土拱坝，高55米，长150米，库容达1,000多万立米。我们乘车沿山而上穿过一条人工隧洞往右一拐就到坝顶了。

水库管理局局长介绍说，这是在北方高寒地区最早修建的一座混凝土拱坝，施工技术难度大，为了取得经验，中央水利部多次派专家前来指导。从1958年开始，先后奋战了4个春秋，到1962年才基本建成。我们站在坝顶，只见库区上游满河谷乳白色的冰川，晶亮耀眼，遥望下游浑河原野，极其开阔，烟霭茫茫，左右的山崖峭立，直插云天。在恒山水库左侧不远的崖壁之上，有一座古寺，楼阁相连，重檐飞峙，真像是半空中悬浮的仙山琼阁。陪同的同志说："这是有名的悬空寺。当年修水库的时候曾借住过，一批批的民工住进搬出。由于有严格的保护纪律和措施使这座古寺没有受到损坏，不信你们去看，到现在还是很完整的哩。"我们穿过一条山腰栈道，不大功夫就踏进了山门。在回廊中穿行，自己也像是在半空中飘飘欲仙了。大家说："羽化登仙"只是在绘画中见到过，谁也没有亲身领略过，这次真有点弄不清是仙境还是人间。正当我们想不出恰当的语言来形容的时候，石壁上赫然几个大字——"公输天巧"映入眼帘。公输，就是公输般，也叫鲁班，他是我国工匠的始祖。是啊，只有传说中的鲁班才有这等高超的技艺吧！不，这组建筑艺术的瑰宝，就是鲁班看到也会惊服的。当地有民谣形容它的奇险："悬空寺，半天高，三根马尾空中吊"。

悬空寺不是一组建筑，而是由三组建筑群组成，先以三官殿为中心，继之以三圣殿为主体，殿后又有一座三教殿。中间以院落、阶梯和栈道相连结，佛楼仙阁大约有四十余处。由于建筑在悬崖陡壁之上，地基狭窄，而布局极为紧凑，高低错落，相互衬托，左右联接，虚实相结，极有讲究。在有限的空间里，人们上下回环，曲折出入，大有游赏不尽的感觉。尤其是寺内各殿供奉的仙尊神像，既有佛教的释迦牟尼，又有道教的老子，还有儒家的孔子，佛、道、儒各家杂然相邻。这种一座本来规模不大的庙宇，竟然容纳了天下各家教派，从内容上也给人一种广阔深邃的印象，不过，大家更感兴趣的是这座建筑群所巧妙运用的结构。同行的工程师们左顾右盼，上下打量，总算看出一些门道来。的确，人们常说空中楼阁不牢靠，然而，这座北魏后期建造的空中楼阁，却经历了1,400多年而岿然屹立，这不是奇迹吗？陪同的同志向我们介绍说，悬空寺的基础，是沿着石壁上稍微隆起的陡坎，并有一排碗口粗大的木桩嵌入石穴作为支撑。全部建筑物的后坡没有山墙，而是以岩石代墙，把岩石和建筑物巧妙地结合在一起，从山下看，似是虚悬在山崖上，而从里面观察，则都是倚靠在岩石上，结构力学运用得真是妙极了。

出悬空寺朝山下走，穿过河谷，这时又看到了巍巍的恒山水库大坝。两座建筑物，时代不同，风格各异，然而两相配置，却也浑然得体。我不禁想起近年来有人常批评修水利破坏了古建筑景观的说法。其实，如果搞得好，还是能相得益彰的，恒山水库便是个例证。有趣的是这里有个民间故事，更把它们有机地联系起来。传说古代浑河屡年洪水为患，有一位仙人云游到此，对人们说如果在山

谷间修一座空中寺庙，请诸神坐镇，就能把蛟龙降住，永
除水患。于是，人们经过千难万险，终于修成这座悬空古
寺。然而建寺1,000多年了，浑河洪水仍然吞噬着百姓的房
屋田地，就是把佛、道、儒各家祖师都搬来，也是无济于
事呵！而真正消除浑河水患却是解放后的广大人民群众，
他们破除迷信，在党的领导下，用勤劳的双手修建起恒山
水库！她，真正扼止了洪水，变害为利，灌溉了数万亩良
田。历史告诉人民，只有社会主义制度和科学，才是消除
水患的法宝。恒山水库的修建不仅没有破坏这座古建筑群
的景观，而是和这座建筑群一起成为北岳恒山的一颗晶光
灿灿的明珠了。

桑干河上两灌区

　　无论在张家口还是在大同，专区的同志都向我们介绍
了永定河上游各大型灌区的情况，还陪同我们参观了几个
著名的老灌区，使我们开扩了眼界，学得了经验。

　　桑干河上有几条灌区，历史很悠久了。据史料记载，
位于涿鹿县境内的惠民北渠，早在明代永乐年间就修建
了，已有500多年的历史。惠民南渠也是明代建的。在清代
和民国时期又陆续修建过一些灌区。

　　永定河上游地区引水灌溉能够较早的发展，和该地区
的自然条件和气候条件有直接关系。从自然条件看，永定
河上游属于半干旱和干旱地区的过渡地带。全年雨量仅300

至400多毫米，历史上常常出现严重旱灾。桑干河和洋河是这一地区的两条主要河道，虽然冬春水量不大，但夏季多暴雨，水量较大，含沙量也大。生活在这一地区的人民为了发展农业生产，与干旱作斗争，千方百计兴修灌溉渠道，将有限的水，尽量引进田地，以保秋收。

这里特别提到了引洪淤灌，这是永定河上灌区的一大特点。由于永定河泥沙多，夹带大量肥料，引洪水不仅使农作物得到水分，又可增加肥料，改良土壤，一举数得。张家口水利局的同志向我们介绍一份资料称，该地区的通桥河灌区淤地一厘米厚，相当于每亩施铵肥120斤，磷肥125斤，钾肥194斤，粗肥2,900斤的肥效。增产效果也很明显，据典型调查，在同样条件的地块，种子、施肥、耕作都一样，洪水淤地比清水浇地增产11%。所以，老百姓编成顺口溜总结说："洪水淤一方，二年有指望，盐碱不见面，粮食撑破仓。"

尽管这里的灌区建设历史悠久，然而它们在解放前和解放后却经历了翻天覆地的变化。仅举两个典型灌区为例：

一个是位于涿鹿县境的惠民北灌区。这是一条从明初沿袭下来的老灌区了。自古流传下来的"千里桑干，唯富涿鹿"，就是指的这条灌渠。但是，解放前，由于政府腐败，农政不修，水浇地面积仅4万余亩，大小渠道有二十几条。在管理上实行水利组合，推行代表制。灌区维修资金实行以地养渠，征收水费。水费以粮食代替，每浇一亩地征米7至8升。但所收费用多是进了地主士绅的私囊，渠道得不到改善，渠系工程破烂不堪，灌水无保障，粮食产量不稳，百姓横遭盘剥，不得温饱。

灌区的真正大发展是在解放以后。党和政府非常重视这一地区良好的土地条件，连年对工程进行维修改善，保浇面积达110余万亩，比解放前增加两倍半。同时大力进行土地平整，实行科学灌水，改善灌溉质量，使灌排结合，地上水和地下水结合。从而使整个灌区的粮食产量大增，亩产由解放初期的200多斤增到1980年的1200多斤，成了永定河流域每亩产量最高的灌区。它像无数银线织成的网络，闪烁着桑干河造福人民的光辉。历史的赞誉只有在今天才显示出真实面貌。

另一个典型是浑河灌区，位于山西雁北地区的应县。据有关资料记载，它最早筹建于民国二年（1913年）。当时的名称叫应县广济水利有限公司。把水利工程作为公司来经营，在水利发展史上是不多见的。它是怎样集资的呢？原来在旧社会要兴办这样的公司，没有当权的官僚、地主参加是很难办到的。所以公司筹办开始就有像黎元洪、阎锡山、汤化龙等这样重权人物参加做股东。灌区工程1917年动工并竣工，建有拦河坝和干渠渠道。怎样经营呢？工程竣工后由公司召集所属的48个村庄代表协商，提出淤地灌溉办法。办法中规定：凡清水灌田，每亩收费一角，洪水淤地不收费，但要按比例收地，凡淤成三寸胶泥地，按五等分成，头等地，公司与原主按一九分，二等地二八分，依次类推，五等地对半分。按这种办法不到十年

光景，公司就占据了大量的土地，各股东之间再进行按股
分地，以土地优劣适当作价，最高每亩十元，最低五元。
分配结果，黎元洪股东最大，分得土地19,000亩，阎锡山
分得10,000亩，其余股东也都分了地。这样通过水利公
司，很快把土地集中到少数大官僚、地主手里。然后他们
再将手中的土地租给无地或少地农民。显然，这种经营办
法正是旧中国的官僚地主兼并土地盘剥农民的一种手段。

　　浑河灌区解放后发生了巨大变化。在党和政府的领导
下，为了保证灌区有稳定的水源，1958年修建了镇子梁水
库，库容3,200万方，其后由于泥沙淤积，1973年又进行扩
建，现在灌区灌溉面积14万多亩，粮食产量增加两倍多，
浑河灌区获得了新生。

　　那天，我们一行就住在镇子梁水库管理处，老主任以
他浓重的雁北乡音，滔滔不绝地介绍了这里的灌区历史和
风土人情，使我们大开眼界。第二天一早，我们怀着崇敬
的心情向老主任告别，踏上了归途。

永定河史考辨二题

（一）永定河通过航运吗？

近两年，北京、山西水利科技界为了解决两省市的用水困难，曾对从山西北部引黄（河）济永（永定河）的可行性进行过探讨。有的同志还写文提出永定河在历史上曾通过航运，船舶从山西大同经北京达天津。并认为如引黄济永成功，可利用永定河运道解决大同地区煤的外运问题。

历史上永定河曾否通过航，这是个颇有考证价值的问题。

查元代的历史，元世祖忽必烈统一中国后，首都从原来的上都（今内蒙多伦附近）迁往大都（今北京）。当时，不仅打通了南北交通的大动脉——大运河航道，而且也十分关注从大都通往西北上都的航道问题。所以，约于元至元二十八年（1291年）当忽必烈听到有人说起"滦河自永平挽舟斋山而上，可至开平。卢沟自麻峪可至荨麻林（今河北省万全县洗马林）"时，立即派太史郭守敬前去踏勘。可是，踏勘的结果是滦河"既不可行舟，卢沟亦不通"。这里说的卢沟就是永定河（事见《元史》）。

不过，由于元代皇帝的老家在塞外，而永定河又是首都通往塞外的一条重要河流，肯定要花力量利用这条水道以作运道的。据《水部备考》记载说："卢沟而上，直达宣府之保安州，故元运道也。自大同县古定桥起，至卢沟桥务里村，约八百余里，内可行舟者七百二十七里，驴驼搬运者八十八里。"这说明，元代确曾利用永定河作为运道运送过物资粮饷。但不是全线通航，而是水陆兼程，有的地段是由骆驼、驴骡驮运的。

明代，永定河上游的大同、宣化诸府是边防要地，军事形势一直很紧张，军队粮饷运输问题很大。所以，明代的几个皇帝都想通过永定河来解决转输之劳。例如，在15世纪中叶，明宪宗成化年间，为了疏通天津至大同的运道，曾派人进行考察，最后认为河道淤沙太多，水势落差太大，人力难施从而作罢。其后到了16世纪中叶，明世宗嘉靖年间又曾几次派人踏勘。据《怀来县志》记载，明嘉靖三十三年（1554年）抚臣侯越"尝驾小舟自怀来至黑龙湾，更自怀来载米逆水上达古定桥"。"都御史赵锦亦尝使人从桑干河行千里直抵大同城下"。到了嘉靖三十九年（1560年）九月，大同巡抚李文进鉴于大同"边储缺乏，米价翔贵"，曾上书乞开桑干河以通运道。他还派人沿河进行了详细踏勘，提出了初步设计。据《明实录》记载称："自大同古定桥至卢沟桥务里村，水运五节，计程七百二十七里，陆运两节，计程八十八里。总该造船二百六个只，置骡三百五十头，夫役一千三百八十余人，官十九员，春秋二运，可得米二万五千余石。""又卢沟桥迤南至天津，另造浅船，……由天津经达卢沟桥务里村交兑。"该方案曾先后交工部讨论几次，一直未定下来，主要困难在于永定河"泛滥则迅激难制，干涸则一苇不通", 水源无保障; 另外就是途中"多山石阻碍", 险隘太多。大概还有一个重要原因是财政困难, 资费太高, 开发不起。因此, 虽然最后勉强决定"今既有成画, 当如议举行", 但实际上并未真正实施。

这里值得注意的是所说"陆运两节"是指哪个河段呢？从该河的地形地貌考查当指从山西进入河北以后所经过的两个山峡地带, 一个是阳原地区的石匣里山峡, 另一个就是北京地区的官厅山峡。尤其是官厅山峡, 全长110公里, 地形复杂, 纵坡陡曲, 总落差达340多米, 平均坡降3‰, 有的河段《水经注》形容是"瀑布飞梁, 悬河注壑"。在这样的河段中行船通运, 在科学技术不发达的古代, 显然是不可能的, 只能靠陆挽驮运。其实, 官厅山峡地区自古就是一条通往山西的陆路运道。金代刘迎就写过在山峡险道陆挽之苦的诗: "前车行, 后车逐。车声夜随山诘曲, 前车失手落高崖, 车轮直下声如雷。同行急救救不得, 人牛翻覆鸣声哀。"他慨叹说: "何时真宰遣六丁、铲此叠嶂如掌平。幢幢车马山西路, 万古行人易来去。"

到了清代, 宣化、大同诸府已不是边关重地, 再加之永定河水患频仍, 航运之事已无实际意义, 也就再无人问津了。

由上述可见, 从金、元以降, 官厅山峡地段从未通过航运, 也不可能通航, 永定河并无全线通航之事。

至于永定河某河段作为运道运输粮饷则史有所闻。例如永定河下游, 早在隋大业四年（608年）从天津附近的静海开永济渠，西经霸县附近的信安镇，北合桑干河分支到达涿郡（今北京）。隋曾利用这条河渠运输粮饷。其后到唐贞观十八年（644年）唐太宗将征辽东，遣韦挺利用桑干河，从幽州运粮东下，但到卢思台地方，"因漕渠雍塞，遂下米台侧"。以后终唐一代也有利用该渠搞运输的记载。因此，《水部备考》中曾说"卢沟而下，舟楫时有之"。至于在大同盆地一带，由于大同是西北重镇，北魏在这里建都近百年之久，而且地势平缓，历史上开发运道是极有可能的。

那么，在金、元以前是否有永定河全线通航的记载呢？有的同志曾引《后汉书·王霸传》作为通航的依据。《后汉书》记载，王霸于东汉建武十三年任上谷太守时，曾上书："陈委输可从温水漕，以省陆转输之劳。事皆施行"。旧注温水即漯水，就是永定河。但这里有两个问题，一个问题是对温水即漯水的说法，历代注家颇有分歧。据唐李贤注，认为温水是发源于昌平居庸关的温榆水（当时那一带郡属上谷郡，粮饷从温榆河水路运至居庸关附近，再通过居庸关古旱路出关）。清代学者朱彝尊也是持这种看法。最近王北辰同志"《水经注》漯余水篇中的几个问题"一文（载《北京史研究通讯》总第十期）对温水即温榆水说做了值得注意的疏证。另一个问题是，《后汉书》对通温水漕一事，叙述非常简单，没有说明是从何地到何地通漕，因此，我认为，即便证实温水就是永定河，所称"温水漕"，当不是全线通航之谓，因上谷郡治就在今怀来县附近，通漕运事至多是怀来以上的部分河道通运而已。

（二）永定河泥沙是从哪里来的？

提出这个问题，是因为1982年4月报上曾刊载过一篇署名文章，认为永定河的泥沙主要是辽金元以来在北京西山破坏森林所造成的。文章说："辽、金、元三代是永定河变化最为剧烈的时期，究其原因，莫不与北京西山森林破坏引起的水土流失有关。"

应该说，北京西山森林在辽、金、元及以后破坏情况是十分严重的。但是把永定河泥沙来源主要归结为北京西山森林破坏，则是不确切的，不符合实际情况的。

众所周知，永定河是一条流经山西，内蒙、河北、北京、天津5个省市27个县市的海河流域的重要古河流。它从官厅以上有两条大的支流，一条是桑干河，发源于山西雁北地区的宁武县，经朔县、山阴、怀仁、浑源、大同等县市进入河北省的阳原、涿鹿到怀来的朱官屯，与发源于内蒙兴和县流经河北张家口地区的另一条支流洋河汇合后，始称永定河。从流域面积来考察，该河自北京三家店以上流域总面积为5万平方公里有余，其中属于北京西山地区的仅为1,700多平方公里，只占流域面积的3％点多。

从它的输沙量来考察，据官厅和三家店两个水文站的资料，1925—1936年共11年的统计，官厅以上属于山西、河北流域内的年平均输沙量为6,400多万吨；而北京西山地区流域内，只有130万吨，仅相当于全流域输沙量的

2.2%。再举一个典型丰水年为例，1929年官厅实测洪水含沙量为每吨水含沙323公斤，经北京西山地区到三家店实测最大含沙量为每吨水含沙395公斤，在北京西山地区流域内增加泥沙72公斤。由此可见，永定河泥沙主要来自官厅以上的山西、河北的流域范围，而不是主要来自北京的西山地区。

永定河多泥沙河流的形成，既要从人类活动的影响中（如森林植被的破坏）去考察，也要从流域的地质条件去考察。据解放初期官厅水库筹建处水土保持勘察队的报告称："永定河上、中游流域雨量集中，强度甚大，而石山区及丘陵区占全部面积的74%，地形陡峻，广覆黄土。此种黄土颗粒细松，粘性弱，冲刷坍塌甚易。故每际暴雨，即造成严重的坡面冲刷，形成黄土区无数沟壑，……其中尤以黄土丘陵区的水土流失、沟壑侵蚀最为严重，……成为永定河泥沙下输的主要来源。"据竺可桢同志早年考察，永定河上游地区有1/4以上地区为黄土高原地带。笔者曾对上游含沙量较大的浑河（桑干河支流）和洪塘河（洋河支流）做过一些调查，这两条河流域范围多是黄土高原区，由于雨量稀少（年雨量300毫米），植被率很低，特别是阳坡面极少树木，沿途所见，沟壑纵横，形如鸡爪，两岸土体崩塌堆积，比比皆是。应该说这种黄土高原的地质条件早在人类活动出现前就存在了。例如浑河是由泥沙含量大而得名，而浑河之源的"浑源"县的建置，早在唐代就有了。可知这条河早在唐代以前泥沙含量就多，不是从辽、金、元才开始的。

有的同志认为永定河在汉魏以前曾有"清泉河"的美称，从而推论该河原系清水河流，只是以后才变成多沙河流的。这种推论根据是不充分的。应该说，关于清泉河，在《水经注》里就有两个提法。其一《水经注·漯水篇》有"漯水自南出山，谓之清泉河"，似可解为永定河出山以后的河段叫清泉河。但其二，在同篇引《魏土地记》的记载，则为"清泉河上承桑干河，东流与潞河合"。文中"上承"做何解？清人辑录的《续行水金鉴》解释说："似桑干入于地，随地起伏，或谓清泉，或谓高梁，因地而异名耳。"显然，按这种解释，清泉河是受永定河水地下补给或者是永定河的余脉形成的河流。这与永定河的含沙量就没有直接关系了。

近来，读水电科学研究院水利史研究室姚汉源教授的论文，对清泉河又有新的见解。他说："清泉河又名千水，似非因水清而得名。千音为清泉之合音，清泉似又为桑干之音讹。浑河之名见于唐人文集（《李卫公会昌一品集·请市蕃马状》），多泥沙恐自古已然。《水经注》所叙下尾分散及以后河道变迁，也是多沙的特征"（见水利电力出版社《科学研究论文集》第十二集）。我认为这当然不是说上、中游的森林破坏对河道壅塞没有严重影响。永定河流域由于历代频年战争，辽、金、元代的大兴土木，各地移民的无控制地垦荒，都使这条河上中游的森林植被遭到很大破坏，水土流失严重，更加重了河道的泥沙含量，河流淤塞也更严重了。

桑干河名称趣谈

　　说起河流的名称，在我国可说是名目繁多丰富多彩。不少河流的名字背后都有一段一段的传说和故事，听起来饶有趣味。

　　就以那条贯穿华北五省市的桑干河（北京以下后改称永定河）来说，它的名字就极富理趣。一般地讲，大凡中国的河流，有的以山为名，有的以地为名，还有以颜色为名，以声响为名，或以故事传说、历史事件为名，等等，不一而足。而这条桑干河的名称却与众不同，它的名字是和预测该河的汛情水情有直接关系。或者无妨说，这是以古代"土"法预报汛情的河名。

　　此话怎讲呢？让我先引用清代乾隆写的一首诗说开去。诗载于清嘉庆年间编成的《永定河志》。诗中有句云：

今时名永定，古曰桑干河。

历传有明征，卜涨曾无讹。

桑熟必致干，多少其弗差，

干少霖必少，干多霖必多。

……

　　诗后还有小注云："永定河至桑椹熟时必干数日，

其干之日少，为夏季无暴涨之征"。河流的名字，与河水的涨落，雨量的大小，桑椹的成熟期，综合观察，找出规律，冠以河名，告白天下，俨然成了该河的汛期预报的告示牌。这真是一件了不起的创举。

人们会问，这样的汛期"预报"，有科学根据吗？！那还要从该河的汛情水情的特点谈起。从该河流域地处的纬度来看，正处于我国干旱和半干旱的过渡地带。从北京官厅以上历年平均降水不足400毫米。由于受季风影响，流域内气候变化剧烈。全年80%的雨集中在6月至8月份，并且常常集中在几场暴雨中倾泻，而其他月份雨量极少。所以，自古以来就有"汛时洪流石顷，旱时一苇不通"的记载。流域内的人们在长期观察体验中，还广泛流传着两句"顺口溜"，叫"四月晾河底，六月没屋脊"。没屋脊是指大水淹没了房舍村庄。而"晾河底"的四月份，又恰恰是桑椹成熟季节。

原来，桑干河流域是个桑林遍布的地区。植桑养蚕一直是这一地区与农业同样重要的主要副业，通称农桑事业。正如一首诗中所言"雁门关外百姓家，又养桑蚕又种麻"。不仅桑叶可养蚕，桑椹亦可充粮。在农作物青黄不接的四、五月份，也正是农民们缺粮短米之时，成熟了的桑椹，正可填肚充肌，成为粮食的代用品。历史上这种以桑椹充粮度荒的事，每有所闻。由此成为这一地区的百姓以桑时记事的一种习惯，形象鲜明，记忆深刻。

至于，河道枯干的时间长短，能预测当年雨量大小

吗？这大概属于经验之谈了。正如乾隆诗中所说："多少
其弗差。"按北方气候特点，经常表现为春旱秋涝，先旱
后涝，久旱之后常有大涝，等等。久之，人们形成一种较
为固定的认识，天气干旱时间愈长，突来大雨暴雨的机率
愈大。有经验的治水家们至今仍把这条"土"经验作为考
虑防讯情做好迎汛准备的重要指导思想。

当然，随着科学技术的发展，人们认识自然的能力大
大提高了。然而，关于桑干河的河名趣闻，却记载着古代
河流汛情预报的一种原始形态。这种"土"经验，作为我
国古代水文气象预测的宝贵原始遗存，是一份值得珍视的
遗产。

《燕水古今谈》北京燕山出版社1991年

古代诗歌里描绘的永定河

诗歌是古代很普及的文体，凡叙事、状物、言情、写景经常用这种文体表达。可以说，古时的知识分子都会写诗，即使是搞工程技术的人也常以诗来记事。所以古代诗歌不仅有艺术价值，也有不少史料价值。在浩瀚的诗海里记载着大量的史料和科技资料，只要加以认真鉴别，它常常可以补充正史之不足。

古代写永定河的诗很不少。其中有些曾记述了永定河的风貌、水势、河道工程以及两岸风土人情，对我们了解永定河的历史颇有裨益。为此，笔者从唐代以下的部分诗歌中，收录了有关诗作，并附以适当注释，联缀成文，以飨读者。

（一）

唐诗里关于永定河的诗作，中唐以后比较多，那时的永定河叫桑干河，流域内是藩镇割据、战乱频仍的地区。"安史之乱"以后，桑干河流域的幽、并二州，频年战争。"征戍在桑干，年年蓟水寒"（李益诗句）。战争使农业废弛，民不聊生，人口锐减，两岸广大地区成了战争的隔离带。桑干河成了诗人们的控诉战乱，反映人民苦难生活的象征，成为唐末北方社会生活的缩影。

那时候，在这一地区发生的战争是极其惨烈的。有一种专门写这一带战争的诗体，叫《蓟门行》，不少中唐诗人都写过。高适就有这样一首：

> 黯黯长城外，日没更烟尘。
> 胡骑虽凭陵，汉兵不顾身。
> 古树满空塞，黄云愁煞人。

他以凝炼之笔，描绘一幅惨烈的战争场面，他没有说这场战争谁胜了，只是以"黄云愁煞人"做了结局。诗人许浑也以白描的手法写出他哀伤的反战心理：

> 夜战桑干雪，秦兵半不归。
> 朝来有乡信，犹自寄寒衣。

秦兵，这里指唐王朝的士兵。在大雪纷飞的桑干河夜战中，半数士兵都战死了。然而大清早仍有家信和寒衣寄给他们呢！

战乱，严重破坏了这一地区的生产和社会生活。那三国时代曹植所描述的桑林遍植的桑干河两岸，"枝枝自相值，叶叶自相当"的情景没有了；那"润合四五百里，所灌田万有余顷"的戾陵堰、车箱渠，早已废弃；那盛唐时期"鱼盐之饶"的沃壤都变了大样。这时候，在广阔的永定河冲积扇上成了沙碛累累的荒野。马戴诗"落日萧条蓟城北，黄沙白草任风吹"。这是一个多么荒凉的世界！

熟悉北京地区的河北诗人刘长卿，在湖北麻城以北的穆陵关碰到从渔阳（今北京地区）来的人，诉说这一地区的离乱之苦。

> 逢君穆陵路，匹马向桑干。
> 楚国苍山古，幽州白日寒。
> 城池百战后，耆旧几家残。
> 处处蓬蒿遍，归人掩泪看。

显然，到这个地区去做官吏，也是个苦差事。桑干河的荒寒景象，牵动他们的思乡之情。桑干河成了他们的思乡河。晚唐诗人雍陶是四川人，当他渡桑干河的时候，感慨万分地思念起自己的家乡来。

> 南客岂曾谙塞北，年年惟见雁飞回。
> 今朝忽渡桑干水，不似身来似梦来。

著名诗人贾岛也曾写过一首《渡桑干》的诗（一说刘皂所作）：

> 客舍并州已十霜，归心日夜忆咸阳。
> 无端更渡桑干水，却望并州是故乡。

（二）

金、元时期，桑干河叫卢沟河，又叫浑河，流域内的情况有了重大变化。金、元在北京建都以后，这一地区经济发展较快，各民族之间交往频繁，人口迅速增加。元代，大都（北京）是世界名都，全国政治经济的中心。卢沟河在诗人心目中的形象，也随着这条河的开发和利用而有了明显的不同。

金代卢沟桥的修建，使永定河名传遐迩，也给它披上清丽的色彩，成为北京地区著名的风景名胜。

本来，位于北京西南的永定河渡口，自古以来就是华北大平原通往蒙古高原和东北各地的必经之地。金代统治者是北方的民族，建都北京以后，无论从军事上和政治上都非常需要解决这个南北交通"卡口"问题。

建桥前的渡口是什么情形呢？宋人许亢宗《许奉使行程录》中说："卢沟河水极湍激，每俟水浅，置小桥以渡，岁以为常"。后来，宋代诗人范成大，于公元1170年代表宋朝出使金国，他写过一首诗，也记述了渡口的情况：

> 草草舆梁枕水坻，匆匆小驻濯涟漪。
> 河边服匿多生口，长记辎车放雁时。

他可能在渡口附近"小驻"过，亲自尝过北方民族的饮食，还不大习惯呢？服匿是盛酒酪之器。而这时渡口的桥梁只是"草草舆梁"而已。

金代在这里建桥，先后酝酿了几年时间，据（《金史·河渠志》）记载，在大定二十五年卢沟河发水决于显通寨，皇帝下令征集中都附近三百里内的民夫进行堵塞。但不久，卢沟河又决于上阳村。这次决口，"朝廷恐枉费工资"，干脆不再管它了。可以想象当时这个交通渡口也是很难通行的。后来，在大定二十八年五月，金世宗认为卢沟河是"使、旅往来之要津"，下令修建石桥。但尚未动工，世宗就死了，金章宗继位也感到这个卡口非解决

不可，开始是造船以渡，不久又命建石桥，到明昌三年
（1192年）三月石桥建成，起名叫"广利桥"。

石桥是什么样子呢？据现存最早的一部元代北京地
方志《桥津志》载："石齿相角，上架石梁，有狮子阑
楯。"该书记有一首诗写道：

> 石齿相衔跨两堤，半空隐隐卧虹霓。
> 阅残浮世千狮子，踏破晴霜万马蹄。
> 气象北连山脚远，波涛东压海门低。
> 年来砍尽青青柳，依旧阑干玉削齐。

卢沟桥建成后，这里成了京师的门户。往来的士官客
旅都从这里经过。卢沟桥畔，施舍鳞次，驿通四海。到了
元代，更是一片繁荣景象。元人杨庸斋就有"卢水东边好
世廛，风光满眼尽平川"的诗句。

值得一提的是，卢沟桥由于建筑雄伟壮观，石阑上
的众多狮刻，精美绝伦，体态各异，使它成为一座世界名
桥，建筑瑰宝。而当天色微明，斜月西挂，从这里起程的
旅人游子，倚栏望去，但见远山近水，晓月流辉，石桥狮
影，随波舞动。此情此景，每每牵动乡心，思绪切切。所
以，"卢沟晓月"就成了著名的燕京八景之一。以后各代
文人墨客都有吟咏之作。现录明人邹辑一首，以见一斑：

> 河桥残月晓苍苍，望见卢沟野水黄。
> 树入平郊分淡霭，天空断岸隐微光。

北趋金阙神京近，南去征车客路长。

多少行人此来往，马蹄踏尽五更霜。

（三）

从地图上看，永定河是一条从长城外通往关内的河流，所以它自古也是一条自北京通往西北诸地的运输通道。

据明《水部备考》记载："卢沟而上，直达宣府之保安州，故元运道也。自大同县古定桥起，至卢沟桥务里村，约八百余里，内可行舟者七百二十七里，驴驮托运者八十八里。"实际上这条运道早在元代以前就存在了，但不是全线通航。官厅山峡一直有旱路运输。金代诗人刘迎写过一首古体诗，记录了当时山峡旱路运输之苦。

浑河汹汹从西来，黄流正触山之崖。

山崖路窄仅容过，小误往往车轮摧。

车摧料理动半日，后人欲过何艰涩。

山深日暮人已稀，食物有钱无处觅。

何时真宰遣六丁，铲此叠峰如掌平。

憧憧车马山西路，万古行人易来去。

八百年后刘迎所盼望的"真宰""六丁"出现了，那就是解放后党领导人民在官厅山峡地区的崇山峻岭间修了丰沙铁路，从而彻底结束了人畜运输之苦。

（四）

　　"黄河之水天上来"。俗称"小黄河"的永定河，很有些黄河的气派。尤其到了夏秋时期，洪水暴发，奔腾澎湃。这是因为永定河从海拔一千多公尺的雁北高原，滚滚东下，经过河北山地，夹束于两山之间。进入怀来延庆盆地后，海拔降到四百多公尺。又经官厅山峡，行一百十一公里，到三家店出山，降为海拔一百一十公尺，突入华北平原，海拔又下降到五十公尺左右。整个上中游流程，纵坡陡，落差大，形成高屋建瓴之势。

　　　　桑干之水何漫漫，天风五月渡涛寒。
　　　　惊流撼地地欲动，蛟螭不敢凌飞湍。
　　　　远望只疑银河落，虹霓倒挂下引泉。
　　　　近看更似苍龙蟠，玉鳞金甲相飞翻。
　　　　……

　　这是明代蒋一葵收录在他写的《长安客话》里的一首《桑干歌》，作者是冯宗伯。书中还收录一首《过响水堡》诗：

　　　　塞水合流处，声喧十里繁。
　　　　乍闻堪动色，相对未能言。
　　　　束峡鼋鼍怒，惊涛日月翻。

响水堡，位于保安附近，是个峡口，浑河经过这里，至今仍有"喧声十里"的气势呢！

永定河一百多公里的官厅山峡，则更有一番惊心动魄的景象：

> 水势荡山山忽裂，卷土成涛飞赤雪。
> 夹岸高峰意未降，突出怪石磨奔泷。
> 噌吰殷殷震山起，山头草木思他徙。
> 水难舟楫山难梁，斫山成路路上铓。
> 趾行相错无坚步，跳波拂面惊则顾。
> ……

明人于奕正用形象化的手法，描写永定河在山峡中冲撞搏击的情景。

明末成书的《帝京景物略》曾记载一段明代万历皇帝朱翊钧与大臣们到石景山观永定河水势的故事。

那年是明万历十六年（1588年）的秋天，明神宗朱翊钧与大臣们从瓮山附近的功德寺出发来到石景山麻峪村，观看永定河水势。他们踏上跨河的板桥，踏踏闪闪，看到急水回澜，石不得趾，听到水声如雷，直感头晕目眩。回来后，几个大臣从不同角度记述了永定河的水势。

> 桑干之水何湍激，触石萦崖进沙碛。
> 浊涨沮洳九百里，惊涛喷薄三千尺。
> 下濑骤如风雨声，回波忽见烟霞色。

……

——申时行

桑干之水出云中，一川碎石舞雄风。
惊沙环扑乱白日，浊浪鼎沸排苍空。
……

——许　国

桑干水自晋阳来，日夜奔腾戏凤台。
神漧涌花渐溃玉，天河落地响成雷。
似有九龙从下起，还如八水自西来。
……

——郭正城

据说，万历皇帝看到永定河发水的情况后，说："观此水，则黄河可知。"于是叫河臣们"亟修堤岸，"不要让它泛滥成灾。

（五）

塞外河流入塞驰，一般曲曲作山溪。
不知何事无鱼鳖，一石惟容五斗泥。

这是明代著名文学家徐渭在过洋河（永定河上游的干流之一）时写的诗。

泥沙多，是永定河的主要特征。这是由于它的上游多系黄土高原，植被差，加以地势陡峻，夏季多暴雨，所以，每值雨季，都是泥沙夹泄。在下游两岸，多是沙丘累累，古人渡一次河，都是"深渡浅渡马足白，轻沙重沙人面黄"（明人诗句）。它的泥沙量到底有多大，古代没有科学的测量仪器，文学家们大概只能用目测，说一石水里有一半都是泥了。其实，这不完全是夸张之词。据有关实测资料记载，1939年的大洪水，三家店的最大洪峰流量4,665立方米/秒。这一年的最大含沙量三家店站曾出现过每立米河水712.2公斤的泥沙。就是说1,000公斤河水里有700多公斤的泥沙。这当然是一种特殊情况。在一般情况下，每吨水里的含沙量，多年平均是48.8公斤。在全国各江河中，仅次于黄河。

泥沙多，灾害就大。拥塞河道，抬高河床，改变流势，溃决堤岸，几乎是永定河灾害的主要原因。明嘉靖四十六年户部尚书袁炜写的一幢关于永定河的碑文上说："顷年沙洲突起，下游填阙，水失其故道，溃堤而决，衢殚为河，触山阜，漂田庐，走西南百余里，行者病涉，耕者释耒，居者无宁宇"（见《宛署杂记》。《帝京景物略》里保留下明人写的诗说：

> 浑河啮沙岸，沙助浑为虐。
> 泥坌难前流，势极令后跃。
> ……
> 夺所就者壤，归淤其缓弱。

其缓日以淤，蓄威伺邻壑。

诗中写了"沙助浑为虐"的过程。水大时就泥沙夹泄，"泥坌难前流"，"夺所就者壤"；水小了就水缓沙停，"其缓日以淤"造成淤积；淤日久了，抬高了河床，又要造成新的溃决。所以，多少年来，这条河在平原上横冲直撞，使良田变成沙丘，村落变成泽国。

（六）

清代治理永定河的诗，主要是康熙、雍正、乾隆时期。这三位皇帝都是直接指挥治理永定河，花的力量大，投资也多，也有一定效果。康熙三十七年曾在卢沟桥以下的两岸大筑堤防，是清代治河之始。两岸筑堤各一百六七十里，费时一年。堤成后，康熙亲临河道视察，并命名为永定河。河堤建成后，对减少京郊水患，发展农业生产，起了积极作用。十五年后康熙从南苑去永定河堤岸进行视察，他见到十五年前的"泥村水乡"，现在都是"高屋新宇，种谷黍而有食矣，水淀改成沃野，变成美田"。他非常高兴，作了一首《阅河长歌》。记述了治河前后的情形。

春风春社艳阳天，雪尽尘消遍路阡。
曾记当时舟泊处，今成沃土及青田。
十年之前泛黄水，民生困苦少人烟。

历历实情亲目睹，老转少徒益难抚。

……

数巡高下南北岸，方知浑流为民伤。

春来无水沙自涨，雨多散漫遍汪洋。

……

庙谟不惜费帑金，救民每岁受饥溺。

开河端在辨高低，堤岸远近有准则。

未终二年永定成，泥沙黄溜直南顷。

万姓方苏愁心解，从此乡村祝大平。

——《康熙诗选》

　　从康熙年间对永定河治理后，大概安顺了三十多年，到了雍正、乾隆时期却暴露出筑堤束水的弱点，出现了尾闾严重积沙，水不能畅游，遇大雨仍不断溃堤决口。雍正时期和乾隆初期虽采取过一些措施，但仍不时为患。乾隆对此很伤脑筋，简直束手无策。

　　他在一首诗中写道：

卢沟桥北无河患，卢沟桥南河患频。

桥北堤防本不事，桥南筑堤高嶙峋。

堤长河亦随之长，行水墙上徒劳人。

我欲弃地使让水，安得余地置彼民？

或云地亦不必让，但弃堤防水自循。

言之似易行不易，今古异宜难具论。

——《永定河志》

清代自嘉庆以后，国祚日衰，国库日绌，对永定河的
治理，也从无认真对待了。在嘉庆、道光、光绪各代出现
过多次大洪水，使京畿一带造成严重灾害。以光绪十六年
（1890年）大水为例，北京七月份降雨八百七十一毫米。
永定河在卢沟桥以下决口，京城的永定、右安、左安诸门
都不能启闭，京城外东、南、西三面被水包围。京西南的
良乡县城被水淹没。当时有一首《大水行》记述了良乡县
城被淹的惨状：

奔河直向城中灌，水声响处人声乱。
子呼母兮妻唤夫，黑夜纷纷尽东窜。
篚中衣物仓中粟，尽委洪波不回瞩。
生死只在须臾间，孰肯迟留葬鱼腹。
……
大雨通宵直达旦，水气昏沉灯暗淡。
拼将性命置度外，妻孥相对坐愁叹。
天明雨止庆重生，厨中墙倒炊烟断。
登高一望惨心目，全城水已淹其半。
填衢塞巷波千顷，巷口穹碑惟露顶。
十家屋宇九倾颓，漂栋随波如泛梗。

是的，对永定河进行真正有效治理的是解放以后的事
了。让我们就以这幅永定河水害图作为古代诗歌中描述永
定河的结束语吧。

《北京水利志通讯》1987年第1期

高梁河与北京

去年，北京市委提出"夺回古都风貌"以后，北京水利史研究会曾组织专家学者对高梁河和长河进行了考察，一致认为对高梁河（含长河）的保护和利用是"夺回古都风貌"课题的应有之意。并建议在扩建西北三环路工程时考虑这一因素，在高梁河通过的路段适当抬高路基，以利今后对这条古河道的开发和利用。这一建议立即得到市规划部门的赞同，并重新修改了施工设计，这实在是一件很有意义的事情。

一

有人说，高梁河不就是西直门外那条小河沟吗？与古都风貌有什么关系？其实，真是大有关系。

让我们先从一个北京的古老故事说起。许多老北京都听说过"高亮赶水"的故事。说刘伯温在修建北京城的时候，有龙公作怪要把北京的水收回去。他们全家扮成卖菜的小贩混进城里，令龙子把甜水吸干，龙女把苦水吸干，分别装进两个水篓里放在车子上，由龙公推着出了西直门。刘伯温知道后非常着急，城里没水哪能行？这时候站出来一位青年工匠叫高亮，坚决要求前去追赶。只见他手持红缨抢，一气追到玉泉山下才赶上。勇敢的高亮飞出一箭击中了苦水篓子，苦水哗哗流淌下来，而甜水篓子却早已钻进了玉泉山。当高亮沿原路往回跑时，却被龙公发出的大水给吞没了。由此北京城的地下水成了苦水，只有玉泉山才有甜水。后来，人们在高亮死后的地方修了一座桥，叫高亮桥，流传到后来人们叫它高梁（良）桥，桥下的河叫高梁河。故事终归是故事，不过也常有历史的影子。这个故事把高梁河和北京城联系起来，确是有历史因缘的。

高梁河在哪里？早在1500多年前成书的《水经注》写道：高梁"水出蓟城西北平地，泉流东注。……又东经蓟城北，又东南流。《魏土地记》曰：'蓟东十里有高梁之水'者也。其水又东南入㶟水。"

据北京史专家侯仁之教授考证，高梁河泉流的地理位置就是西直门外紫竹院内湖泊的前身。泉流沿天然地势向东南流经现今的白石桥、高梁桥至德胜门水关入城；经积水潭、什刹海、北海、中南海，穿过西长安街；东南经前门、金鱼池、龙潭湖，出左安门，过十里河村东南，经马驹桥入㶟水。㶟水即古代的永定河。据近年对地下埋藏的古河道探测，这条古高梁河道曾是史前期的永定河故道。

从上述高梁河的行水路线不难看出，这条河现在虽然水量不大，但由于地处北京平原的重要地理位置，联结永定河与北运河、温榆河，斜穿北京城的心脏地带，从而对北京地区的开发、城市建设、经济发展，历史文化形成直到作为历代都城，都是关系至大的。有人说，没有高梁河就没有北京城，这话是有一定道理的。

二

正是由于高梁河重要的地理位置，在北京地区社会经济发展过程中它是最早被开发利用的河道之一，北京历史上最早兴建的大型水利工程戾陵堰和车箱渠，就是引永定河水利用高梁河道发展农业灌溉，从而大大促进了这一地区的农业发展。

公元250年（曹魏嘉平二年）驻守蓟城的征北将军刘靖，为了部队屯田的需要，他"登梁山以观源流，相湿水以度形势"。令帐下丁鸿督军士千人，在永定河石景山附近修建了一座障水的戾陵堰，并于左岸岩石开凿成矩形引渠叫"车箱渠"。《水经注》说："以嘉平二年，立遏于水，导高梁河，造戾陵遏，开车箱渠。""灌田岁二千顷"。戾陵堰的规模是"积石笼以为主遏，高一丈，东西长三十丈，南北广七十余步。依北岸立水门，门广四丈，立水十丈（尺）"。堰的运用原则是"山川暴戾则乘遏东下，平流守常则自门北入"。车箱渠的行水路线，据近人考证，大体从石景山西北侧金口向东过老山、八宝山北，斜向东北，与高梁河接交。工程建成后十二年（魏元帝景元三年）樊晨曾加以扩建，据《水经注》记："水流乘车箱渠，自蓟西北，经昌平，东尽渔阳、潞县，凡所润含四五百里。所灌田万有余顷。"这大概包括高梁河东出坝河一线，囊括了蓟城的西北、东北、东和东南都在灌溉网内。高梁河作为水系开始形成。

这项水利工程在唐代以前历史上不断有整修利用的记载。比较重要的如公元295年（晋元康五年）戾陵堰曾因"洪水暴出，毁损四分之三"。刘靖之子骁骑将军刘弘率军士二千人，用工四万有余，"起长岸，立石渠，修主遏，治水门"，进行加固改进，恢复了灌溉效益。又如公元519年（北魏神龟二年）幽州刺史裴延俊重加修复利用。据《魏书》载"时水旱不调，民多饥馁，延俊谓疏通旧迹，势必可成，乃表求营造。遂躬自履行，相度水形，随力分督，未几而就，溉田百余万亩，为利十倍。"这次修复后大概使用了几十年。再如公元565年（北齐天统元年）幽州刺史斛律羡"导高梁水，北合易京水，东会于潞，因以溉田，边储岁积，转漕用省，公私获利焉"（见《北齐书》）。

高梁河到了唐末五代，由于幽州经常发生战争，农业废弛，这条河也无利可言了。

三

公元936年，石敬瑭割让燕云十六州与契丹。公元938年（辽会同元年）辽主升幽州为南京，作为辽代的陪都。公元979年（宋太平兴国四年，辽保宁十一年）辽、宋在幽州西北高梁河一带曾打过一次大战，史称"高梁河之战"，高梁河由此名闻史册。

应该说那是一次宋、辽南北分立的决定性的战役，双方动用兵力都在10万人以上。据史书记载，宋太宗赵光义即位后第四年，二月亲率大军征北汉，五月北汉太原失守，国主刘继元投降。六月太宗乘胜沿太行山北进攻打幽州。七月初宋兵围幽州，先败辽兵，辽大军退清河以北。太宗亲自督兵攻城，驻幽州城西北。据《续资治通鉴长编》记载"癸酉移幸城北督诸将攻城"，"丁丑，上乘步辇至城下，督诸将攻城"，"癸未，幸城西北隅，督诸将攻城"。岂料辽大将耶律休哥率十万大军沿西山急近援救幽州，形成三路南攻宋军，会战于高梁河。据《辽史·景宗纪》"秋七月癸未，（耶律）沙等攻宋兵战于高梁河，少却；休哥、斜轸横击，大破之，宋主仅以身免，至涿州，窃乘驴车遁去"。打得宋军大败而逃。据近人考证，高梁河大战的主要战场当在今德胜门沿高梁河至铁家坟一带。

值得一提的是，在高梁河之役后七年，宋廷再议攻辽，熟悉幽州的吏部尚书宋琪提出水淹幽州的奏表，表文提出引桑干河水东趋灌入高梁河，由于高梁河岸狭，必然造成河水漫溢，"弥漫百余里"，使幽州城成为"孤垒"，趁势攻取，"浃旬必克"。（《宋史·宋琪传》）这项计划由于其他大臣反对攻辽而作罢。如果真采纳此方案，说不定会取得成功。

四

金、元时期，北京成为全国的首都。金代在幽州城基础上扩建了都城。高梁河成为供应城市的水源，在接济漕运和宫苑用水方面发挥了重要作用。

金代于1153年迁都至中都后，由于城市人口和经济都有了较大发展，供应首都漕运的运输量大增。为此，于1172年在中都新开运河，据《金史》载这条河引永定河水"自金口疏导至京城北入濠，而东至通州，入潞水"。但由于永定河含沙量大，水流不能设闸节制，"积淤成浅，不能胜舟"，"竟不能行而罢"。至1205年（金泰和五年）韩玉疏浚通州潞水漕渠，重开闸河。逸次引用的是高梁河、白莲潭的水源，（在此之前高梁河已接通玉泉山和西山诸泉水）引水南下入中都北护城河，东入闸河，使粮船直抵中都城下。《金史》载："金都于燕，东去潞水五十里，故为闸以节高良（梁）河、白莲潭诸水，以通山东、河北之粟。"白莲潭即是现在的积水潭。

值得重视的是，金中都以后，在城东北郊的高梁河上，利用河道较宽的水域大兴工事，开拓水面，堆筑岛屿，修建了琼华岛（今北海公园白塔所在地），稍南建有瑶光台、瑶光楼（今团城）。1179年（金大定十九年）利用这里的优美风光又建造了大宁离宫（后改万宁宫），成为金世宗、章宗经常游幸的地方。利用高梁河水域建造成优美的皇家宫苑，对北京城后来的发展具有重大影响。以后元世祖忽必烈攻下中都，就长期住在这座万宁宫里，并率先修复了琼华岛，其后就以这里为中心建造起皇宫和大都城。

元初建大都城，成为世界名都。元初著名科学家郭守敬为解决大都城的粮食运输问题，扩大运河水源，于1293年引昌平白浮泉水修建白浮引水渠工程，从白浮泉（今昌平白浮村北）向西沿西山东麓，纳诸泉水，汇入瓮山泊（今昆明湖），再东南流接高梁河入大都城内积水潭。从积水潭东出澄清闸（今后门桥下），沿大都皇城东侧南文明门（今崇文门北），东至通州以南的高丽庄入北运河。河成后，元世祖取名"通惠河"，这标志着元代京杭运河正式通航。高梁河处于白浮引水渠的下游，由于水量增加，在该河最宽阔的水域积水潭开辟为水陆码头，使京杭运河的粮船直达大都城内，积水潭水面出现了"舳舻蔽水"船货云集的盛况。可惜这盛况只有几十年光景，元亡后再未恢复过。

五

明、清时期，白浮引水渠废弃，漕运水源依靠玉泉山和瓮山泊，高梁河仍是行水河道。随着北京城市的发展，其城内部分则成为以皇家宫苑为主体的园林区，西直门外一段仍保留高梁河的名字，逐步成为与长河连结昆明湖的风景游览河道。

明清时城内的皇家宫苑都为皇帝贵族们所独享，市民百姓只能在近郊有水体林木之地踏青游乐，高梁河地处近郊，日久成为市民们游览的风景胜地。每逢清明、端午节日，都人仕女争相去高梁桥观赏堤岸青柳的旖旎风光，游逛在那里举办的盛大庙会。据《宛署杂记》载"俗传四月八日娘娘神降生，倾城妇女无长少竞往游之，各携酒果音乐，杂坐河之两岸，或解裙系柳为围；妆点红绿，千态万状，至暮乃罢"。明人《帝京景物略》写得更详尽，"都人踏青高梁桥，舆者则塞，骑者则驰，蹇驱徒步，既有挈携；至则棚席幕青，毡地藉草，骄妓勤优，和剧争巧。厥有扒竿、斤斗、筒子、马弹解数、烟火水嬉"，热闹非凡。

高梁河与长河作为通往西山风景区的一条水道，历史已久。据史书记载，元代的英宗、文宗等皇帝到玉泉山游览时就是乘龙舟走的这条水路。明代清代的皇帝后妃等"蹇游"西山、颐和园也是乘船沿高梁河、长河西北行，中间在广源闸万寿寺换船。尤其1749年（清乾隆十四年对昆明湖进行较大规模的整修疏浚后，不仅增加漕运水量和灌溉用水，而且建造了一座规模宏大的皇家园林颐和园（当时叫清漪园），乾隆皇帝及以后的皇帝、后妃们多次从这条水路到颐和园游乐。清末慈禧曾在万寿寺附近的码头换船，至今遗迹犹存。

六

清末和民国时期，随着国祚日衰，政治腐败，北京城市建设废弛，水利不兴，高梁河早已面目全非了。北京解放后，党和政府大力疏挖城市河湖，修正水系，开辟水源，这条河又成为向城区河湖供水的水道。密云水库的清清碧流通过昆明湖西侧水道，导入长河；斜过紫竹院，入高梁河，引进德胜门护城河和城内积水潭，再流至什刹海、北海、中南海，将汩汩清流输送到城内各大公园湖泊，美化着城市环境。

令人高兴的是高梁河历史风貌，至今历历可见。沿岸有久负盛名的五塔、万寿寺；素有京杭大运河第一闸之称的广源闸以及高梁桥，基本保存完好；紫竹院、动物园建设得各具特色。随着西郊文化区的建设，高梁河两岸，从五十年代至八十年代，建起了北京展览馆、天文馆、首都体育馆、国家图书馆等各具特色的大型文化建筑群。所有这些都使这条河展现出多彩的首都历史画卷。

有鉴于此，在首都城市建设飞速发展的今天，在市委提出"夺回古都风貌"的号召下，对这条河的保护开发进行全面规划，十分必要。使保护历史风貌与现代化的建设手段密切结合，把高梁河建成具有旅游观光特色的花园式游览河道，美丽的北京会因之锦上添花。

1994年8月

北京水井史闻录

（一）

驴车转水自城南，买向街头价熟谙。

还为持家参汲井，三分味苦七分甘。

——《北京风俗杂味》

这是一幅绝好的旧北京的风俗画，作者是清代人褚维垲。它朴实地记录了北京市民们买水、用水的情形，也反映出城区地下水的水质状况。

历来研究北京史的专家们，都非常重视对水井的考察，这绝非偶然。北京的水井对城市的发展的确太重要了，因为它是市民生活饮用的主要水源。它标志着城市人口的发展、经济的繁荣和环境的变化。清代朱一新在他写的《京师坊巷志稿》里，把每条胡同有几眼水井都注得一清二楚。据他的统计，北京市区一半以上的胡同有水井，内城有701眼，外城有557眼，两者合计共达1,258眼。

北京城这么多井，但水质好的甜水井却很少，多数水质不好。这种情形早在元代人的著作中就有记载。如元人王恽著的《秋涧集》中说，京城"水率咸苦，井而得美泉者，百一二数。"到了明清，记载就更多了。明刘若愚的《酌中志》里说，城里市民泡茶，"茗具三日不拭，则满积水碱"。清人《燕京杂记》说："京师之水，最不适口，苦固不可饮，即甜者亦非佳品，卖者又昂其价，流寓者往往苦之。"

甜水井这样少，市民们怎么办呢？就靠水车沿街卖水。"京师各巷，有汲者，车水相售"（谈迁《北游录》）。一般市民光吃甜水吃不起，就采取甜苦二水混合用，即所谓"还为持家参汲井，三分味苦七分甘"。节省的人家则常备用三种水，苦水洗衣服，混合水煮饭，甜水泡茶。

由于甜水井少，有些井主，借以"居奇"，出现了一批靠水井来盘剥市民从而发财致富的富户，有的敲诈欺压人民，成了北京特有的"水霸"。

（二）

甜水井，在北京是非常宝贵的。胡同里有口甜水井，简直远近驰名，皇帝都要"临幸"一番，赐个吉祥名字。

天坛祈年殿神厨院内有一口井，人名祈年井，上覆井亭，水味甘冽，为外城之冠。明清两代皇帝每年正月到祈年殿祭天，都是用这口井的水来制作祭品。老百姓能喝上一口，那可极为荣幸。清吴长元《宸垣识略》有首诗写道：

京师土脉少甘泉，顾渚春芽枉费煎。

只有天坛石甃好，清波一勺卖千钱。

这么高的水价，贫苦市民们想喝上一口也是无钱买的。

皇帝"临幸"过的水井，还有三里河附近一口井。据说明朝的永乐皇帝曾在附近"驻跸"，发现井水甜美，特命工匠进行修整，取名金井，由此而闻名京城内外。

还有在今天宁寺以西十里左右有一口井，明代皇帝从那里经过，发现水非常好喝，就命名为义井或叫蜜井，在井上建有"宝阁"，"高入霄汉"。

在有关北京历史的古籍中还记载过一些苦水井变甜水井的有趣故事。比如在《宸垣识略》里就有一首小诗为证：

柄凿流传事不偁，谁分泾渭定千秋？
移将苦水成甜水，唤作苏州是蓟州。

这写的是苏州胡同一眼苦水井变甜水井的故事。看来诗作者既不相信，也解释不清，只好说是"柄凿流传"了。其实，这大概表现了北京渴思甜水井的一种愿望罢了。不过，从科学技术角度看，苦水变甜水，应该认为是可能的。因为北京城区雨水咸苦，主要是由于污染造成的。一种是由于市区的杂土污腐物，年久堆积，逐渐成为地表覆盖层；另一种是有些地区低洼，终年积水，污物沉淀，都可使浅层水遭到污染。但是由于地表层有薄有厚，面积有大有小，地形有高有低，当浅层水枯竭，再进行深掏，又可变为甜水。

情况还有更为奇特的呢？

有一部叫《燕京访古录》的书上曾记载过一口井，位置在朝阳门里延福宫的对面。这口井很特别，一井分为苦甜两种味道，一边的水是苦的，另一边的水则是甜的。

还有在《京师坊巷志稿》里记录了更为奇特的井，位置在虎坊桥西一个宅院里，井里的水，有时是苦的，有时是甜的。书中说："子午二时汲则甘，余则否。"

当然，今天我们只能当作水井的趣闻轶事来看待了。

（三）

北京的井水，不仅供人吃，还要供马喂。从全国各地进京办事的官员，赶考的文士和来往的客商大多骑马。古代京城里人口多，马匹也多，所以人称"京师乃人马之宫"。马匹的特点是不怕负苦，饿一点也受得住，就是怕渴。因此，马走到哪里马夫们必须想法解决饮水的问题。古时候京城里都设有专供饮牲畜的饮水石槽。据《析津志》里讲，元代，在大都城里，就设有十六处饮马石槽，叫"施水堂"。这种"施水堂"的井台上都安装有提水辘轳，"以给井得水于石槽中，用以饮马"。

饮马用水，也要给水钱。给多少钱呢？《清代北京竹枝词》里有一首小诗，给我们提供了有趣的资料。

买水终须辨苦甜，辘轳汲井石槽添。

投钱饮马还余半，抛得槟榔取亦廉。

就是说，给一文钱还余下半文，又没有半文的票值，于是，拿几个槟榔算是找钱了。

辘轳，是常用的汲水工具。不过，也不尽然。井的深浅不同，用水量不同，汲水工具也各异。北京的浅井居多，自家用水量不大的，就多以麻绳拴于木桶上由人工提水。也还有的人家后院有小圃菜畦，用的多是很古老的桔槔来汲水。

（四）

北京水井的另一大用途，就是美化庭园。

北京城里王公大臣们的府第是很多的。在他们阔绰讲究的庭院后面都有漂亮精美的花园，既有朱亭丽阁，也有曲池清流。其水源，有些是靠城市湖河引入的。例如，南城著名的梁家园，是明代梁氏的园林，引的是凉水河的水，"前对西山，后绕清波，极亭台花木之盛"。还有著名的清恭王府的花园，引的是积水潭的水，"引水环之，小溪清驶，水声雪然。其邸中山池，亦引溪水。"然而，这只有近湖河者才可引用，远离河湖的府第，就得主要依靠井水了。

据《日下旧闻考》的记载，明代翰林编修李宗易，在时雍坊居第之后建立一个花园，叫"午风亭"。亭子附近广植桃李，间杂以各种花卉丛竹。亭北为一小池，上横木为桥，精巧别致。这里的波光桥影就是靠的井水，"引井水自渠而入，可蓄可泄"。

在今东长安街御河桥西侧，明代曾是翰林院的所在。那里有一口大学士刘文安凿的井，世称"刘井"，井旁建有敬一亭，明代嘉靖皇帝还写了一块五箴碑立于亭上，亭台曲榭，小池荷香，给这文士萃集的院署，增添了无限雅趣。清代诗人施闰章，还专门写过一首吟咏刘井的诗：

> 青荧谁凿水晶寒？锦石银床位置安。
> 起草群臣着洗砚，论文异代一凭栏。
> 官云近覆晴犹润，海眼潜通旱未干。
> 倘有泥幡神物在，哪愁霖雨被人难。

（五）

自然，上述那些王公府第的园林水榭普通市民是难以观赏到的。不过，在安定门外有一口满井，却是古代普通市民经常寻访的风景胜地。这口满井很有特色，水从进口自动喷出，冬春不竭。满井之旁，布满青藤丰草，郁郁葱葱，中间藏有井亭，环境十分清幽。在井亭四周浓绿照人，极富野趣。明人有诗道：

> 天气苍黄水气微，一痕邨甸集朝晖。

忽惊草树亭依井，偶定风沙昼启扉。

雨过也流花片片，青深有数蝶飞飞。

蔚田麦垄争相绿，绿似江南未若肥。

这样良好的生态环境，惹动了广大市民的喜爱，每到春季就成了结群出城踏青的首游之地。

应该说，像这样井水喷射、趵突雪涌的水井，在西郊、北郊一带不是稀罕事情。这主要是北京平原都是由永定河、潮白河、温榆河等的洪积冲积扇形成的。由于这些冲积扇交错沉积，互相切割，致使水平分带性十分复杂，沉积的厚度和岩性变化也各地不一。总的规律是，从山前到平原沉积由薄到厚，颗粒由大变小变细。在一些沙卵石埋得较浅的地区，很容易接受雨水和河水的渗入补给，成为地下水的富水区，甚至溢出地表。当然，如果遇到连续干旱或者地下水超量开采，溢出带也会日渐消失。安定门外的满井，到清代就景物全非了。据《天咫偶闻》里说："满井之游，盛称于前代。康乾以后，无道之者。今则破瓦甃倾，横临官道。白沙夕起，远接荒邨。欲问昔日之古木青藤，则几如灞岸隋堤，无复藏鸦故迹矣。"简直换了另一世界。现在满井，更连一点痕迹都没有了。

满井的今昔变化说明什么呢？它严肃地告诫人们，水对生态环境的影响实在太大了。没有它，绿色生命就要消失，园林风景就会减色，水草丰美的良好环境就可以变成风沙弥漫的赤地荒丘。

（六）

城市自来水的出现，标志着城市水源的根本性变化。当1910年北京第一座自来水厂投产使用以后，老北京人高兴得仿朱熹诗的格调也诌上一首：

> 城北方塘一镜开，造成龙蛇地下排。
>
> 问渠哪得清如许？谓有源头活水来。
>
> ——《清代北京竹枝词》

长期被苦水所困的市民们巴不得喝上甜美的自来水，然而，直到解放前自来水仅建有两个小厂，水源并不过三十眼，输水管路仅有三百多公里，水质也不能保证，普通市民仍主要依靠私家井水。解放后，人民政府大力营建水源厂，在地下水丰水区的西郊和潮白河丰水区打深井汲水。全市先后修建八座水源厂，全市几百万人都喝上了自来水，那散布于全城大小胡同的水井，完成了它的历史使命，仅剩下一些胡同的名称供人们认辨，北京人彻底结束了喝苦水的历史。

是的，历史是一面镜子。北京水井的小小史卷，不是也使人从中得到有益的启迪么！

《中国环境报》1984年5月29日，6月5日连载

北京的泉

一

万迭燕山万迭泉， 飞流千里挂长川。

也许有人怀疑，这会是指的北京地区吗？不错，这正是古代描写北京地区泉流之盛的诗句。其实，类似的诗还不少呢！如明人写西山诸泉的诗："百道泉光飞宝地，万千松影静瑶坛。"清人写南苑一带泉流的诗："七十二泉长不竭，御沟春暖自涓涓。"应该说，这些诗句都不是虚妄之说，北京自古以来就是以泉多而著称的。

北京到底有多少泉呢？过去没有确切的资料，1980年有关部门做了一次普查，查明北京地区有大小泉流一千二百四十多道，总出水量约达两亿立米，相当于两个怀柔水库的容量。其中出水在一百秒升以上的大泉有五十一个。当然，这些泉绝大部分在山区，平原地区几乎濒于绝迹了。

构成北京地区泉多的因素大体有几种情况，从地形上看，北京的北部和西部多是海拔一千米以上高山，沿东南方向倾斜，形成北京平原。这种地形，常常使东南方向的云雨天气在山前受阻，使山前地区的降水较为丰沛；而北京的山脉，又多为石灰岩，透水性强，裂隙溶洞很多，加上古代植被较好，容易接受降水；在北京平原穿行的永定河、潮白河、温榆河等河流，历史上多次摆动，形成互相切割的冲积扇，残留下不少余脉，由此构成了北京地区两条大的地下水溢出带，一个是沿山前平原分布于昆明湖、紫竹院、右安门，到南苑一带，多处平地涌泉，形成一片片沼泽水淀；另一个是温榆河流域冲积扇上的地下水溢出带，从南口以下至百泉庄、四家庄、亭子庄等形成长条分布。至于在西部、北部山麓地带也多有地下水露出的泉流。

俗话说，一方水养一方人。可不要小看那些涓涓细流，历史上泉水对北京地区的发展繁荣可是至关重要。由于泉水比河水和井水有很多优点，其一是水质好，水清沙少，是天然的"自来水"；其二是流量比较稳定，易于控制，不像河水那样大涨大落，涝时洪流万顷，旱时一苇不通；其三是裸露地表，易于开发，所谓"泉从地涌，一决而通，水与田平，一引而至"（见徐贞明《潞水客谈》），工程技术比较简单。因此，历代都很重视对泉水的开发利用，在供人们饮用、补给漕运用水、点缀园林风景等方面都有很好的效益，为北京的发展繁荣做出过重要贡献。

二

在北京的大泉名泉中，开发较早影响最大的要算玉泉山的玉泉。它是一组出水量很丰沛的泉群，早期有大小14处泉眼，有名的如第一泉、迸珠泉、裂帛泉、试墨泉、宝珠泉等等。它的出水量，据1934年测量，冬季流量就达两个多立米/秒，夏秋季比这要大一倍左右。有的泉眼喷水高达三米以上。所以明诗中说它"飞注縠成帘，激射喷为雪"，景观十分好看，成为有名的燕京八景之一。

　　这样丰沛的泉流，早在金代就成为金中都城市用水的水源了。那时大概先导入莲花池，再引入城内。到了元代，修建大都城之后，为了解决城市用水，又专修建了一条人工渠道，把玉泉水引入皇宫，供宫内饮用。同时作为补充皇家园林的用水。当时把这条引渠叫金水河，至今在颐和园西墙外还留有遗迹。值得注意的是，当时元政府为了保护这条引渠的水质清洁，特别颁布了有法律效力的规定。在一部叫《都水监记事》中记载："金水入大内，敢有浴者、浣衣者、弃土石瓴甋其中、驱牛马往饮者，皆执而笞之。"有的书还记有"濯手有禁"的规定。不仅如此，元政府还在至元十五年十二月下令，禁止在玉泉山"樵采渔弋"用以防止水源污染，涵养水源。这大概算得上我国早期的水源保护法了，今天看来仍有借鉴意义。

　　明代和清代，金水河早已淤塞废弃了，可是皇宫里仍沿袭元代把玉泉作为饮用水源，不过那时是用牲畜驮运。例如明人写的诗里就有"御厨络绎驰银瓮，僧寺分明枕玉屏"的诗句。清代，直到清末据老北京人的记忆，那时西直门一大早开城门时，第一辆进城的车子就是驮玉泉水进城的御用水车。至于皇家园林用水，则利用南长河，连接高粱河，入护城河和积水潭，形成了一条环绕都城内外的玉泉水系。

历代帝王们所以极其重视玉泉的开发利用，其中一个重要原因，是由于它的水质好。史书上还记有一段故事。据《玉泉山天下第一泉记》中说，乾隆皇帝为验证玉泉的水质，特命内务府用银斗称量天下名泉，搞了一次有趣的品泉活动，结果是：玉泉斗重一两，济南珍珠泉重一两二厘，扬子金山泉重一两三厘，惠山、虎跑泉各重一两四厘，平山泉重一两六厘，南京清凉山泉和苏州虎丘泉各重一两一分。乾隆结论说："凡出山下而有洌者，诚不过京师之玉泉"，所以就把玉泉定为"天下第一泉"。当然，现在看来，仅仅用称重量的办法验证水质的优劣，自然是不科学的。然而，它的确是低矿化度低硬度的优质水，清爽甘洌，为泉中之珍品。

三

利用泉水种稻，在北京地区有悠久历史。远的不说，明代万历年间著名治水专家徐贞明，为了在北京及京东地区开垦水田种稻，曾对这一地区的泉流做过详细勘查，明确提出利用泉水种稻的主张。他曾利用平谷的灵泉，在水峪寺、龙家庄等地垦种稻田，作为在北方推广种稻的"试验田"之一。后人为纪念他的业绩，还写了一首小诗：

水利经营诉昔贤，开渠而北定河先；

畿东疏凿成尤易，小试灵泉数顷田。

——《平谷县志》

利用西山诸泉在海淀六郎庄一带垦种稻田，也早在明代就开始了。据明《长安客话》记载："近为南人兴水田之利，尽决诸洼，筑堤列塍，为菑为畬，……宛然江南风光"，出现过"粳稻连云"的景况。

京畿各区县利用泉水种稻的也不少。据光绪《顺天府志》记载，顺义县曾利用牛栏山附近的灵迹泉；昌平县利用芹城泉，桃峪口的暴榆泉，西小口的黑泉；怀柔县利用渤海所泉，房山县利用大石窝泉；由于这些泉流水量不太大，种稻面积也有限。人们喜欢利用泉水种稻，一方面是由于它的水量稳定，水源有保证，又是源头活水，"秧田爱往来活水，怕冷浆死水。"另一方面，北京泉水温度较稳定，接近北京的平均气温，稻的一生喜温，容易调节，利于水稻生长。

特别值得一提的是，在历史上用泉水种稻，曾培育出不少优良品种。例如，利用玉泉山和西山的泉水，培育出有名的京西稻，至今仍为人们所喜爱。房山的白玉塘水曾培育出玉塘米，分红、白两种，"粒长而味腴"是御膳名品。用昌平芹城泉灌溉的膳米，也是长期供皇宫食用的珍贵品种。当然，现在不同了，今天有更多的优良品种已为广大人民所享用。

四

公元1293年的秋天，在元大都城的北部、西部的沿山地带，出现了一条规模可观的引泉工程，它就是由元代著名水利家郭守敬主持修建的白浮引水渠，在开发泉源上可称为空前的壮举。

在这之前，当元大都城初建时期，为了解决首都的粮食供应和繁荣经济，郭守敬曾开石景山的金口，引永定河水，试图补充大运河水量，加大漕粮运输能力。但终因永定河泥沙多，水流急湍难于控制而告失败。以后郭守敬通过多年的实地考察，发现西北沿山有众多泉流，水清沙少， 是极好的漕运水源。于是他提出来一项高明的群泉汇流" 以清代浑"的引水工程方案，工程大体沿着一条50米水平高程的线路动土兴工的，沿途还解决了泉流和渠道交叉的复杂技术问题，由于设计合理，施工前准备充分，整个工程只用了一年多的时间就胜利竣工了。

这项引水工程，汇集了多少泉呢？据清代吴长元《宸垣识略》记载，从昌平的白浮泉以下西行，沿山前有"王家山泉、昌平西虎眼泉、孟村一亩泉、西来马眼泉、侯家庄石河泉、灌石村南泉、榆河温泉、龙泉、冷水泉、玉泉，诸水毕合"。以上合计有11道大泉。工程完工后， 果然运河水量大增，大大提高了漕运能力，把漕船一直开到城里的积水潭，每年由南方运进的粮食从几十万石增加到一百多万石，改善了供应，方便了物资交流，促进了大都城的经济繁荣。那盈盈的清流，从城里环曲而过，也点缀了园林风景，美化了城市。

有谁能相信，那涓涓的泉流，居然解决了元代那样重大的政治经济问题，这实在是了不起的奇迹！白浮引水，极大地提高了泉水的使用价值，为它的开发利用开辟了广阔的途径。直到后来，清代乾隆时期，为了扩大昆明湖的水源，加大玉泉的水量，又把香山、卧佛寺等地的泉流，通过修建石槽、渠道，与玉泉汇流，也取得了明显效果。不过，比起白浮引水，只能是小巫见大巫了。

五

泉，对美化环境有着特殊的意义。有泉水的地方常常形成一个水草丰盛、林木葱郁的生态环境，惹人喜爱，使人向往。山以泉名，泉以景胜。北京地区的许多风光佳丽之地，不少是以泉而闻名的。例如"玉泉趵突"就是著名的燕京八景之一。在各郊区县也有不少。如平谷有"灵泉漱玉"，密云有"圣水鸣琴"，房山有"孔水仙舟"，昌平有"龙泉喷玉"，顺义有"圣井涌泉"等等。都是当地有名的风景胜地。在漫长的历史发展中，许多名泉的附近，都冲蚀成深邃的水潭，深不见底，就是遇到大旱，那里也是碧水弯环，人们就叫它"龙潭"，并修建各种建筑形式的龙王庙，在附近植树造林，美化环境，招引历代许多达官显贵，文人墨客，竞相往访，遗留下不少珍贵的文物古迹，也流传着丰富多彩的民间传说，为北京这座历史名城增添了异彩。

位于房山县西北大房山下的黑龙关泉，出水量大，是大石河的源头之一。那里山环水绕，潭深林茂，自宋元以来就成了风景佳地。早在元代就在潭的左侧崖壁上修建了龙王庙，三面环水，一面峭崖，从对岸望去，恰像是从潭中升起的仙阁，设计绝佳。在那里还流传着许多龙神致雨的神话。每年旧历二月初二，都人士女，远近村民，都去那里赶庙会，敬龙神，进行各种杂技表演。明代诗人把这里的秀丽风景比作浙江的天姥，写诗道："阴云袅袅黑龙湾，瑶草丹崖不可攀，越客漫夸天姥胜，渔阳还有大房山。"

"秀莫秀于上房，奇莫奇于孔水。"从黑龙关沿河而下，约三十里，也是在大房山脉的山麓又出一道大泉。水从一座高广四五丈的岩洞中汩汩流出，世称孔水洞，当地人叫它水帘洞。洞上方有万佛堂，堂旁倚山一座颇具特色的北魏古塔。那里累代都有丰富的奇妙传说。北魏著名地理学家郦道元大概亲自探访过。他在《水经注》中写道："大防岭之东山首下，有石穴。东北洞开，高广四五丈，入穴转更崇深，穴中有水。耆旧传言，昔有沙门释惠弥者，……尝篝火灵之，傍水入穴三里有余。……又不测穷深。其水夏冷冬温，春秋有白鱼，出穴数日而返。人有采捕食者，美珍常味。"清代雍正年间刻的一幢碑文上说："昔尝有野人于严冬见花瓣流出，大可径寸，因结筏以进，莫测其底，闻人语喧腾而返"，真成北方的桃花源了。有趣的是近年天旱水少，也有人进洞探奇，据称走了四五个小时未到尽头，竟也是未穷其源而返。

在密云县东北五十里，离密云水库不远的地方，有个白龙潭，那又是一番奇特景观。泉水从幽谷中流出，把大面积的坚固花岗岩冲蚀成三个连续的大小石潭，清泉依次跳跃，飞流激射，水音如雷，夹以山石奇古，松橡幽深，世称"石林水府"。北宋文学家苏辙，曾于元祐四年（公元1089年）被诏为"贺辽国生辰使"前来北方，游过白龙潭，他在一首《咏龙潭》的诗中说："白龙昼饮潭，修尾挂石壁，幽人欲下看，雨雹晴相射。"朴实地写出那里的秀丽水色。其后，明代的戚继光，清代的乾隆、嘉庆皇帝，清末的李鸿章等，都留下碑文，至今立在龙泉寺内。

应该说，现在这些名泉还存在，但景观都遭到了严重破坏，泉水也大为减少，人们多么期望恢复它们的旧观啊！

六

是的，北京的泉是秀美的，它像是一颗颗的翠珠，又像是一支支的银簪，把北京打扮得瑰丽多姿；北京的泉水是香甜的，它像是源源的乳汁，哺育了世世代代的北京人。它是最可宝贵的，应该得到人们的珍爱！

然而，令人不安的是近些年来它却日渐衰减，许多喷泉在北京地区消失了，不少名泉大泉濒临枯竭，那被称为"终古流不歇"的玉泉已经干涸，海淀地区有名的万泉，昌平的百泉，以及西北郊区的多处满井，如今仅剩下这些村庄的名字了。这究竟是怎么回事呢？有人归之于天旱，的确，近些年北京出现连年干旱，年降水量减少了，不能不是个重要原因。有人归之于植被破坏，也有道理，自元、明以来，累代乱砍乱伐树木，水土流失严重，使地表涵水能力降低，影响到地下水的补充。也有的说是由于修建工程，改变了泉脉走向。但是最主要的原因则是对地下水连年无节制的超量开采所致。

科学告诉人们，泉，不是什么神奇之物，他是地下水溢出部分，当泉水开发引量过大，而补给水源又补充不上的时候，水位就向下降低，溢出的泉流就由裸露地面变成潜流地下了。因此，它和任何资源一样，不是取之不尽用之不竭的。如果像今天这样，各用水单位，各自为政，只顾汲取，不注意养护，累年亏损，入不敷出，地下水漏斗区不断扩大，水位连年下降，水压不断降低，即或再好的植被，也是难补于事啊！怎么办呢？当务之急是坚决地将全市水资源进行统一的严格管理，有计划有步骤地把天上降水，地表通流和地下水开发三水进行合理调节运用；在山区下大力量进行植树造林，搞好水土保持以涵养水源；采取坚决措施杜绝水的浪费和污染；保护和逐步恢复名泉古迹等。完全可以相信，那旧时丰沛的泉流，将会重现在北京的土地上，为首都四化建设增添无限生机！

逶迤长河话古闸

在北京的西北郊区有一条美丽的河，叫长河。它从西山山麓通过昆明湖，南行至海淀麦庄桥，折向东南，过西直门北入北护城河，再东流至德胜门附近入城进积水潭。这条河本不是一条天然河道，原来中间隔有一块海淀台地。金代建都北京以后，由于漕运用水扩大，经人工把台地挖通，才形成了这条以西山泉流为主要水源的河道（元代昌平北山麓的白浮瓮山引水也通过这里）。

这条著名的长河，全长仅30多华里。几百年来，它一直是向北京城市供水的主要水道。历史上它曾起过重大作用：给大运河补充水源，把上百万担粮食运进京城；灌溉京城西北郊大面积稻田和粮菜作物；它还是历代帝王后妃们去西郊风景区游览的水运航道，它也给城里的皇家园林、市容环境增添了妩媚风光。总之，长河虽小，但和北京城的发展与繁荣息息相关，至今仍是城市供水的重要通道。

在漫长的历史发展过程中，勤劳的历代人民运用聪明才智，在长河上修建了多级闸坝工程，解决了城市防洪、供水、灌溉、运输、美化环境等多种需要。这些水闸，有的至今尚有遗迹可寻；有的几经改建，仍继续发挥作用。

青龙闸，在万寿山西北的海淀区碾庄附近有座远近驰名的桥，叫青龙桥。桥上游有一座重要的分水闸，叫青龙闸。原来，西山的泉流和瓮山泊（即今昆明湖）的水不往南流，都从青龙桥北流入清河，再进温榆河。到了金代，为导引泉流南行入城，开挖了海淀台地，使与高梁河接通。为节制水的北出，障水南流，修建了青龙闸。由于闸底高程较低，如果打开闸门，包括昆明湖的水都将全部泄出。所以历代对这座闸的运用都很重视。清代还曾委派专官管理。据《日下旧闻考》载；"青龙闸非盛涨不启，奉宸苑司其事"。

为减轻西山洪水对京城的威胁，每到汛期，青龙闸还有导洪泄洪的作用。乾隆三十六年（1771年）夏季，有一夜降大雨，西山山洪暴发，昆明湖水猛涨。为排除险情，防止湖水漫溢成灾，当即打开青龙闸放水，从清河导入北运河，保障了西郊农田和京城的安全。雨后，乾隆皇帝视察水情，高兴地写了一首诗；"水痕涨落尺犹余，蒲苇根还泥带淤。北运河消堤岸固，关心庆未害菑畲。"

解放后，1965年修建京密引水渠时，另在青龙桥东北建了安河闸，青龙闸才成为历史陈迹。旧闸虽已不复存在，但那拱形的青龙桥横卧河上，点缀着湖光山色，该河仍然是汛期渲泄洪水的通道。

> 细水才如涧，涛奔怒不流。
> 虹梁收别壑，雪瀑溅高秋。

这是清人《藤荫杂记》里收录的一首《广源闸观水》

诗。广源闸是长河从昆明湖南口绣绮闸出来以后的第一座水闸，位于今万寿寺以东约70米处，在海淀台地开口的下方。这里纵坡较陡，开闸放水时景象颇为壮观。现在闸虽已废弃，但那桥下水流急湍，掀起的朵朵浪花潺潺作响，别有一番诗情画意。

广源闸，也是一座古闸。据《水部备考》称，该闸建于元代至元二十六年（1289年），比郭守敬主持修建白浮引水工程还早3年。近人考证，认为这座闸可能是在金代旧闸的基础上改建的。明人写的《长安客话》记载："出真觉寺循河五里，玉虹偃卧，界以朱阑，为广源闸，俗称豆腐闸即此闸。引西湖水东注，深不盈尺。宸游则堵水满河，可行龙舟。缘溪杂植槐柳，合抱交柯，云覆溪上，为龙舟所驻。每通惠河水涸，粮运不前，则遣官于此祭祷诸水云。"可知，该闸既调节水量，补充通州运河水源，同时也是皇帝后妃们到西郊风景区游览时换乘龙舟的地方。元代的英宗、文宗到玉泉山游览时曾于广源闸别港藏驻龙舟。明代、清代的皇帝"宸游"西山、颐和园时也在这里换船。乾隆皇帝曾写诗记述："广源设闸界长堤，河水遂分高与低。过闸陆行才数武，换舟因复溯洄西。"清末慈禧太后在这里换船的码头，至今遗迹犹存。

白石闸，距广源闸下游二里有白石闸，也称广源下闸，建于至元二十九年（1292年）。此闸久已废弃，但留下白石桥两孔，长河水仍从这里汩汩流过。

高粱闸，长河过白石桥，向东三里许又有一座建于金代的古闸，叫高梁闸。据《金史》记载，承安三年（1194年），"命勿毁高梁河闸，从民灌溉"。可见，在此之前已经有闸导引高梁河水灌溉农田。元代修建白浮瓮山引水时，改称西城闸，元贞元年（1295年）又改名为会川闸，由于建在高梁河上，明清以来都叫高梁闸。现在西直门外新修的高梁桥北侧，还保留了原来的旧闸槽和绞关石。

水，是城市园林的灵魂。古代城市水利的一个重要功能就是美化环境。高梁闸与高梁桥是古代著名风景区。当年城里的园林都为皇家贵族所独享，于是近郊区的园林就逐渐形成了普通市民春季踏青嬉乐之所。明代，城南有天坛松林，城北有安定门外满井，城西就是高梁桥柳林。《珂雪斋集》上说："过高梁桥，杨柳夹道，带以清流，洞见砂石。"《帝京景物略》有更加细腻的描写：堤上"夹岸高柳，丝丝到水"，桥下"广亩小池，荫爽交匝"，"荇尾靡波，鱼头接流"；岸上"绿树绀宇，酒旗亭台"，真个是风景如画。清明时节，城里人到高梁桥踏青，坐轿的，骑马的，步行的，络绎不绝。"至则棚席幕青，毡地藉草，骄妓勤优，和剧争巧"，"是日，游人以万计，簇地三四里"。明代著名文学家袁宏道形容说："一万树垂杨，无枝不系珂（马的饰物，此处指马）"，真是盛况可观。

有趣的是，桥北岸有一座娘娘庙，塑像如妇人育婴状，"备极诸态"。俗传四月初八是娘娘生日，为"浴佛日"，倾城妇女，扶老携幼，竟往拜祷，形成盛大的庙会。

到了清代，在高梁桥北建倚虹堂船坞，皇帝去颐和园都在这里休息登舟，群众踏青的盛况才逐渐冷落下来。不过沿河酒楼茶肆，仍吸引不少游人到此消暑纳凉。

根据史书记载，高梁闸（即会川闸）以下在大都城和义门（今西直门附近）北，还有会川下闸，入城有朝宗闸。不过到明初将北城收缩后，长河入城水道变了，这些闸也不存在了。另在今德胜门以西的北护城河上修建了松林闸和铁棂闸控制入城水量。

松林闸，最早是明初永乐年间修建北京城时所建。这座闸的作用有三：一是节制水量，抬高水位，引长河水从水关进城，供应城市用水；二是开闸放水，沿北护城河东趋，通流城壕；三是汛期排泄雨水，入通州北运河。

铁棂闸，是松林闸的配套工程，位于松林闸南侧城墙脚下。北护城河的水就是从这里流入城内的。据《日下旧闻考》记载："水由城墙入处，今名铁棂闸，盖闸口密植铁棍，以防人之出入，而无碍于衍水也。"水过城墙内侧有水口，叫水关，"有关为之限，下置石螭，迎水倒喷，旁分左右，即吸复吐，淙淙然自螭口出"（见《燕都游览志》）。水关建有一座镇水观音庵，后来乾隆时期又重修，改名为汇通祠，高阜环流，水木明瑟。这就是积水潭的北端。清人高珩曾有一首《水关竹枝词》描写这里的风光："酒家亭畔唤渔船，万顷玻璃万顷天。便欲过溪东渡去，笙歌直到鼓楼前。"（见《京师坊巷志稿》）

几百年来，松林闸（包括铁棂闸）对城市供水发挥了重要作用。解放后三十多年来，人民政府曾多次改建修缮。近几年随着对北护城河的扩宽衬砌，松林闸又进行了扩建。现在有两孔闸门，可过水60立方米/秒。铁棂闸也由原来通过2立方米/秒提高一倍。这里闸楼高耸，碧波粼粼，新砌护坡，整齐净洁，将来闸旁两岸广植松柏，成为名副其实的松林涧，那景观就更加壮美了。

《中国水利》1985年第7期

作者补记：近几年拆北城墙建二环北路和地铁，已拆除原来的铁棂闸和汇通祠。现正改进地铁入水口和重建汇通祠，今年7月可以竣工。1988年6月补识。

向阳闸与苏庄闸

1984年，潮白河向阳闸竣工不久，我到了那里。呵，好大的水面，站在大闸上向北望去，一片浩瀚，几里地内都是水面，北边不远的牛栏山好像矗立在水中。河风是那样凉爽，使人感到异常的舒畅、痛快。

这是北京市近年来修建的一座大型水闸。从规模上看，可说是全市最大的闸了，在华北也是名列前茅。它位于顺义县牛栏山下五公里处的潮白河河道上，由于西岸附近有个村叫向阳村，故而称作向阳闸。大闸分23孔，每孔净宽10米，高3.5米，闸身长260米，像条长龙横卧潮白河上。闸两侧筑堤，东堤长2,300米，西堤长740米，使这一带形成一个宽广的水域环境。它是那样辽阔，那样深远，把我的思绪也拉向了遥远的古代。

是呵，顺义县古称狐奴县，与牛栏山相连的山叫狐奴山。为什么称奴呢？《水经注》说，水不流曰奴，"盖以山前潴泽名也"（《昌水山水记》），我想，大概二千年前的汉代这里就是这个样子吧！我还想起那东汉的著名太守张堪，他曾利用潮白河水在牛栏山附近开治稻田，"劝民耕种，以致殷富"的故事。早年在狐奴山的白云观壁上，后人还留有一首题壁诗："狐奴城下稻云秋，灌溉应将水利收；旧是渔阳劝耕地，即今谁拜富民侯。"其实，解放后的各级政府都是"富民侯"。顺义县解放后，特别是三中全会以来突飞猛进的变化，早不是张堪所能比拟的了。向阳闸的修建对顺义县今后农业的发展将会产生更积极的影响，这是勿庸置疑的。

其实，修建向阳闸，不仅是为了顺义县经济发展的要求。早在1977年，在牛栏山潮白河岸边修建水源八厂时，预计该厂每年要抽出1亿立米左右的地下水供给城市。为了及时补充地下水，提高地下水位，做到城市、农村兼顾用水，便决定在八厂下游修建向阳闸，后来因故搁了下来。1979年以来北京持续干旱，水源严重缺乏，为缓和城乡供水的紧张形势，同时考虑到北京东郊工业供水的需要，才又决定恢复开工。全部工程从1982年3月始，至1983年闸体基本竣工，1984年全部完成。向阳闸的修建对北京市的工农业生产都将有良好的效益。

从工程技术角度看，在潮白河道上修建这样大的工程不是轻而易举的事。潮白河是一条多沙河流，平原河道上流沙的厚度很深。如果闸基处理不好，洪水一来就要毁于一旦。早在明代嘉靖年间的治水家刘天和对此就做过分析，他说："近有议于白河建闸者，河广水盛涨，必他决，底皆淤沙，闸必易损，且河徙无定，闸难改移。盖未达水土之宜也。"（《问水集》），他在这里讲了建闸后可能出现的两种危险，一是水盛涨以后"必他决"，"河徙无定"，绕闸而走，冲毁工程；二是闸底流沙，闸基不牢，"必易损"，大闸倾倒。总之，他是不敢在潮白河道上（包括今北运河道）冒险的。果然，三百多年以后，他的话应验了。那就是潮白河苏庄大闸在1939年被洪水冲跨的惨痛教训。

提起苏庄闸，那是本世纪20年代的事。本来潮白河在清代以前的主河道，从牛栏山以下入北运河。本世纪初（1904年）潮白河大水，从顺义李遂镇决口，流入箭杆河南下，以后多次堵复都没有成功。从此，潮白河进北运河的故道也逐渐淤废了。致使北运河水量锐减，影响河道运输。同时，潮白河夺箭南下后，由于箭杆河河床窄狭，经常漫溢成灾，殃及下游各县。为了解决运河水量问题，同时也减免下游灾害。国民党政府于1921年请来美国水利专家进行设计，在顺义县的苏庄（今向阳闸下游20公里处）北修建一座拦河大闸。1923年开工，1925年完成。计有28孔，每孔净宽2丈，高1丈；上建钢制大桥，长80余丈。并在潮白河通往北运河的故道上建分水闸10孔，可过600流量。工程完工后，平时闭闸使潮白河水流入北运河，夏季水涨开闸分泄洪水。但是，这座在当时看来异常坚固的水利工程，只用了14年，到1939年6月，潮白河暴发洪水，苏庄闸承受不住，终于冲毁了18孔，而分水闸的10孔闸门也全部被淤沙堵死，水流又全部夺箭杆河南下。事过四十多年了，闸的残迹仍存留着，供人们研究和凭吊。

也许有人会问，现在的向阳闸会不会重蹈苏庄闸的复辙呢？不会的，时代前进了。我国的水利科技也有了非凡的进步。由我们国家的科技人员设计施工的两座大型水库——密云水库、怀柔水库在向阳闸上游兴建起来，它可以控制潮白河80％以上的洪水。同时，在这次修建过程中，广大工程技术人员对闸基的流沙问题做了专题研究，进行了精心有效的处理，保证了闸室地基的稳定。当然，它还需要时间的考验。但是，吃一堑，长一智。水利战线的广大科技干部和职工们是满有信心的。

《燕水古今谈》北京燕山出版社1991年

庆丰闸遗址的价值

庆丰闸遗址工程，经过市通惠河工程指挥部的精心设计和施工，胜利建成。应该说，这项遗址工程不算是大工程，但是，它的建成有重要意义。

一、庆丰闸遗址工程的完工，
为北京水利古迹的保护和开发利用开了好头

北京城的建设和发展是和北京水资源的开发利用密不可分的。元初开凿通惠河，作为京杭运河的北端，为元大都作为全国都城的建设和发展起了重大作用。通过通惠河每年来自南方的数百万石粮食和物资可以直接运抵大都城内的积水潭，极大地促进了南北经济和文化的大交流。明清时期，通惠河几经整治，仍然承担供应首都北京的漕运任务。从元初郭守敬主持修建通惠河开始，距今已有705年。但是，它的名称和位置至今没有变化，运河上的闸坝工程有些依然存在，成为北京古都风貌的重要组成部分。这次在对通惠河大规模进行整治的同时，首先对河道上的古闸"庆丰闸"（又名二闸）采取工程措施予以遗址保护，实为明智之举。通惠河工程指挥部为此广泛征求各方面专家意见，尤其得到了中国水利史研究会的专家学者的支持和指导，提出了较好的设计方案，经过市水利局基础处理总队的精心施工，取得了好的效果。可以说，庆丰闸遗址工程修建成功，为北京市今后的水利古迹保护利用树立了"样板"，提供了有益的经验。我相信，在北京市城市总体规划的指导下，结合即将开始的以故宫筒子河为先导的城市河湖整治，北京其他水利古迹的保护和开发必将做出新的成绩。

二、庆丰闸遗址工程的完工，将为北京文物保护和开发利用开拓新的思路

多年来人们一提到文物保护，就自然联想到长城、故宫，而对北京的运河则知之者甚少。就是知道也极少将其列入国家文物的范围内，这不能不令人感到遗憾。北京是京杭运河的北端，即是起点也是终点。大运河与长城一样都是世界之最。这一有悠久历史、路线最长的人工运河，曾在中国南北经济流通和北京城市建设和发展中起过重大作用。人们已经将许多古都的寺庙、名人故居一批一批列为文物保护单位，却对大运河与运河工程遗迹漠然视之，这种忽略太不应该了。今天，通惠河庆丰闸遗址工程建成，将大运河的一个"点"的保护注入了文物保护的内涵，给文物保护领域献上一朵小花。毫无疑问，它将给有关部门一个启示：重视大运河，重视水利文物的保护和利用，将为文物保护领域增添光彩。

三、水利古迹的保护和开发利用，
将为北京旅游事业的发展增加新的支撑点

水利古迹是历史文物的重要组成部分，其所在位置往往自然风景优美，又与其他人文景观和谐融合，具有浓重的文化含量和可开发利用的经济价值。

通惠河地处市区，沿河两岸是明清时期著名的风景带，旧时有"北方秦淮河"之美称。那时，河水碧波清流，鱼虾悠忽，高柳拥堤，风光秀丽，岸边有酒肆歌台，河中有青帘画舫，"令人疑在秦淮河上"。有一首北京竹枝词这样描述庆丰闸的风光："乘舟二闸欲幽探，食小鱼汤味亦甘。最是望东楼上好，桅樯烟雨似江南。"这样好的风光，自然也成为当时文人聚会之地。清代大文学家曹雪芹和他的朋友敦敏就在庆丰闸的酒楼上饮过酒。雪芹死后，敦敏还写了一首诗怀念他们在此饮酒的情形。现在建成的遗址工程，特别将清代麟庆《鸿雪因缘图记》中一幅当时的庆丰闸风景图，镌刻在巨大的大理石石屏上，十分醒目。这一创意增添了遗址价值。人们驻足于此，可以遥想当年的美景，盼望通惠河全面治理，还以清流，从而唤起人们的环保意识。

水给城市带来灵气，带来魅力。最近市有关部门正在为北京城市水环境的保护和治理做出详细规划。以旅游为龙头的文化产业不断发展，给北京的水利旅游资源开发和利用带来了契机，人们期待着美好的前景早日实现。

1998年2月11日

庆丰闸遗址碑记

庆丰闸，初名籍东闸，俗称二闸，公元一二九二年（元至元二十九年）都水监郭守敬主持开凿通惠河时所建。初为上下两座木闸，后於公元一三三零年（元至顺元年）改建石闸。闸基长壹百贰拾尺，金门宽贰拾贰尺，并易名庆丰。明嘉靖中吴仲重修通惠河时，下闸废弃。现庆丰闸遗迹当是元代庆丰上闸。通惠河系京杭运河首段，庆丰闸乃通惠河上的重要通航船闸，以时蓄泄，因水转漕，舳舻相衔，功莫大焉。又以地处近郊，碧波清流，风光秀丽，明清以来皆为市民游憩胜地，素有燕京秦淮河之美誉。岁月流逝，原闸废弃，遗迹尚存。

中华人民共和国成立后，北京市人民政府多次整修通惠河，自一九九二年底，再次兴工，浚宽河道，以利泄洪，改善水质，复现清波。为保存文物，光耀先贤，遂将原闸石雕易地保存，闸底略有降低，并仿元制重塑石兽、修建虹桥，爰於原址立碑为记。

北京水利学会水利史研究会　　段天顺　谨识

北京市通惠河整治工程指挥部　　　　　　立

一九九五年三月

二闸·竹枝词·小鱼汤

通惠河工程指挥部邀我去看不久前竣工的庆丰闸遗址保护工程，心里很高兴。庆丰闸是公元1292（元至元二十九年）郭守敬主持开凿通惠河时建的一座古闸，距今有七百多年历史了，初名籍东闸，后改名庆丰闸，俗称二闸，明、清时期是京城市民游览的胜地。几年前全面治理通惠河开工时，笔者曾参与研究保护这座古闸的措施，这些措施效果如何呢？很想去看一看。

那天，天气晴朗。一到工地立刻被一片崭新的景观所吸引。在东便门以东约五里的通惠河两岸，飞架起一座元代风格的壮丽拱桥，桥下二闸原址两岸护砌了整洁的大条石，新镶嵌的青龙石和四马石，虽不是原物，但雕刻精美，古韵犹存。古闸翼墙壁原有一镇水兽，传说是龙生九子中第六子，安装在最高洪水线的位置，实际上是起一"警戒水位"线的作用，水位如果超过镇水兽的舌头，就要泛滥成灾了。现在重新雕石刻兽，按旧制仍安置于新河岸洪水线的位置，兽雕憨态可观。为了输泄城区的洪水需要，原河道拓宽，旧有闸基已没入水中。指挥部同志说，将来河水还清时还能清晰可见。最令人耳目一新的是在堤坡上建有一道颇具特色的画廊，长27米，高3米左右。画廊分三部分组成，均由墨玉石板作底衬。其一是由著名水利专家张含英题的字：庆丰闸遗址；其二镌刻清嘉、道年间

麟庆《鸿雪因缘图记》中一幅《二闸修禊》图；其三镌刻
《光绪顺天府志》中有关二闸的历史记述。旁立一幢近两
米高的石碑，刻有拙作这次治理工程纪文。

应该说，这座古闸遗址的保护工程设计是颇具匠心
的，工程质量很不错。尤其那幅《二闸修禊图》，它是清
代做过河道总督的麟庆，于1820年（嘉庆二十五年）邀请
16位朋友到二闸游览的绘图。画家用写实的笔法，真实地
绘出了170多年前二闸风貌。那建筑俨然的闸坝，婆娑的
岸柳，错落的酒肆茶楼，河水涟漪，画船游弋，游人"或
泛小舟，或循曲岸，或流觞而列坐水次，或踏青而径入山
林。"此景此情，不禁使人们联想起当年具有"北方秦淮
河"美称的二闸旖旎风光来。

庆丰闸由于地近城区，风光秀美，明、清时期一直
是北京市民游览泛舟的好去处，历史上不少文人墨客留
下了许多美丽的诗篇。其中清代人写的几十首《二闸竹枝
词》，可谓脍炙人口。这些竹枝词以清新流畅的笔调，或
写历史沿革，或写名胜游览，或写闸堤景物，或写民俗民
情，从不同侧面对二闸风貌写得真切动人。"深沟难得水
流通，马足长年踏软红。得意与人游二闸，春风荡漾小舟
中。"那时候北京城里的园林都为皇家独占，不许百姓涉
足，所以市民们就把通惠河上二闸作为游憩之所了。嘉庆
年间得硕亭《草珠一串》中有首竹枝词也很有特色。

乘舟二闸欲幽探，食小鱼汤味亦甘。

最是望东楼上好，桅墙烟雨似江南。

诗中不仅写了二闸的秀美景色，而且着重写了这里有名的美食小鲫鱼汤。原来通惠河水是从玉泉山等西山诸泉汇流而来，河水很少污染，盛产鱼虾。河右岸有座望东酒楼，专做通惠河产的小鲫鱼汤，味道鲜美，远近驰名。那时，相邀三五知己，在二闸泛舟游览之后，舍舟登岸，坐在望东楼上吃着小鲫鱼汤，欣赏"桅墙烟雨似江南"的景象，该是多么惬意的事啊！

值得提及的二闸的酒楼上还曾留下大文学家曹雪芹的足迹呢！据曹雪芹的朋友敦敏《懋斋诗抄》记载，在乾隆三十年，雪芹逝世不久，敦敏同友人在通惠河岸边的酒楼上饮酒，回忆起和曹雪芹在此聚会的情景，作了一首《河干集饮题壁兼吊雪芹》，诗中写到：

花明两岸柳霏微，到眼风光春欲归。
逝水不留诗客杳，登楼空忆酒徒非。
河干万木飘残雪，村落千家带远晖。
凭吊无端频怅望，寒林萧寺暮鸦飞。

逝水不留，人非景在，诗人不胜悲怆之感。

庆丰闸一直到同治、光绪年间仍是游人荟萃之所。震钧在《天咫偶闻》中说：二闸"自五月朔至七月望，青帘画舫，酒肆歌台，令人疑在秦淮河上。"世事沧桑，光绪末年，漕运废弃，河道残破，二闸风光日渐衰落。清末民初汪述祖写了九首《二闸竹枝词》描述了当时的情景："忆昔曾为二闸游，行人如蚁荡行舟。汽车自达通州后，冷落河干旧酒楼。"即或遇到中元节在这里举办莲花灯会盛况也大不如前了。"又闻赛会补中元，戏罢莲灯尚插门。怪道今年游客少，高车都去万生园。"

万生园即现在的动物园。新中国建国后，通惠河成为排洪和排放城市污水河道，长期未能做全面治理。记得八十年代初我到这里考察时，见到河水黑臭，河坡到处堆放渣土，几株老柳树在风中瑟瑟，河里鱼虾已绝迹了。联想起历史上二闸风光，颇多感慨，诌成小诗云：

> 访水寻幽到庆丰，二闸风貌杳无踪。
> 荒碑断垒临河立，肆虐污流臭漫空。
>
> 不堪回首话荒凉，老柳昏鸦噪夕阳。
> 怅望河干诗客杳，早无人卖小鱼汤。

90年代初，全面治理通惠河开工了。人们多么盼望那条历史上的美画廊早日再现呵。现在，眼前展现的二闸遗址工程景观，看着那幅令人向往的《二闸修禊》图，使我更加相信人们的美好愿望就要实现了。不久前，根据北京市委、市政府的决定，整治我市城区河湖工程开工了。通惠河污水治理指日可待，二闸将以更加秀美的姿容点染着首都东郊大地。想到这里，心绪激动，诗思涌起，不禁顺口又溜出几首竹枝词来，其中有道：

张公椽笔耀堤台，府志铭文记盛衰。
一幅闸图镌旧景，长留鸿雪忆秦淮。

同行三五笑声扬，指点流连说画廊。
展望河干楼厦起，偕游畅品小鱼汤。

《北京日报》1998年7月14日

郭守敬与北京引水

每当谈论起北京水资源的时候，常使人想起郭守敬。这位元代著名科学家，曾对北京水源的开发和利用做出过杰出贡献。

郭守敬生活在我国元代前期（今年正是他诞生750周年）。元世祖忽必烈统一中国后，定都于大都（今北京），并着手进行大规模建设。但当时遇到一个突出的问题，就是水源十分困难。不仅城内河湖和居民需水，尤其是作为维系封建统治者命脉的漕运问题更大。那时，要把上百万担的粮食从南方运到京都，将全国大批货物在京都集散，主要靠南北大运河的漕运。但漕运只能达到通州，从通州到大都五十里路都要靠人畜驮运。《元史》中说："陆挽官粮，岁若千万，民不胜其瘁""方秋霖雨，驴畜死者不可胜计。"可是，要修通这条水道，由于通州地势比大都低，需从大都引水东流，而大都的水又从何而来呢？作为掌管水利的都水监郭守敬，发挥了自己的聪明才智，经过多年的努力，终于在大都城周围引取了较丰沛的水源。

为了解决大都城的水源问题，郭守敬的第一个尝试，就是引玉泉山的水入高梁河，再导至北运河。后来，他又利用金代已废弃的金口河旧道，从石景山金口引永定河水东流，注入运河。为了慎重起见，他针对历史上引永定河水失败的教训，采取了两条措施：一是在金口西建减水口，当汛期来洪时，打开减水口，使洪水向南导入永定河，以防东灌大都之患；二是沿金口河不设水闸，以免泥沙淤积之虑。但由于河道纵坡陡，水流急湍，船只不能逆上，航运仍不能通行，只能对两岸灌溉和从西山运送木材起到作用。此后，郭守敬虽然被调走去修历法，但他仍未灰心，又经过多年周详的踏勘测量，终于在他60岁的时候（1219年），提出一个开辟水源的新方案。那就是引昌平县的白浮泉水，向西沿西山东麓再向南，汇入瓮山泊（今昆明湖），经瓮山泊沿高梁河入大都城内的积水潭，再引水南流入旧运粮河，东注运河。为了使船舶往来，沿河设置闸坝和斗门来调节水位，这就是至今仍沿旧名的通惠河。工程开工时，元世祖忽必烈还特命宰相以下各级官吏前去参加劳动。经过一年半的努力，这条一百六十多华里的水道终于修成了，丰沛的水量流进大都城，海运、河运两路船只，竞相往还，积水潭一带成了水陆码头，出现了"舳舻蔽水"、船货云集的盛况。

郭守敬白浮引水的线路设计，具有很高的科学价值。它具有多方面的优点：第一，能在沿线收集多股泉水和伏流，使引水量更加充足；第二，该线路地势平缓，大体沿着五十米高程的一条等高线向西而南，利于行水安全；第三，水清沙少，减少下游淤积。正因为如此，当六百多年后的1965年，人民政府引密云水库的水入北京城的下段线路，基本上是沿着这条老线开挖的。

郭守敬晚年曾经建议把大都护城河加以整修，"令舟楫得环城往来"，但"志不就而罢"。这个设想多么好！展望我们首都的四化建设，这个设想是有可能实现的。

《北京晚报》1981年1月27日

郭守敬治水思想初探

郭守敬是我国元代著名科学家和杰出的水利专家。他在天文、历法、数学和水利工程方面都取得了辉煌的成就。今天，我们北京的水利工作者来纪念这位七百多年前的水利专家，尤其应缅怀他对当时大都城的城市建设和水利建设所做出的重大贡献。

郭守敬生活在元代开国时期，正值大规模兴建都城的前后，他的治水活动也正是围绕着大都城的建设而开始的。早在1262年，他31岁时向元世祖忽必烈提出的六条水利建议中，第一条就是引玉泉山的水解决从中都（今北京）到通州的漕运缺水问题。待他被任命为提举诸路河渠后，当即主持疏挖玉泉山至运粮河的河道。其后，大约在1265年，他又修复金代已经废弃的金口河旧道，从石景山金口引永定河水东流，注入运河，虽然对漕运未能奏效，但对两岸农业灌溉和运送木材起了作用。后来到1291年，为开辟永定河的航运，曾乘舟勘探过卢沟桥以上永定河的河道。1292他主持通县至大都间的运河疏浚工程，引昌平县白浮泉水及西山诸泉水，创建了著名的白浮堰，为大都城的建设开辟了丰沛水源。工程竣工后，他又被任命以督水监兼提调通惠河漕运事，对漕闸管理工作多所建树。就是在他年已八旬的时候，还提出改建通惠河的闸坝，将木制闸门改建为石闸的建议。由此可见，他对大都城的水利建设，可以说是倾注了毕生的心血。

郭守敬在治水方面虽然没有给后世留下什么"专著"，然而从他多年的治水实践中可以看出他卓越的治水思想，这些思想至今仍闪耀着光辉。主要可归纳为：

其一是对水源进行综合开发利用。我国的水利工程建设，最早都是为农业灌溉和方便运输，特别是漕运的目的服务的。这是因为中国封建社会的经济基础是农业经济。古人说："兴水利，而后有农功；有农功，而后裕国。"在中国历史上，封建国家的赋税主要以实物方式征收，而漕运就是中央政府的主要运输手段。所以灌溉和漕运就成为我国早期治水方略的基本目的。从郭守敬对大都城水利建设的指导思想看，他已经大大突破了上述传统的治水观点。例如，白浮引水沿西山入城后，穿过大都城的中心地区，再东南出文明门东注通州运河。这条输水线路的设计，显然表明，在解决漕运的同时，兼及了城市生活用水、河湖补水以及城市雨季排水的效益，可以说达到了一水多用的目的。因此，我们说白浮引水的重要意义，不仅在于为大都城市建设发展寻找出丰沛的水源，而且也在于对水源的多目标的综合开发利用。也正由于这条引水的多目标的功能，所以在几百年后的今天，虽然白浮引水上段早已无迹可寻了，而它的城内部分及通惠河段仍然发挥着作用。特别值得注意的是，从郭守敬晚年提出整修护城河"令舟楫得环城往来"的建议，更可以看出他把水作为美化首都和便利交通的重要资源，把水利建设作为城市建设总体规划的一个重要组成部分。他的这一思想，对我们今天的首都水利建设仍是很有启发的。

其二是注重工程实效。治水工程是百年大计，往往耗费大量的人力物力，因此，以最小的投资取得最大的效果，就成为兴修水利工程的基本指导原则。郭守敬对水利设施的经济效益十分重视，在工程的前期工作中就做出详细的计算。例如，他在提出引玉泉山水通舟以解决通州到大都的陆运的建议时，就计算出"岁可省雇车钱六万缗"。其实他早在青年时代，从最初参加治水时起，就非常注意工程的实际效益。他年轻时曾参加治理家乡的三条害河，担任技术测量工作，他详细地查清了水的流势，把排水河道疏浚与道路交通综合考虑，既疏挖了河道，消除了水害，又新建了石桥，便利了交通，全部工程仅用"役工四百有畸，才四旬而成"，可以说又快又好又省，受到乡里的赞誉。金代文学家元好问还专为此写了一篇《邢州新石桥记》，称赞这项工程是"择可劳而劳，因所利而利"。点名表扬了年刚20岁的郭守敬的高明设计和施工组织。又如，公元1264年元朝政府派他和张文谦去宁夏一带修复黄河旧渠，当时对修复工作有两种意见，一种认为旧渠已破坏淤浅，不易修复，不如另建新渠；而郭守敬进行了周详的调查研究，了解到原来的老渠曾使用多年，经济效益十分显著，可灌田九万余顷，据此，他认为对这些古渠应该"因旧谋新，更立闸堰"，即在旧渠上整修改造，建立水闸，使之能蓄能排，可发挥更大效益。张文谦采纳了他的意见，果然获得了成功。不仅扩大了灌溉面积，还能畅通航运，使老渠复活。宁夏一带居民为表彰郭守敬的功绩，为他建立了生祠。

其三是重视水利工程管理。我国的水利工程管理，早在秦代修建的都江堰工程就有所记载，在后人编成的三字经诀中有"岁勤修，平防患"的话。到了汉代，召信臣为南阳太守时，在淯水上砌石筑坝蓄水，"起水门提閖凡数十处，以广灌溉，岁岁增加，多至三万顷"。工程修建后，召信臣"为民作均水约束，刻石立于田畔，以防分争"（《汉书》）。这大概是最早的水利管理条例了，水利史家称他为"中国用水管理之父"。其后，在唐代颁布了水利法典《水部式》，标志着在水利管理方面的重要成就。宋代王安石主持制订的《水利法》中，管理工作也有相应的记载。然而，把管理作为一门科学，并列为水利建设中的一个独立的重要门类，却是近代的事。郭守敬作为中国古代治水家，对管理工作的认识不可能达到现代的水平。但他在工程管理运用上却有不少值得称道的地方。郭守敬在修完通惠河以后，元朝政府就任命他以都水监兼提调通惠河漕运事，直接兼掌河道的管理工作。由于这条河的闸坝多座，逆水行舟，运用复杂，他有过许多创造性的管理运用措施。比如，他创建了专业管理队伍，把原来临时征用民工改成固定的专业队，这对水利工程管理工作的加强和提高无疑大有好处。为管好河道上的闸坝，他将陆路上原来运官粮的车户都转为闸户，拨给水监差遣，叫他们专负管闸的任务。当时有坝夫七百多人。为了提高管理技能，郭守敬要求这些闸户必须是多面手，都要掌握好木工、石工、土工、铁工等技术，以进行工程的维修、养护和改造。正是这样，他能保持运河每年运行240多天畅通无阻。除去工程岁修，还有工程大修。在郭守敬的倡议下，大德六年（1302年）对一部分闸坝进行一次大修，计用工三万多个工日。他还建议逐年把24座木制闸门改为石闸，使工程不断完善和改进。这项措施终于在他死后得到了实现。

应该说，郭守敬的治水思想，还可包括他严谨的科学态度。他注重调查研究，努力掌握第一手资料，都是值得后人学习的。

《北京水利志通讯》1981年12月第9期

治水专家林则徐

提起林则徐，谁都知道他是我国近代史上著名的爱国英雄。然而，他同时也是一位颇多建树的治水专家。

这里有两个例子：清道光五年（1825年）夏季，黄河在江苏南河高家堰决口，当时林则徐正在福州老家丁母忧。按理说，这期间朝廷没有大事，不能随便召请。但是，清廷为了很快把决口堵住，破例将林则徐匆忙从原籍召回，驰赴南河督修堵口工程，数月工竣，才又回籍继续丁忧。其次，道光二十一年（1841年）林则徐从广州抗英前线被撤职，5月遣戍新疆伊犁。7月，黄河在开封决口。道光皇帝不得已，又把遣戍途中的林则徐召赴河南襄办河工，第二年工竣，仍充军伊犁。

可以看出，黄河出了事，似乎只有林则徐出来才能解决问题，即便是丁母忧也罢，发配充军也罢，简直到了非他莫属的地步。可见在当时他已是颇负盛名的治水权威了。

林则徐做了几十年的官，也治了几十年的水。他从道光二年任江南淮海道员时，就兼管水利。道光五年负责督修黄河决口。道光十一年（1831年）担任河东河道总督，专管河南、山东一带黄河、运河事宜。在此任内，他工作认真，成绩卓著，多次受到道光皇帝的表扬，说他是难得的人才，"知人难，得人尤难，……朕有厚望焉"。夸奖林则徐说："向来河臣查验料垛，从未有如此认真者。"在他担任几十年的地方官吏期间，经他主持兴修的水利工程，计有江苏的浏河、白茆河、七埔河、宝山海塘、徒阳运河、桃源、江都等处河道闸坝，还有福州的小西湖，两湖江汉堤防等等。1839年在他主倡禁烟的紧张形势下，还上书建议开发北京地区（包括河北省）的水利事业，写了《畿辅水利议》。在发配新疆的日子里，他也致力开发水利，垦田万亩，使"新疆水利大兴"。

值得注意的，是林则徐的治水思想。他明确提出"水利是农田之本"。他说："赋出于田，田资于水，故水利为农田之本，不可失修。"又说"水道多一分疏通，即田畴多一分利赖"。

他很重视总结治水的技术措施。在治黄上提出"除弊节帑，工固澜安"的主张。他总结在治黄工程上的抛石、打坝、镶埽等多种抗洪技术措施，制订出一套关于治水工程的施工组织、施工管理和验收等规章制度。他亲自起草工程养护管理告示，把已建工程列入国家的法令保护，违者予以重惩。这些主张至今仍有借鉴意义。

在领导方法和领导作风上，他强调躬亲治水。在担任河东河道总督半年多的时间里，几乎有一半时间在河道沿线"挨次履勘"。他督修南河黄河决口时，在万丈长的堤段上巡查，"盛暑烈日，日必一周，与僚佐孜孜讲画无倦容；而徒步泥淖中，民亦忘其为三品大僚也"。

《北京晚报》1980年11月25日

林则徐的《畿辅水利议》

大约在1838年前后，林则徐向道光皇帝力陈禁鸦片的同时，也呈上一份关于开发畿辅（包括今北京地区和河北、天津部分地区）水利的建议书，这就是有名的《畿辅水利议》。

从当时情况分析，林则徐是把禁烟和兴办畿辅水利作为他欲图改革"朝政"、"救国利民"的重大政治经济改革措施提出来的。

我们知道，清代到了道光年间，已经是内忧外患丛集，面临穷途末路的转折时期，其中漕运是最伤脑筋的问题之一。正如清初董恂所说"京师控天下上游，朝祭之需，官之禄，主之廪，兵之饷，咸于漕平取给"。可见漕运是维系清代封建皇都政治统治的生命线。清朝政府每年从江浙一带向京师漕运粮米多达四五百万担，给江浙一带农民带来沉重负担，农民与统治者的矛盾，日趋尖锐。林则徐曾亲自掌管过漕运事宜，做过东河河道总督；又在江苏任巡抚多年，亲自催征粮米，看到过地方官员搜刮粮谷，百姓呼号的惨景。他在给道光皇帝一份奏折中说："民间终岁勤劳，每亩所收除完纳钱漕外，丰年亦仅余数斗。"遇有歉年，"小民口食无资，而欲强其完纳，即追呼敲扑，法令亦有时而穷。前此，漕船临开，间有缺米，州县尚能买补。近且累中加累，告贷无门，今冬情形，不但无垫米之银，更恐无可买之米。"他生怕百姓造反，向皇帝苦苦哀求对农民"多宽一分追呼，即多培一分元气"。他也十分清楚，在征收和运输漕粮的过程中，上至漕运总督，下至州县官吏，层层勒索，各饱私囊，"京仓一石之储，常糜数石之费"。他忧心忡忡地慨叹道："惟是漕务势成积重，如医家之治久病，见症易而用药难。"在这种情况下，林则徐经过几年的调查和思考，整理出了《舻陈直隶水利十二条》即《畿辅水利议》一书，向道光皇帝提出解决漕运弊端的办法，畿辅之地兴修水利，开治水田，就地取粮，解决南粮北运问题。这样不仅可以满足京师一带的粮食需要，使北方农民生活得以安定，又可免除江浙农民众生的"漕粮"负担，使"漕弊不禁自除"。他坚决认为这是"上以裕国，下以利民"的良策。《畿辅水利议》正是在这样的历史背景下提出来的。后来林则徐到广东禁烟前线，道光皇帝下密旨征询对改革漕弊的办法时，他更把发展畿辅水利作为"本源中之本源"加以系统重申。

为了从理论上和实践上论证兴修畿辅水利的必要性和可行性，他继承和发挥了历代水利家的先进治水思想和经验，在本书中摘录了近60种有关资料，旁征博引，雄辩地说明了在畿辅之地开治水田有益国计民生的道理。他认为北方地区气候干燥，雨量极不均衡，"旱则赤地千里，涝则洪流万顷"，只有兴修水利，才能解除旱涝威胁，振兴农业，增产粮食。因此，他极力推崇明代徐贞明"水利兴而后旱涝有备"的主张。他特别摘引了清代李光地的分析，"北土地宜，大约病潦者十之二，苦旱者十之八，而北方苦旱，遂至于不可支者，由于水利不修"。为了充分说明兴修水利的可行性，他引用了许多前人的实践经验，证明"直隶土性宜稻，有水皆可成田"，"有水之田较无水之田，岁入不啻再倍"，他列举历代成功事例后说"盖近畿水田之利，自宋臣何承矩、元臣托克托、郭守敬、虞集，明臣徐贞明、邱浚、彭黄、汪应蛟、左光斗、董应举辈，历历议行，皆有成绩"。

为了进一步阐明其必要性，他还把救灾赈济与兴办水利两者利弊做了比较。书中引录了清初陆陇其对这方面的精辟见解："屡年以来，朝廷恤悯灾荒，州县议蠲赈于既荒之后，例如讲求水利于未荒之前，蠲赈之惠在一时，水利之泽在万世。"（陆陇其：《论直隶兴除事宜书》）

据此，林则徐坚定地认为，兴修畿辅水利"洵经国之远图，尤救时之切务"，主张要充分利用畿辅的水利资源，"有一水即当收一水之用，有一水即当享一水之利"，"因古人之遗迹而修复之，因现在之成效而推广之"。林则徐对北方水利的深刻见解，至今仍有重要的指导意义。

为了开发畿辅水利，林则徐提出一系列有见识的政策和措施。他在《总序》中提出"切要可备设施者"共12条，都是根据当时的具体情况提出的，有些条款至今仍有借鉴作用。

　　林则徐在《畿辅水利议》中大力倡导兴修水利、开治水田，重点是要搞好农田渠系建设。他说："经画水田，要在尽力沟洫。陂塘之潴蓄，所以供沟洫之挹注也；闸堰涵洞之启闭，所以供沟洫之节宣也。沟洫修而田制备。田制备而地中之水无一勺不疏如血脉，水浸之地无一亩不化为膏腴"。他针对北方旱涝交替的特点，在渠系建设上要求既要注意抗旱，又要防止水涝，既要重视灌，也要注意排，使农田"涝不虞泛滥，旱不至焦枯"。他提醒说，不要只图小利，使"附近淤地日渐占垦，以至阻碍水道，旱涝皆病"。据此，他规定对应挖的排水沟渠占地，"务须查明界址，分别铲除，永禁侵垦，所谓舍尺寸之利而远无穷之害"。为了确保这一规定的实施，在土地分配上，凡属排水沟渠所占，均按亩均摊，照数拨补。又如，他认为搞水利是"养民之政"，不要做"扰民之事"，特别强调"禁扰累"。他要求"承办各官勿急近功，勿执偏见"，要虚心咨访，善言劝导。不然，好事也会变成坏事，给反对的人以口实，甚至会招致半途而废。他主张把地方官劝勉人们开治水田的多少作为考核政绩的内容之一；对农民自行开治水田的视其开治的多少分别给予奖励。他对新开水田主张实行"缓科轻则"政策，属于征粮的地亩仍照原额征收，不另增加；如是新垦荒地，则应放宽年限，过几年再征。

　　鉴于在畿辅之地兴修水利，他预见到必然招致各种阻挠和反对。因此在12条措施中特别提出要"破浮议阻挠，以防中梗"。他请求道光皇帝不听"簧鼓",消除"刁健",把这项改革事业进行下去。并且要求把北京郊区开治水田作为"样板","首善倡行有效,以次推行各省,普享乐利,而营田之能事毕矣"。

《畿辅水利议》尽管是个好建议,但在当时腐败的清王朝是不可能实行的。终于被琦善以"有违害,因而不行"为由扼杀了。林则徐后来给他的友人贝清乔的信中说"若穷其根本,则欲去在此之害,必先去在彼之利。恐事未集而侧目者众,不惟挠之使其无成,且必拘之使其受祸"。道出了这一建议可悲结局的必然之势。

《中国水利·水利史志专刊》1982年

左宗棠在北京的治水活动

在晚清的著名历史人物中，对北京治水事业做出过贡献的，左宗棠是其中的一位。

左宗棠，字季高，湖南湘阴人，生于1812年，殁于1885年。他在咸丰、同治年间曾残酷镇压太平天国起义军和捻军，但在收复新疆和防卫海防方面也立过功勋。晚年，在两江总督任上，致力于兴修水利，颇多建树。值得提起的是，他虽然在北京任职时间很短，却十分关注北京水利，并取得过明显成效。

清代末年，由于朝廷腐败不事治水，北京郊区的永定河经常泛滥，威胁京城和郊畿的安全。左宗棠在光绪六年（1880年）下半年由新疆调京，任军机大臣总理事务衙门并管理兵部事务。他十分关注永定河的水患，光绪七年五月，他亲自沿永定河堤岸而下，视察金门闸等工程设施，一直到达天津，然后由天津乘船溯河而上。与此同时，又派人到永定河上游的官厅山峡地区进行踏勘。针对当时只注意治理下游不注意治理上游的缺陷，左宗棠提出了上下游兼治的主张。他认为，像永定河这样的多沙河流，如果仅在下游筑堤、疏浚，而上游"悍浊依然，仍虞浑垫之积"。因此，他提出在上游适当地点修建石坝截流，把水节节拦蓄，"层递下注，则急湍可杀，而浑波可澄，上源渐清，下流险工自可渐减"。（见《左文襄公全集·

奏稿》）。当然，这个主张不是左宗棠的发明。早在八年前，当时的怀来知县邹振岳，就提出在官厅山峡地区筑坝的建议，邹认为永定河出山后所以奔流急湍，在于上游地势太陡，"若在上游段段置坝，层层留洞，以节宣之，使其一日之流，分做二三日，二三日之流分做六七日，庶其来以渐，堤堰不致横决"。应该说，这是符合科学道理的，但当时并未实行。左宗棠这次派人踏勘时，邹振岳也一同前往，正好可以付诸实施。于是在左宗棠的统一指挥下，一面派5000士兵赴永定河下游的大兴一带疏挖河道33里，又开了一条长50里的引河与凤河相通，进一步疏通了洪水出路，减免漫溢溃决之患。同时，又派出另一支部队由他的部下王德榜带领，会同直隶委员邹振岳、孔庆笃等赴上游官厅山峡地区造址筑坝，先后选定丁家滩、下苇店，车子崖、水峪咀、琉璃局等5处修建石坝，为保证工程质量，还从房山、涿县等处征集石匠二百多人参加修建。在工程设计上，在筑坝的同时沿山修渠，引水灌田，既起到缓洪的作用又可收灌溉之利。这几项工程都完成得很好。下游疏浚河道任务，原定3个月完工，只用了一个多月就竣工了，下游的筑坝开渠工程也只用了一个多月时间就完成了。工程竣工后可灌田两三万亩，本来按原订计划扩大灌溉面积20万亩，由于左宗棠调任两江总督，部队南下福建而作罢。上述工程至今还有遗迹可寻，现在位于门头沟区永定乡的城龙灌渠，就是那时修建的，解放后又加以改建，可灌田一万多亩，这条百年老灌区仍在发挥良好的灌溉效益。

　　值得提出的是，在治理永定河之前，左宗棠还令他的部队疏浚了北京西南郊房山县下游的胡良河。并在涿县安济桥北筑了一道三合土大堤，长百多丈，防止了涿州水患，人们为纪念他，取名为"左侯堤"。

　　左宗棠重视兴办水利，和他的经济思想有直接关系。他和当时著名人物陶澍、林则徐的主张一脉相承，主张"民为邦本，食为民天"。在一篇奏折中他说："水利兴而后旱涝有备，民得所养，民得所养而后礼义廉耻由此兴，尊亲乐利之心由此笃。"他认为兴修水利是一项关系国计民生的大事业，当他治理新疆时，就十分注意屯田垦荒，兴修水利。他担任两江总督以后，更认为"水利尤民命攸关，三吴之富强贫寡，悉视乎此"。每项修建工程，他都是"躬亲相度"。（见《左文襄公年谱》）他还大力组织疏浚淮河尾闾，解除了淮、徐、皖一带的水患。光绪十年（1884年）他已73岁，还带病视察了江苏的朱家山河工程。他在给友人的一封信中说："莅事 （指任两江总督）以来，以治水行盐为功课，……六府之修，以水利为急。"第二年他病死于福州。他的晚节还是可嘉的。

水德含和　变通在我

——《水和北京——北京历代咏水诗歌选》前言

　　提到北京咏水诗歌的编纂，说起来话长。早在20世纪80年代初，结合编修水利志，我曾收集过一部分古代咏水的诗词作品，并在北京水利局的内部刊物《北京水利志通讯》（1984年第2期）上发表，大约有50首左右，都是属于城市河道湖泊方面的，每首诗后都有说明。那时，我收集到的还包括永定河、潮白河等水系的部分古代诗词。后来，由于工作调动，这项工作就搁置下来。

　　20年过去了。2003年北京水利史研究会在研究纪念该会成立20周年时，又把编选一部咏水诗歌选的事提上日程。在会上得知北京市水利局李永善高级工程师正在进行这方面的工作，并已收集到数百首之多。于是，就决定由我们两人合作把这项工作进行下去。我们在各自原有资料的基础上，结合北京水利建设的发展需要，在时限上划定为民国以前的各历史朝代咏水的传统诗词。在编选的范围方面，结合近些年兴起的水文化的新理念将选取范围视线展延得开阔一些。这是由于北京有三千多年的建城历史，有八百余年的建都历史，自古就是人文荟萃之地，北京河湖泉井都有丰厚的人文活动积淀。所以凡与水体有关的历史、地理、工程、自然风物、生态环境、水利收益等都列入视线，从优选取。既包括现存的水体，也包括已经消失但历史上起过重要作用的水体。注意收集历史上传播久远的咏水诗词和著名文人学者、知名大吏的咏水诗词。为了便于现代人阅读和欣赏，尽量选那些文字通顺、明白易懂和有一定艺术欣赏价值的作品。根据上述的基本设想，我们分了四个方面的栏目：一是河流水系；二是皇苑湖泊；三是府第园墅；四是名泉古井。其中，属于水旱灾害方面的内容纳入河流水系栏目；属于水上游乐活动方面的内容纳入湖泊皇苑栏目。四个栏目共选用251位作者的456首诗歌。

为了更好地体现水文化的特色，使这部诗歌选本在内容上更加丰厚，使人们获得更广泛的水文化知识，开阔视野，适应新时期水务工作发展需要，我们除按通常的选本所设的每首诗后增注作者简介和简要注释外，对近百首诗词增注了"诗话"。内容包括与该诗有关的历史背景、写作意图、艺术分析、掌故传说以及相关考据等。这实际是一种诗的随笔，是对该诗的一种诗外延续，更便于读者加深理解。

比如，关于潮白河水利的诗最早见于《后汉书·张堪传》中的一首《渔阳民为张堪歌》。歌云："桑无附枝，麦穗两歧。张君为政，乐不可支。"乍看似乎与水无关，但细看内容，却是反映东汉初年北京百姓对一位治水有功的地方长官渔阳太守张堪的赞颂歌谣。那是在东汉建武十五年（公元39年），渔阳太守张堪，在狐奴（今顺义）北小营一带，利用河水和泉水，"教民种植"，开垦稻田八千余顷，使"百姓得以殷富。"同时，由于水田不利骑射，使善于骑射的匈奴不敢前来侵扰，八年无患，百姓得以安居乐业，得到百姓的拥戴，并作歌赞颂之。这首歌谣带有深厚的北方民歌色彩，朴实无华，感情真挚。北魏郦道元在《水经注》里转载了这段纪事，收录了这首歌谣。后来清代杜文澜所辑《古谣谚》一书，也赫然列入，并编加了题目为《渔阳民为张堪歌》。可见，百姓对于"拯民于水火，救民于涂炭"的地方官吏的德政，总是发自内心的爱戴和赞颂的。我们在选录该歌谣时，也写了一段诗话记载了上述情况。

又如，南宋时期的著名诗人范成大在金世宗年间出使金国时曾写下几首关于金中都的诗，给后人留下极为珍贵的史料。有一首写的是"琉璃河上看鸳鸯"的诗。在他写的自注中说："琉璃河，又名刘李河，在涿州北三十里，极清激，茂林环之，尤多鸳鸯，千百为群。"我们收录了这首诗，并引发了一段诗话，其中说"应该感谢范成大给我们留下了一幅八百多年前琉璃河地区自然生态环境的生动画面。要不是范成大的诗笔，记之凿凿，谁会相信古代琉璃河还有千百只成群的鸳鸯在那里栖息呢？还有那么葱茂的烟林水泽？"

北京城市百姓自古以来饮用井水。明、清时期由于地下水污染，城里虽然水井很多，但多数是苦水井。那时，胡同里有一眼甜水井，就远近闻名，连胡同的名称也以井为名了。所以在老北京的传说中就把北京称为"苦海幽州"。本书选录了几首有关水井的诗，诗后也以诗话的形式将这些情况分别作了诠释。

在潮白河的诗中，我们还从《顺义县志（民国）》中选出一首《洋桥破浪》。是写民国十四年在顺义苏庄潮白河上修建的一座大型水闸工程，通常叫苏庄闸。这是我国引进西方水工技术建成较早的水利工程之一。当时是为了治理潮白河连年水患，同时也可增加北运河水量而兴建的。工程规模宏大，建有泄水闸30孔，每孔宽2丈，高1丈，闸上钢制大桥，长80余丈。另在右岸开引河通往北运河故道建分水闸10孔，可通水600立方米每秒。但可惜的是，这座壮观的水闸工程，只运用了14个年头，到了1939年6月潮白河暴发大洪水，苏庄闸承受不住，30孔大闸竟被冲毁21孔，而通往北运河的10孔闸门则全部被堵死。《洋桥破浪》本来是描绘"每值开闸放水，飞花溅浪，波涛汹吼，声闻数十里"的壮美景观的。在"诗话"中则将这座水利工程的兴衰历史向读者作了介绍。我们认为也是有意义的事。

在董其昌《督亢道中》一诗后面，我们引用了郦道元在《水经注·拒马河》一书关于督亢水利的描写。也写道："余六世祖乐浪府君，自涿之先贤乡，爰宅其阴，西带巨川，东翼兹水，枝流通津、缠络墟圃，匪直田渔之赡可怀，信为神游之胜处也。……引之则长津委注，遏之则微川缀流，水德含和，变通在我。"他绘声绘色地将督亢地区水利灌溉描绘成一幅北国江南画卷。"水德含和，变通在我"这正是郦道元从该项水利工程良好效益中悟出的一番道理。这句话是什么意思呢？其前半句说的是水的本性包括水与人以及和整个自然界之间存在着一种生生相续的和谐生态关系。后半句是说人是调整这种生态关系的主导力量。这是一句完整的话，不能割裂开来"各取所需"。如果只讲"变通在我"，把它理解为人在大自然面前想怎样干就怎样干，"听任人指挥"，那必然会破坏生态和谐关系。如果仅看到前半句，忽略人在调整生态关系中的主导作用，在大自然面前无所作为，当然也是不正确的。可见，郦道元这句话，今天看来仍然是极其富贵的至理名言。

总之，这是一本从水文化层面上编辑的北京历代咏水诗歌的选本。由于水平有限、经验不足，不论是诗歌选取还是注释、诗话等方面，都会有不少的缺点和错漏，敬希海内外专家学者，不吝赐教。

在编选过程中，承蒙北京市民政局发展研究中心梁艳、雷承作同志给予大力帮助，特表示诚挚感谢！

2005年12月

长河柳林怀古

当治理长河工程将进尾声的时候，我再次来到长河的紫竹院堤段，看到堤柳垂条，岸草芳美，一派古貌遗历目前，不由得联想起历史上河两岸著名的柳林风光来。

"长河看柳"大概从明代开始就成为北京市民到西郊踏青游赏的风尚了，那时，北京城内园林都属皇家园林，市民们难以涉足。每值春秋佳日，都纷纷到近郊游赏观光，逐渐形成三个好去处，一是天坛松林，一是北郊满井，再一个就是长河柳林。本来河堤种柳，是我国的老传统，一则可以防洪，一旦堤防出现险情，就地取材，采取"挂柳"措施，自能转险为夷；再则可以观赏，"堤边添上丝丝柳，画幅长留天地间"。但为什么人们都竟往长河看柳呢？这主要是由于长河的水好。以玉泉山泉群为主的西山诸泉汇集昆明湖后顺长河东南行进城，界以长堤，清流一带。水美自然滋养起的万千堤柳，也更加秀美了。再加上两岸的庙宇、别墅错落其间，那水是动的，水中的游鱼是动的，堤上的人影是动的，飘拂的柳条是动的，以至掩映的红墙碧瓦自然也活动起来，形成一幅婀娜多姿的动态画廊。这样的好风光，招引广大市民和文人雅士的竞相游赏就毫不足怪了。

长河看柳最好的地方是高粱河。据《宛署杂记》载，每逢清明节、端午节，"踏青游者以万计"。这里的柳林特点是"夹岸高柳，*丝丝到水*""高粱堤上柳，高十丈，拂堤下水，尚可余四五尺。"明代著名文学家袁宏道在《高粱桥记》中说"当春盛时，城中士女云集，缙绅士大夫非甚不暇，未有不一至其地者也。"可见当时盛况。袁宏道兄弟三人以他们性灵派特有笔触，还写出了不少极富魅力的优美诗篇："弱柳晴无烟，空翠开清潭。长堤三十里，波影随行骖。"（袁宗道）"东风织溪面，细纬叠青罗。长波将人影，直直入宫河，一万树垂杨，无枝不系珂。"（袁宏道）"觅寺何辞远，逢僧不厌多。一泓春水疾，十里麦风和。"（袁中道）

长河的柳林风韵，几乎成为明代性灵派文人们生发灵感舒展才气的源泉。刘侗、于奕正著的《帝京景物略》中不仅对高粱桥，还延及长河两岸的五塔寺、白石庄、极乐寺、万寿寺诸名胜。他们那种观察入微，绘声绘色的描写，至今读起来仍令人向往呢！比如，写高粱桥，"水从玉泉来，三十里至桥下，荇尾摩波，鱼头接流，夹岸高柳，丝丝到水。绿树绀宇，酒旗亭台，广亩小池，荫爽交匝。"距桥三里的极乐寺，这里河面平缓，水平如镜，"轻风感之，作青罗纹纸痕。两水夹一堤，柳四行夹水。"白石桥附近的白石庄，更是"取韵皆柳"作者写四时的柳色变化说，春天的时候，"黄浅而芽"，渐而"绿浅而眉"，再"深而眼"，暮春时节"絮而白"；秋天到了"叶黄而落，而坠条当当"，秋深则"霜柯鸣于树"。不仅看到了"柳色时变"，而且还听到了"声亦时变"。

这种对长河柳林生动的描写，真是把人们带进了梦幻般的境界。

现在，一条崭新的长河展现在眼前，在紫竹院以上新扩展的堤岸，整洁而秀美。于是，我想到了堤岸的绿化美化，想到了当清流再现的时候，长河将以怎样的面貌跨入廿一世纪，为妆扮首都这座国际大都市增色呢？那曾经在几百年漫长岁月里为京城市民广为青睐的柳林风貌能不能在新长河上再现呢？深深凝结着北京历史文化的柳林风光呼唤着新时代的继承和保护，保留一条有特征性的古河风貌，应该说是可能的，也是完全应该的。最近，北京市政府确定今年为首都绿化年，将在长河以北的万泉庄、六郎庄一带启动"万柳"工程，决心在西郊实现一条绿色园林走廊，听后令人高兴。让我们更深入地了解和研究这座历史名都的文化含量吧，发思古之幽情，绘时代之新貌，何乐而不为？

春风应管人间事，
再现千条与万条！

1999年元月2日

菖蒲河畔说菖蒲

——菖蒲河随笔之一

听说菖蒲河恢复明河工程就要竣工。前两天报上有消息说，菖蒲河美景初现，从照片上看到那秀美的模样就要展现在市民面前了。北京城中心区又复活了一条盈盈古河，这是一件多么令人高兴的事啊！

说起菖蒲河，我喜欢它，其实最初是由于具有文雅气质的名字。可不是，菖蒲，在古代是一种高雅的观赏植物。它有细长的叶子，四季常青，花小而黄，带有香味，常常被人们栽到盆石中放在书斋里玩赏，或溶入诗画中。比如宋代朱熹有首诗云："君家兰杜久萋萋，近养菖蒲绿未齐。乞与幽人伴岑寂，小窗风露日低迷。"元代诗人萨都剌有一首《过紫微庵访冯道士》诗："道士爱幽居，年来一事无。盆池新雨石，石上种菖蒲。"居家栽养菖蒲，可以使人怡情悦性呢！

由于菖蒲的根和茎均可入药，使人强身驻颜，它的根被称为"千岁根"。有一首古诗说："石上生菖蒲，一雨八九节。仙人劝我餐，令人好颜色。"宋代诗人陈与义写了一首《采菖蒲》，很有风趣。"闲行涧底采菖蒲，千岁龙蛇抱石癯。明朝却见房州客，飞下山巅不用扶。"真是把菖蒲的药物作用说神了。

菖蒲生长在我国广大温带地区，又称"剑兰"，旧时还有有关种养菖蒲的民间习俗呢！由于它叶形如剑，有香气，端午节时常把它与艾束扎一起悬于门上，大概是用以"辟邪""除恶"的意思。还有说阴历四月十四日为菖蒲生日，这一天要"修剪枝叶，积梅水以滋养之，则翠而生，尤堪清目"，古代还讲究在端午节时做菖蒲酒喝以益健康。可见，菖蒲在古代是民间广泛喜爱的一种怯病保平安的吉祥植物。

菖蒲有好几种。有一种石菖蒲，也叫水菖蒲，根可固土沙，常在水边石缝中生长。菖蒲河之名大概是因为菖蒲丛生于河道两侧而得名的吧。这个颇为雅致的名字，早在300多年前的清乾隆年间就出现了。

愿菖蒲河竣工的时候，那久违了的菖蒲也能再现河道上，供人们观赏。

《松窗随笔》中国社会出版社2003年

东苑逸事

——菖蒲河随笔之二

　　菖蒲河在明代属于皇城的东苑内河，是皇城外金水河的一段，明永乐年间建北京城时修的。外金水河的水源于中南海，从日知阁流出，进社稷坛（今中山公园），往东过天安门前金水桥，过太庙（今劳动人民文化宫）前，再东经南池子，至南河沿流入从什刹海南来的御河。这条河西段叫织女河，中段天安门现叫金水河，东段就叫菖蒲河，长约500米。菖蒲河在南池子附近有水道接筒子河。外金水河是接纳中南海和筒子河的排水河道。明代在菖蒲河附近建有宫殿群，尤其作为皇家档案馆皇史宬建成后，菖蒲河成为一条皇城内消防火灾的水源河道。

　　东苑是明初修建的皇家园林，永乐年间，皇帝几次在端午节来此观击球射柳。宣德皇帝也曾带大臣同游东苑，"上临河，命举网，得鱼数尾，命中宫具酒馔赐鱼羹。……被旨令各尽醉而归"（《日下旧闻考卷四十》）。

　　在明代历史上，这里曾经历过两次重大历史事件。那就是"土木之变"和"夺门之变"。明正统十四年（1449）蒙古族瓦剌部在首领也先率领下，向明王朝进犯，大宦官王振鼓动英宗亲自征伐。英宗率领50万大军，在怀来以北的土木堡一带，被也先打得全军覆没，英宗朱祁镇被俘，史称"土木之役"或称"土木之变"。英宗被俘后，于谦组织了北京保卫战，并拥立英宗之弟朱祁钰为皇帝，是代宗，年号景泰。不久，英宗被释放回京。这时景帝朱祁钰恐其夺去皇帝宝座，就将英宗软禁于东苑的南宫内，又称崇质宫。地点就在今菖蒲河北岸。英宗在这里一下住了7年。当然，被软禁的英宗并未闲居，而是秘密串通宦官和旧部预谋复位。终于在景泰八年（1457）趁景帝病重之际，阴谋复辟，废景帝，改年号为天顺，不久景帝亡，葬于金山，连皇陵都没有让他进。这就是历史上有名的"夺门之变"。对这次事件后人有诗道："七年天子事成空，检点衣装出禁宫。草没金山何处望，进阆肠断玉玲珑。"据史料载，英宗复辟后连景帝腰间系的玉玲珑佩饰也要追取索回。

英宗复辟后，在今菖蒲河北岸增建起三路宫殿，作为离宫。其正殿叫龙德殿，殿后有桥叫飞虹桥，都是白玉为之，上面刻成各种水族动物，雕工精美，传说是郑和从南洋带回来的。当时有诗道："中官三宝下西洋，载得仙桥白玉梁。"桥的南北有飞虹、戴鳌二牌坊。整个建筑群亭台楼阁富丽堂皇。在菖蒲河上还建有跨河的澄辉阁（明神宗时改为涌福阁），明人有诗赞美说"层台凌碧落，磐石蹑丹梯。卷幔西山人，凭栏北斗齐"。据《明英宗实录》称："每春暖花开，（英宗）命中贵陪内阁儒臣赏宴。"其后的嘉靖、万历都曾到此"游幸"。入清以后，这里建有多尔衮的睿亲王府，清初诗人吴伟业形容这里曾是"七载金腾归掌握，百僚车马会南城"。多尔衮死后以罪夺爵位，府也废了。

——《松窗随笔》中国社会出版社2003年

《燕水古今谈》自序

我喜爱历史，更喜爱北京的历史，至于对水利史发生兴趣，那是我从事水利工作以后的事了。

1971年冬，我从农村下放劳动回京，不久就分配到疏挖温榆河的指挥部工作，从此，和水利结了缘。我跑遍了北京的山山水水，向水利界的领导和专家们学习，耳濡目染，居然兴趣越来越大，越干越爱干了。在工作中，我总结过成功的经验，也听到和见到过一些失误的教训。一位公社水利员向我诉苦，说"咱公社搞水利没准头，张书记上任南北挖，李书记上任东西挖。挖了填，收益小，浪费大。"这些批评是中肯的，但原因何在呢？是领导存心瞎指挥吗？经过我多方面的考察和体验，我发现主要是对本地区的自然地理环境和气候条件，缺乏全面历史地考察和研究，因而采取了不符合客观实际的工程技术措施。当一位领导在任期间，遇到以干旱为主的年份，就搞以蓄水为主的工程；换了一位领导又遇到雨水不多的年份，就反过来大挖以排涝为主的工程。都是只知其一，不知其二；只知现实，不知历史。结果，常常事与愿违，出现失误。的确，水利是一项适应自然，改造自然的事业。而自然地理条件的形成是一个漫长的历史演变过程。不论是治理一条河流或者改造一个流域，不仅要考察现实情况，还要了解它的历史，考察它的演变过程，才能真正掌握规律，因势利导，变害为利。基于这种认识，我结合主持《北京水利志》的编修工作，开始了对水利历史的学习和研究。真没有想到，当我涉足之后，就发现在我们这样一个悠久治水历史的国家中，许多先人留了很高明的治水思想，积累了丰富的治水经验和治水措施。我漫步其中，就像进了一座瑰丽多采的大花园。我越发觉得，开采这座丰富的宝藏，对指导现实水利建设实在太重要了。

当然，繁重的实际工作任务，使我没有那么多精力系统地进行学习和研究。不过，结合实际需要，也满有兴味。比如，流经北京的永定河，历史上有"小黄河"之称，是一条多泥沙的害水，曾多次侵扰北京。为了防治永定河水患，我翻阅了大量史料和现代治水资料，对该河的历史及洪水的治导思想做了系统的整理和研究，与有丰富治水经验的戴洪钟工程师和张世俊工程师合作，写出了《论永定河历史上的水患及其防治》，并在北京史研究会1983年年会上做了专题发言，受到与会专家学者的关注。当然，对提高人们对防洪的认识，加强北京市的防洪工作更有直接的帮助。其后，我陆续研究了该河的泥沙来源、历史上的通航考证，尤其对它的上下游进行实地考察之后，对永定河的认识也更加深刻了。又如，前几年为了贯彻执行中央书记处对首都工作的四项指示，水利工作不仅要为工农业生产服务，还要为首都城市生活和美化环境服务。我阅读了金、元、明、清各代有关北京城市水利的史料，研究了现代治水家的著作和文章，从不同侧面写了一批有关城市水利的文章，借以宣传水利对城市建设的重要作用，使人们了解北京水资源的开发管理对经济发展的制约关系，开扩广大水利职工的工作视野。由于北京水资源日益缺乏，为了进一步改变北京市农业种植结构，我对历代北京地区的水稻生产情况进行了积累和研究，找出了与水源丰枯的制约规律，并结合解放后不同时期的水稻生产情况提出了一些建设性意见。写出《从历史上看北京地区水稻生产与水源的制约关系》。我还以十分崇敬的心情，讴歌了建国以来北京市水利建设的巨大成就。

这里，还有一点需要说明的，为了对水利史进行知识性的传播，为了使这些知识更容易被人们首先是广大水利职工所接受，引起他们阅读的兴趣，我尽量把文章写得通俗易懂，饶有趣味，具有可读性。我认为，写文章是给人看的，应该让人们愿意、喜欢看它，才能收到好的效果。水利史是一种专业史，不仅有古代历史、地理方面的内容，也有一些古代科学技术的术语，它需要用现代语言来表述。这也是我要努力达到的目标。几年来，我在报刊杂志上写的几十篇文章，诸如《北京的泉》、《北京水井史闻录》、《永定河上游考察散记》、《拒马河源头小记》、《游九龙池》、《沟河水运》等等，还有介绍历史上治水人物的文章，叫它们散文也行，科普文章也行。当然，文章格调的趣味性和可读性，不能损害史料上的严肃性，这也是写科普文章的一大规矩。

光阴荏苒，日月如梭。在水利工作岗位上，屈指十五个春秋过去了，现在早又换了新的工作。回首年华，匆忙间竟然抹出一叠叠文字小品散诸报端。细读起来，实属食之无味，经友人鼓励，又觉弃之可惜，就算作这些年从事水利工作一点小小的纪念吧。不揣浅陋，进行了编选整理，结集成册，辗转数年，赧然出版。好在有关北京水利史方面的书不多，就作为引玉之砖，敬献给读者吧。

1988年3月

《燕水竹枝词》自序

在各种诗体中，我很喜爱竹枝词。

早在青年时代，我就喜欢读刘禹锡、白居易的竹枝词。后来又读过一些古代诗人的佳作，特别是关于描写北京的竹枝词，更使我大开眼界。诗人们不仅用这种诗体写男女之间的恋情，而且大量地记述了有关北京的市井民俗、名胜古迹、风土人情、山川水利以及政治事变、时俗流弊等等。可以说对于北京的历史、政治、经济、文化和生活习俗的演变有多方面的记载。读着它们，就像是观赏一幅幅的风情画，给人以知识、趣味、遐思和美感。我总觉得，竹枝词虽属于旧体诗范畴，但它口语化，少雕饰，用以叙事、状物、写景、抒情，感情真挚，笔调清新，文字朴实；读起来音韵抑扬，娓娓动听；同时又没有那么严格的格律要求，容易学习和掌握。于是，在我从事水利工作的年代里，也常常学写点这类诗体，用以赞美那些具有良好效益的水利工程，欣赏那些瑰丽多姿的景观，缅怀古代治水家的业绩，称颂现代治水家的丰功。

其实，我最初写诗，只是作为一种业余爱好和消遣，没有什么目的性。时间久了，逐渐认识到它是一种宣传水利建设的重要方式。在从事水利工作的实践中，我深深体会到，水利作为与人民息息相关的事业，非常需要人们更多的了解和支持，应该采取多种形式宣传社会，使人们了解水，爱水，珍惜水，从而发挥水的多方面的经济效益和社会效益。

当然还不止这些。水利，也是一种文化。治水事业作为人们适应自然改造自然的伟大斗争，不仅是物质文明的体现，也是精神文明的体现，具有丰厚的文化积淀。就拿举世熟知的大禹治水的故事来说，它不仅向人们提供了治水方面的经验和教训，而且传扬了大禹为治理洪水，"三过家门而不入"的艰苦创业精神。这个古老的故事世代相传，成为中华民族极其宝贵的精神财富，成为累代人们的精神楷模。在这方面，作为水利工作者，不是很值得大力进行宣传和发挥的么！至于解放后，全国兴起的水利建设，规模极其宏大，仅北京地区，几十年来水利建设工程量的总和，就相当于一座雄伟的万里长城。它代表了被解放的中国人民伟大的创造力和气魄，凝结着千百万人们的非凡智慧和技能，蕴藏着极其丰富的精神财富。这难道不是更应该继承和发扬光大的吗？！水利是农业的命脉，也是整个国民经济发展的基础，在我国四化建设的今天，就更加宝贵。

正是基于上面的认识，对于诗，尽管我的功底菲薄，诗味不多，却满有兴趣，从单纯的消遣，逐渐变成一种自觉运用的宣传工具。凡兴之所至，就诌上几句，日积月累，竟然写出近二百首来，有一部分曾在报刊上发表，得到不少同行的鼓励。近来得暇，将诗稿做了一些加工整理。并做了点必要的注释，选出一百余首，集成小册，取名《燕水竹枝词》。认真讲来，有些诗其实不完全是竹枝词，由于韵律不严格，不少诗属于顺口溜之类，登不上绝句的堂奥，我便把它们统列入竹枝的名下了。

> 湖光沧浪情无限，
> 撷取竹枝寄水华。

区区小作，寥无佳什，只算作我从事水利事业的一点纪念罢了。

1989年5月初稿，1991年4月改于安贞里

《燕水竹枝词》后记

　　说起来话长，几年前，我利用业余时间将前些年写的有关水利方面的小诗做了整理，定名为《燕水竹枝词》。当时我选用的诗作有两个限制，一是限于北京地区的水和水利工程，二是在诗体上均为七言四句的竹枝体。对于其他内容和体裁的，未予选用。这次借出版机会，索性又花了点时间把我在水利战线工作期间的其他诗作整理选编，作为这本诗集的又一部分内容，名为"燕水外集"。这样，无论从诗稿的内容，或者体例上看，都丰满了些，大体上可以代表我那个时期的诗词的一般风貌。

　　写旧体诗词（或者叫传统诗词），常常碰到韵律方面的问题。我在写作过程中也和诗友们讨论过这类事。

　　写旧体诗词是我的业余爱好，没有受过名师指教。我最早接触诗，是在乡下读小学的时候，老师讲过千家诗，我很喜欢，常常当顺口溜来背诵。大概是受诗的感染吧，读诗就想写诗。记得在1944年深秋，那时正是日本统治时期，我和几位同学登山远眺，见景生情，也学着诌了一首小诗。这是我第一次写诗，至今还清晰记得：

　　　　十月登高秋已迟，寒蛩哀唱动地悲；
　　　　古刹西风凄且紧，霜林如火欲燃时。

　　当时家乡在日本铁蹄下，民不聊生，又遇到连续旱灾，农村一片凄惨景象，广大农民挣扎在死亡线上，到了怒火欲燃的地步。

那时，我不懂平仄韵律，只知念着顺口而已。一直到很久以后，我才开始注意韵律的事。经过诗友的指点，结合写作我看过一点韵谱之类的书。无疑，这对我的诗词写作是大有裨益的。

我体会，韵律是旧体诗词美学的重要组成部分，可以说，没有韵律的诗词，就不成其为旧体诗词，韵律，不仅增加诗的可读性，而且对增添诗的美感，增加诗的感染力，都有重要作用。一首好的诗词，可以"三日绕梁"使人终生难忘。这种效果，正是诗词的内容和美的韵律谐和融会的结果。然而，我又主张不能拘泥于韵律，尤其不能拘泥旧韵谱中规定的韵律。这是因为，写诗，无论是新体或旧体，都要反映现实生活，并给现实生活以影响，从而产生社会效果。一句话，就是为人民服务，为社会主义服务。那么，怎样才能服务得好，产生良好的社会效果呢？这就必然涉及到诗的语言运用问题。诗是写给现实生活中的人们看的，应当尽量运用现代语言，至少是易懂的语言；对于它的平仄韵律，则应当以现代普通话语音为依据。旧的韵谱是依据古代语言编定的，而现代语言语音，已经发生了很大的变化，没有必要再拘泥于旧韵谱的韵律规范。所以，我认为把普通话的语音作为平仄韵律的基本依据，应该更有现实意义。如果韵律学家们，依据现代语音写出一部新的韵书来，那该有多好！

再者说，旧体诗词是个总概念，是相对新诗而言的。

它包括多种体裁，如古风、乐府、排律、律诗、绝句等等。它们有用韵宽的，有用韵严的，不尽一致。不能认为，凡写成四句五、七言的诗，都必须按绝句的格律来要求；凡写成八句的五、七言都必须按律诗的格律来要求。例如，举世熟知的王维诗作《送元二使安西》，"渭城朝雨浥轻尘，客舍青青柳色新；劝君更尽一杯酒，西出阳关无故人。"这首诗堪称千古绝唱。可是，它并不符合绝句的格律要求，以至后来诗家们不称这首诗为绝句，而名为《渭城曲》或《阳关》，又有何不可呢！诗的内容和形式，就像瓶子和酒的关系；新瓶装新酒，无可非议；但旧瓶也可以装新酒，把旧瓶的装潢适当改进一下也是允许的。重要的是酒好。

以上是我对旧体诗韵律方面的一些粗浅看法，敬请诗家们指正。

本书所收诗中有一部分曾在报刊上发表过。有的是用"田舜"的笔名发表的，特予说明，以免误会；另有30首以《北京水利竹枝词》为题选入我的文集《燕水古今谈》里，这次做了少许修改。

我以崇敬的心情感谢原水利电力部老领导李伯宁同志，感谢水利电力出版社的同志，他们为本书的出版，给予了大力支持。还应该感谢篆刻家陈宝全同志，他的精美篆刻，为本书增了色。

诗为心声。仅以一颗挚诚的心献给我的朋友和同志们。

1993年元月修改于安贞里

咏水诗话

苏轼在一生的宦海浮沉中，曾亲自领导或参与修治的有三处西湖，即杭州西湖、颍州西湖和惠州西湖。南宋诗人杨万里有诗云：「三处西湖一色秋，钱塘颍水与罗浮」。

"蒹葭伊人"：神人之辨

蒹　葭

佚　名

蒹葭苍苍，白露为霜，所谓伊人，在水一方。溯洄从之，道阻且长，溯游从之，宛在水中央。

蒹葭萋萋，白露未晞，所谓伊人，在水之湄。溯洄从之，道阻且跻，溯游从之，宛在水中坻。

蒹葭采采，白露未已，所谓伊人，在水之涘。溯洄从之，道阻且右，溯游从之，宛在水中沚。

——《诗经》

这篇著名的古诗，历代注家都有不同的解释。最早的《毛传》称，这是一首讽刺秦襄公未能以周礼巩固国家的诗。在《诗经》秦风中有诗十篇，其中有四篇涉及秦襄公时期，有两篇是赞美襄公的，有一篇是劝诫襄公的，而《蒹葭》则是讽刺襄公的。

不过，宋儒朱熹，对这种解释有所保留。他基本上按《蒹葭》诗的表述做了注释。注云："蒹葭未败而露始霜。秋水时至，百川灌河之时也。伊人，犹言彼人也。宛然，坐见（现）貌。溯洄，逆流而上也。溯游，顺流而下也。在水之中央，言近而不可至也。""言秋水方盛之时，所谓彼人者，乃在水之一方，上下求之而不可得。"他还特别提出"然不知其何所指也"。他既未同意《毛诗》的说法，但又不能完全肯定是指什么。对"所谓伊人"难以确指。所以后人就将"蒹葭之思"、"蒹葭伊人"作为朋友之间书信怀人的套语。

近世以来，不少注家认为该诗就是一首情意缠绵的爱情诗。望穿秋水，怀思自己的"心上人"。如民国时期有《秋水伊人》的电影歌曲曾广被传唱；台湾著名女作家琼瑶，缘诗意写出言情小说《在水一方》。在一些古诗鉴赏辞典中都以爱情诗的诗意译成白话，将"伊人"译为"意中人儿"等等。

然而，近来读《水与水神》（王孝廉著）一书却另有他说。该书认为《蒹葭》是一篇祭祀水神的祭歌。祭祀的季节是蒹葭苍苍的秋季。伊人，当是伊水的女神。《禹贡》云"大禹凿龙门，辟伊阙"。当时伊水为害最烈，故禹治四水（伊、洛、汾、渭）以伊为先。最先治理的伊水被视为神圣而加以祭祀。《左传·僖公二十二年》有记："辛有适伊川，见披发祭於野者。"正是在蒹葭苍苍之野祭祀伊水之神的。

该书还引一本古书《拾遗记》，说古代伊水和洛水并称伊洛。伊洛水神是女性，一名叫旋娟，一名叫提谟，长得"玉质凝肤，体轻气馥，绰约窈窕，绝古无伦"。她们是元天之女，或游于江汉，或游于伊洛之滨，乍近乍远，遍行天下。后来曹植作《洛神赋》更将洛水女神具体化了。形容她"翩若惊鸿，婉如游龙；远而望之，皎若太阳升朝霞，迫而察之，灼若芙蓉出绿波。秾纤得衷，修短合度，肩若削成，腰如约素"。真是一篇绝妙的美文。从上述描画，可以看出，这位洛水女神是游动不定的，与《诗经》中《周南·广汉》篇"汉有游女"（即汉水女神，从不停留在一个地方）其说一致。而伊水女神也是如此。她有时在水之湄，有时在水之涘，在水一方，游动不止。人们必须要"溯回从之"，"溯游从之"去追求她，企求降福人间。

这种解释，笔者在清人编著的《诗经喈凤》中也找到类似说法。据云"此诗反复咏叹，想象其人之所在，而因形容得见之难也。在水一方，真是云烟缥缈，别一洞天，即此便是不可求之，曰阻、曰宛，总是不可求之景象。此诗所指不知何人，观其所叙景物皆潇洒脱尘，则其人必高出乎尘嚣，而非流俗所同者"。此话让人一听便明了只是未道出个"神"字而已。

由此，笔者联想到在我国丰富的水文化蕴含中，有大量关于水的传说故事与神话。但长时期以来却常被视为迷信糟粕而遭弃毁或有意无意作了曲解，这多么需要还回它们的本来面目啊！

渔阳民为太守歌

渔阳民为张堪歌

【汉】　佚名

桑无附枝，麦穗两歧。
张君为政，乐不可支。

——《后汉书》

简注：

附枝：意为弱枝。此句大意为繁茂茁壮的桑树林。

麦穗两歧：据《水经注》作"麦秀两歧"，由于"秀"是光武帝的名字，忌讳不用，以穗字代。

乐不可支：高兴得不能自持。

这首歌谣出自《后汉书·张堪传》。记载东汉建武十五年（公元39年）渔阳太守张堪，在狐奴（今顺义）北小营一带，利用河水和泉水，"教民种植"，开治稻田八千余顷，"百姓得以殷富"。由于水田不利骑射，阻止了匈奴的侵扰，"视事八年，匈奴不敢侵塞"。于是，得到百姓的爱戴，遂作歌传颂之。《后汉书》里也将这首歌谣收录下来。

好事传千载，北魏郦道元在《水经注·沽水》转载了这段纪事，收录了这首歌谣。到了清代杜文澜辑《古谣谚》，将这首歌谣添上题目，为《渔阳民为张堪歌》。的确，这首歌谣带有浓郁的北方民歌特色，朴实无华，感情真挚。百姓对于"拯民于水火，救民于涂炭"的地方官吏的德政，总是发自内心地爱戴和赞颂的，称他们为"富民侯"。

　　早年在顺义狐奴山的白云观，有首题壁诗写道："狐奴城下稻云稠，灌溉应将水利收；旧日渔阳劝耕地，即今谁拜富民侯！"这大概是有鉴于这首歌谣而引发的慨叹吧！

白居易治理杭州西湖和《春题湖上》

春题湖上

【唐】 白居易

湖上春来似画图，乱峰围绕水平铺。

松排山面千重翠，月点波心一颗珠。

碧毯线头抽早稻，青罗裙带展新蒲。

未能抛得杭州去，一半勾留是此湖。

——选自《全唐诗》

这是唐代诗人白居易任杭州刺史时写的一首西湖春景诗。诗人以清丽的笔调绘出一幅秀美的西湖春景图。文字通俗易懂，语言明快流畅。诗中的"月点波心一颗珠"成为千载流传的佳句。值得玩味的后两句"未能抛得杭州去，一半勾留是此湖"写出了即将离任的白居易，对杭州西湖依依惜别的感情。

当然，这不仅仅是由于依恋西湖的美景，更包括白居易在任职期间为杭州的黎民百姓倾注的千万辛劳，尤其对西湖水利的开发整治深得百姓拥戴。对此，他怎能不依依眷恋呢？

本来杭州西湖在古代是个与海相通的海湾，年深日久，逐步与海隔开，形成内湖。隋代这里成为南北大运河的终点。唐代宗时，李泌任杭州太守，看到这一地区地下水咸苦，不宜饮用，遂"作六井"，引西湖水入城解决城市人民饮水问题。几十年后，唐穆宗时期白居易于长庆二年（822年）被派到这里当刺史，他对西湖做了一次重大的整治，包括建筑东堤、修造石涵（水闸）、铺设输水管道（竹制的笕），还建了溢洪道，以宣泄多余的洪水。这样一来，西湖由一个天然湖泊进而成了蓄泄兼备的水利工程。西湖水利一举三得：一是扩大了农田灌溉面积，达一千多顷；二是保障了城区人民饮水；三是保障了南北大运河漕运供水。

为了运用好西湖水利工程，白居易专门写了一篇《钱塘湖石记》刻于石上，文中详细说明用水调度原则，什么是可做的，什么是不可做的，如何发挥各项功能效益，还针对一些不同认识和反对意见作出说明解释。比如，对于灌田"凡放水溉田，（湖水）每减一寸，可溉十五余顷；每一复时，可溉五十余顷"。每次灌溉都要设置专人"据顷田，定日时，量尺寸，节限而放之"。遇有旱年，百姓请水，要从简审批，不要层层照转，延误时日，要做到"当日放水"等等。这篇文章不足千字，却文字易懂、条理清晰，应该说是一篇水利专述，至今读来仍令人称道。

西湖水利工程竣工后不久，白居易也离任了。临别他写了一首《别州民》的诗，笔者愿意完整地抄录下来，供广大读者，尤其是水利同行们欣赏。

耆老遮归路，壶浆满别筵。
甘棠无一树，哪得泪潸然？
税重多贫户，农饥足旱田。
唯留一湖水，与汝救凶年。

诗中展现出的杭州百姓与他们即将离任的"父母官"白居易的送别场景，是多么激动人心啊！

治水名臣范仲淹与《咏晋祠水》

咏晋祠水

【宋】 范仲淹

神哉叔虞庙，地胜出嘉泉。

一源甚澄澈，数步忽潺湲。

此意谁可穷，观音增恭虔。

锦鳞无敢钓，长生同水仙。

千家灌禾稻，满目江乡田。

我来动所思，致主愧前贤。

大道果能行，时雨宜不愆。

皆如晋祠水，生民无旱年。

——《范文正公全集》

晋祠，即叔虞祠，位于山西太原市西南25公里的悬瓮山下，始建于北魏，为纪念周武王次子叔虞而建。祠内有二泉，为晋水发源地，主泉难老泉，泉水丰沛，流量可达每秒1.8立方米。晋祠水自古有灌溉之利，经过历代开发建设，最大稻田灌溉面积达四万余亩。晋祠内古迹名木众多，为山西著名历史文化名胜。

上首咏晋祠水的诗是北宋名臣范仲淹所写。范当时任参知政事，由于边事，于庆历四年（1044年）七月宣抚河东、陕西等地时在太原写的。

此前，于庆历三年，范仲淹向宋仁宗提出《十事疏》的新政改革方案。其中第六事即"厚农桑"，他指出"养民之政，必先务农"，"今国家不重农桑""劝课之方，有名无实"。应大力倡导兴修水利，提高农业生产。这次当他看到晋祠水有这样好的灌溉效益，高兴地写道："神哉叔虞庙，地胜出嘉泉。""千家灌禾稻，满目江乡田。"他在盛赞晋祠水的美泉丰田的同时，也给他实施新政带来了信心和期望。他写道："大道果能行，时雨宜不愆。皆如晋祠水，生民无旱年。"诗人想到这些改革措施如能实现，像晋祠水那样造福人民，那该有多好呵！这充分体现出作者"先天下之忧而忧，后天下之乐而乐"的高尚情怀。

范仲淹在历史上也是一位治水名臣。早在天圣三年（1025年）范任兴化知县时，为治理这一带受海水侵害之患，他与同僚共同努力，先后历时两年多修成了捍海大堤，海堰跨通、泰、楚三州，长达150余里，对防止海潮倒灌，克服内涝发挥了极大作用。还使被迫流亡他乡的2600余户农民返乡安居。范为总结这项工程修建经验，还撰写了《堰记》。当地人民称誉这道海堰大堤为"范公堤"。

九年后这年秋天，范仲淹调任姑苏郡守。当时苏州大水沥涝严重，他到任后立即投入抗灾救灾工作、组织百姓疏浚五湖，导太湖水注之大海。他亲临常熟、昆山等地，至冬始还郡中。回苏州后又继续安置十万余灾民，组织灾民以工贷赈，深受人民的爱戴。

东坡爱水理江流

惠州西新桥

【宋】 苏轼

昔桥本千柱，挂湖如断霓。

浮梁陷积淖，破板随奔溪。

笑看远岸没，坐觉孤城低。

聊因三农隙，稍进百步堤。

炎州无坚值，潦水轻推挤。

千年谁在者，铁柱罗浮西。

独有石盐木，白蚁不敢蹄。

似开铜驼峰，如凿铁马蹄。

岌岌类鞭石，山川非会稽。

······

百夫下一杙，椓此百尺泥。

探囊赖故使，宝钱出金闺。

父老喜云集，箪壶无空携。

三日饮不散，杀尽西村鸡。

似闻百岁前，海近湖有犀。

哪知陵谷变，枯渎生茭藜。

后来勿忘今，冬涉水过脐。

——《苏东坡全集》

北宋元祐八年（1093）哲宗亲政，重新起用新党。绍圣元年（1094）对苏轼以讥斥先朝的罪名，一贬再贬，这年六月由英州（广东英德）而广东惠州责授建昌军司马，惠州安置，不得签书公事。八月再贬宁远军节度使，仍惠州安置。所谓"安置"，是宋时大臣被谪后，放到边远地区居住的处罚称谓。

苏轼远谪惠州，据《宋史·本传》称："居三年，淡泊无所蒂芥，人无贤愚，皆得其欢心。"他在惠州时，已不同于在杭州和颍州。那时他是一州之长，他关心人民疾苦，为百姓解除生产生活中的诸多不便。他运用自己职权为本州人民办了许多好事。这次到惠州是贬谪，就是在这里以戴罪之身当个"百姓"而已，没有任何权柄而且迁居无常。但既使如此，他仍心系百姓疾苦。当他看到惠州因处于几条溪流汇流处，虽有桥，但多废坏，均以小舟往来，交通非常不便。正如诗中所言："昔桥本千柱，挂湖如断霓。浮梁陷积淖，破板随奔溪。"他积极帮助罗浮山道士和僧人修建东新桥和西新桥。在修西新桥时为"倡其役"，苏轼捐出收藏的"犀带"，其弟苏辙之妻史氏也捐出"黄金数千助施"。（苏轼《西新桥诗》自注）即诗中所称："探囊赖故使，宝钱出金闺。"两座桥于绍圣三年六月建成后苏轼写了两首古风体诗记其事。上诗《西新桥》是其中一首。他在小序中说："西丰湖上有长桥，屡作屡坏。栖禅院僧希固筑进两岸，为飞阁九间，尽用石盐木，坚若铁石，榜曰西新桥。"诗中写了建桥的艰难与父老乡亲对建桥的渴望和欢迎。桥成后名西新桥，也称苏公桥，延长的堤坝人称"苏公堤"。从此，惠州西湖，遂成为与杭州西湖齐名的风景名胜。

说来也是历史的巧遇。苏轼在一生的宦海浮沉中，曾亲自领导或参与修治的有三处西湖，即杭州西湖、颍州西湖和惠州西湖。所以南宋诗人杨万里有诗云："三处西湖一色秋，钱塘颍水与罗浮"，罗浮即指惠州。世评西湖时，人称杭湖为"吴宫西子"，惠湖为"苎萝村之西子"。

笔者于2000年9月去惠州，曾游览这里的西湖名胜。西湖山川秀美，幽胜曲折，浮洲苍郁，亭台楼阁掩映于林木葱翠之中。我们沿苏公堤漫步，过苏公桥（即西新桥），访孤山苏迹。那里有朝云墓，为东坡侍妾朝云病死后埋葬之地，墓上有亭名六如亭，面临西湖，遥对大圣塔（泗州塔）。随之瞻仰东坡居士塑像和东坡纪念馆。对于这位大诗人一生爱水治水，在三地修建出三座秀美的西湖佳景，传之后世，遗爱人间，敬仰之情油然而生。不禁诌得小诗一首：

> 东坡爱水理江流，绣了杭州绣颍州；
> 纵贬南疆瘴海地，罗浮山下绣惠州。

苏东坡与杭州西湖

饮湖上初晴后雨

【宋】 苏轼

水光潋滟晴方好，山色空濛雨亦奇。

欲把西湖比西子，淡妆浓抹总相宜。

——选自《苏东坡全集》

南歌子 湖景

【宋】 苏轼

古岸开青葑，新渠走碧流。会看光满万家楼。记取他年扶路、入西州。

佳节连梅雨，余生寄叶舟。只将菱角与鸡头。更有月明千顷、一时留。

——选自《全宋词》

苏轼一生曾两次被派到杭州做官。第一次是宋神宗熙宁四年任杭州通判，第二次是15年后宋哲宗元祐四年任杭州知州。两任共6年，写下几十首关于西湖的诗词，上述两诗是从两任期间各选出一首。第一首是众所周知、脍炙人口的一首，也是他的代表作；第二首是他当杭州知州时领导整修西湖水利时所写。

宋元祐四年七月，苏轼上任杭州知州，同年八月视察西湖，见到远非昔日的景观，诗中写道："葑合平湖久芜漫，人经丰岁尚凋疏。"那千顷湖面有半数以上成了沼泽（葑田），运河水路行船艰难。于是，他当年十月就组织兴工浚治与运河连接的茅山河与盐桥河各十余里，使之"皆水八尺以上"。第二年四月竣工后，接着又兴工对西湖进行一次全面治理。包括浚湖、建闸、筑堤、疏浚附近河道、整修城市六井、整治"菱荡"等等。为取得朝廷的支持，苏轼写了著名的《乞开杭州西湖状》，申明了五点理由，词情恳切，强调西湖"不可废"。他断言如果不进行浚治，不久将"无西湖矣"。这次整修把改善运河的供水作为重点目标之一。他沿用前人引钱塘江潮入运的办法，把茅山河作为沉沙池，用闸控制，澄清后以清水入运，成功地解决了钱塘江多沙潮水作为城市供水水源的问题，同时使西湖景观更加秀美多姿。千百年来留下的西湖十景中为首的"苏堤春晓"，指的就是那时创建的水利工程，历史上又称苏公堤。

据史料记载，浚治西湖水利受到热烈拥护，当地群众都积极参与。据《三苏年谱》所录，西湖"兴久废无穷之利，使数千人得食其利以度凶年，盖有泣下者"，"吏民踊跃从事，农工父老，无不欢悦"。苏轼作为一州之长，在行事那天，他首先率领吏民和农工去吴山祭祷水仙和龙神后，高兴之余写出这首《南歌子·湖景》。首先写这天的开工场面，"古岸开青葑，新渠走碧流"，聚集的群众欢欣鼓舞"光满万家楼"。于是，他兴奋地展开想象的翅膀"记取他年扶路、入西州"，是说他将来一定要沿着通畅的运河到扬州一带去游赏。由于这时苏轼已经55岁了，他想将来要驾一叶扁舟而去，给杭州人民留下丰富的水道菱角、鸡头和西湖千顷月明的秀美风光。

苏东坡与颍州西湖

泛 颍

【宋】 苏轼

我性喜临水，得颍意甚奇。

到官十日来，九日河之湄。

吏民笑相语，使君老而痴。

使君实不痴，流水有令姿，

绕郡十余里，不驶亦不迟。

上流直而清，下流曲而漪。

画船俯明镜，笑问汝为谁？

忽然生鳞甲，乱我须与眉。

散为百东坡，顷刻复在兹。

此岂水薄相，与我相娱嬉。

……

赵陈两欧阳，同参天人师。

观妙各有得，共赋泛颍诗。

苏轼以北宋元祐六年从京师出知颍州，颍州有颍河，属淮河支流。这首《泛颍》诗就是他到颍州不久泛舟颍河时写的。在苏轼的诗词中有多首描写水的诗词，他对水有特殊的爱好，有不少传世的名句名作。而这一首也是他咏水诗中的佼佼者之一。他以流畅的文笔，生动的形象、活泼的语言，给人极富情趣之感。尤其是诗里的"画船俯明镜，笑问汝为谁？忽然生鳞甲，乱我须与眉。散为百东坡，顷刻复在兹。此岂水薄相，与我相娱嬉。"写得十分有趣。有评者谓 此诗"因物赋形，随物之变，无不尽其意，是乃妙笔"。在这里东坡将自然界的水的不同形态，与人的感知互动呼应，形成多种奇妙意象，在天人合一的幻景中浮现出那颗不泯的童心，把人们带进了一个奇妙的童话般的世界。

诗中有"到官十日来，九日河之湄"。他来颍州后不顾旅途劳累连续去颍河游赏，实际上也是他对治理颍州水患的勘察实践。他这次被调往颍州后，一项当务之急的任务就是治理颍河水患问题。据《东坡先生墓志铭》所言"先是开封诸县多水患，吏不究本末，决其陂泽注之惠民河。河不能胜，则陈（州）亦多水。至是又将凿邓艾沟与颍河并。且需凿黄堆注之于淮。议者多欲从之。"

在这种情况下，苏轼并未匆忙表态。而是先派人对上下游进行勘察测量。查明结果是"淮之涨水高于新沟几一丈。"苏轼认为如果盲目凿黄堆，淮水则必在"颍地为患"。为此他立即向朝廷上表"论八丈沟（即双艾沟）决不可开"，"朝廷从之"。同时，他还奏乞留黄河夫万人开本州沟洫，"诏许之"。这项水利工程包括清理疏挖环绕颍州城的水道，整修原有的闸坝，用以储水放水，使之能行船。同时，还包括整治颍州的风景名胜西湖。据

《名胜志》说颍州西湖，长十里，广二里，"翳然林木，为一邦之胜"。但治理河湖工程尚未完工，苏轼又调去了扬州。他心系淮颍，写诗给同事好友赵德麟，勉励赵努力将这项水利工程完成好。当工程完工后，赵德麟写诗向他报告，他依韵复了一首表达他的喜悦心情。"西湖虽小亦西子，萦流作态清而丰。千夫余力起三闸，焦陂下与长淮通。十年憔悴尘土窟，清澜一洗啼痕空。"

原来，苏轼初到颍州时，秦少游之弟秦觌写诗献他，"十里荷花菡萏初，我公所至有西湖。欲将公事西湖了，见说闲官事已无。"是说苏公"只消游湖中，就可以了郡事。"但实际上他却闲不住，给颍州人民办了一件大好事。他奔走劳顿，费尽辛苦。正如他在《淮上早发》诗中所言"澹月倾云晓角哀，小风吹水碧鳞开。此生定向江湖老，默数淮中十往来"，道出了自己的良苦用心。

苏辙出使辽朝与《渡桑干》

渡桑干

【宋】　苏辙

相携走马渡桑干，旌旗一去无由还。

胡人送客不忍去，久安和好依中原。

——《栾城集》

【注解】

相携：搀扶、簇拥之意。

旌旗：指欢迎的彩旗。

作者简介：

苏辙（1039——1112），字子由，眉州眉山（今四川眉山县）人。宋仁宗嘉祐二年进士，曾作河南推官、右司谏、尚书右丞等职。苏辙与其兄苏轼、父苏洵合称"三苏"，是唐宋八大家之一。有《栾城集》。

苏辙于宋哲宗元祐四年、辽大安五年（1089）以贺生辰使的身份出使辽国。这是苏辙在渡桑干河（今永定河）时写下的辽国官员伴接迎送时的友好场面。再现了宋辽百年友好的一个历史侧面。

苏辙使辽时，已是两国订立"澶渊之盟"之后的85

年，友好相处，没有发生过大的战争。所以，辽国在接待这位北宋的特使、著名文学家时，给予很高的礼遇，使苏辙很受感动，写下"久安和好依中原"的诗句。"中原"当指北宋。苏辙的另一首诗中："北渡桑干冰欲结，心畏穹庐三尺雪。南渡桑干风始和，冰开易水应生波。"更可说明他乍来辽国时的心态与回北宋时的心态是完全不一样了。苏辙回宋京以后，上过五道《北使还论北边事札子》，并作《使辽》诗28首。诗文表述辽朝及南京地区经济、文化与政治情况甚详。称该区赋税颇轻，辽贵族虽凌厉汉人，而两族居民和睦相处。谓燕京一带公私皆用宋币，且重视汉文化。苏轼的《眉山集》在北宋刊印不久，辽朝的南京即翻印流布。在苏辙的诗中有"谁家将集过幽都，每被行人问大苏"之句。

范成大小驻卢沟渡口

卢 沟

【宋】 范成大

草草舆梁枕水坻，匆匆小驻濯涟漪。

河边服匿多生口，长记辎车放雁时。

——《石湖诗》

【注解】

　　舆梁：可通车舆的简易桥。服匿，盛酒酪之器。生口，指金人俘虏的南宋士兵。河边句，意为卢沟河岸边有北方民族风格的酒馆饭铺，在这里服劳的有不少是俘虏的南宋士兵。

　　辎车：轻车。作者注："卢沟去燕山三十五里。虏以活雁饷客，积数十只，至此放之河中，虏法五百里内禁采捕，故也。"饷客，赐给客人。

作者简介：

　　范成大（1126——1193），字至能，号石湖居士，吴郡（今江苏苏州市）人。宋绍兴二十四年进士，历任徽州司户参军、秘书省正字等，官至参知政事。曾自请出使金国，险些被杀，全节而归。与陆游、杨万里、尤袤齐名，为南宋四大诗人之一。有《石湖居士诗集》、《石湖词》、《揽辔录》等。

　　这是一首写金世宗大定年间卢沟桥景物的诗。南宋诗人范成大，于宋乾道六年、金大定十年（1170年），以资政殿大学士名义使金"索求归北宋陵寝"事。这时卢沟河的今卢沟桥处还是一个渡口，建的桥是座"草草舆梁"。据宋许亢宗《许逢使行程录》中说："卢沟河水极湍激、每俟水浅，置小桥以渡，岁以为常。"在这个渡口建立石桥，是金世宗大定二十九年提出，完成于金章宗明昌三年（1192年），时名广利桥。此桥为一座联拱石桥，凡十一孔，总长为266.5米。由于建筑雄伟壮观，石栏上众多狮刻，共有485个，体态各异，精美绝伦，成为建筑艺术瑰宝，世界名桥。"卢沟晓月"是北京八景之一。

陆游的镜湖诗缘

镜湖（二首）

【宋】 陆游

渔 歌

镜湖俯仰两青天，万顷玻璃一叶船。

拈棹舞，拥蓑眠，不作天仙作水仙。

小雨泛镜湖

吾州清绝冠三吴，天写云山万幅图。

龙化庙梁飞白雨，鹤收仙箭下青芜。

菱歌袅袅遥相答，烟树昏昏淡欲无。

端办一船多贮酒，敢辞送老向南湖。

【注解】

镜湖一名南湖。

镜湖，即鉴湖，位于浙江省绍兴上虞地区。它是我国最古老的大型水利工程之一。建于汉顺帝永和五年（140年），会稽太守马臻为解决山（阴）会（稽）平原咸潮和水旱灾害，发动郡民在原有堤、塘、湖泊基础上扩建而成。明代徐渭《水利考》称："自汉马臻筑镜湖以受诸山之水，沿堤置斗门、堰、闸，以时启闭。水少则泄湖之水以灌田，水多则闭湖，泄田之水以入海，九万膏腴咸沐其利。"他的规模效益，计堤坝总长为56.5公里，集雨面积为610平方公里，水面面积172.7平方公里，可灌田九千余顷。（见邱志荣《鉴水流长》）

北宋以来，镜湖地区随着人口增长，垦湖造田日益扩大，兼之山林植被破坏日甚，湖区淤积严重，遂使镜湖日益缩小，水利湮废。现在的鉴湖，是古鉴湖中的残余部分，东西长22.5公里，最宽处有300多米，最窄处仅10多米，残余水面为2.5平方公里。

镜湖以它秀美的水光山色著称于世，是我国历史上有名的风景名胜。历代许多文人墨客都曾留下优美的诗篇。像南北朝时期的谢灵运，唐代的李白、杜甫、孟郊、贺知章、白居易等，宋代的王十朋、陆游等，明代的徐渭、袁宏道诸家，不一而足。

陆游，可以说是写镜湖诗词较多的一位大诗人。他是山阴人，生活在镜湖之畔几十年，尤其在他告老还乡之后写了大量的诗作。他怀着浓浓的乡情，时而畅兴而歌："放翁小筑湖西偏，虚窗曲槛无炎天。人间乃有真富贵，绕舍十万碧玉椽。"时而放浪长啸："客来莫问先生处，不钓娥江即镜湖。""壮心自笑老犹壮，狂态枉知人不容。"更有许多的诗作，饱含忧国忧民的爱国情怀。"学古心犹壮，忧时语自悲。""舣船哪待清歌劝，酒到愁边量自增。""慨然此夕江湖梦，犹绕天山古战场。""遥想遗民垂泪处，大梁城阙又秋砧。""遥知南郑城西路，月与梨花共断肠。"陆游，在镜湖"向之所欣，俯仰之间"，倾吐出大量优秀诗篇。镜湖成了他抒发晚年情怀的精神港湾。

陆游生活的时代，正是镜湖遭到豪家世族大量废湖造田，湖区急剧缩小和湮废时期。他亲历其事，诗文中多次指出这种人为破坏，严正地发出"复湖"的呼声。

本文篇头选录了陆游晚年的两首写镜湖风光的诗。一首《渔歌》是陆游读玄真子《渔歌》而引发出对镜湖未废时的湖光山色的向往和追慕。另一首《小雨泛镜湖》则反映出陆游在世时镜湖的风光。看来他仍在寻觅镜湖的余韵呢！

马祖常诗解高梁河

高梁河

【元】　马祖常

天下名山护此邦，水经曾见驻高梁。

一觞清浅出昌邑，几折萦回朝帝乡。

和义门边通辇路，广寒宫外接天潢。

小舟最爱南薰里，杨柳芙蕖纳晚凉。

——《析津志辑佚》

这首诗写的是元代的高梁河。

高梁河在哪里？据《水经注》所述，古高梁河是永定河出山后一条支流。"湿水（即今永定河）又东南经良乡县之北界，历梁山南，高梁之水出焉。"后来，由于永定河南移，高梁河西段淤塞，剩下它的东段。即《水经注》所云："水出蓟西北平地泉，东注，经燕王陵北，又东经蓟城北，又东南流。……其水又东南入于湿水也。"文中所说的"水出蓟西北平地泉"，当指今紫竹院湖所在地。水从紫竹院附近出来，东南行有两条支流，北支经北护城河、坝河一线入温榆河，稍南一支自今积水潭、什刹海、北海、中南海、龙潭湖方向入今北运河。可以说，在北京城附近的几条河流都和它有关系。

金代将蓟城幽州扩建为中都，成为金代的首都。为开辟西山泉流，将海淀台地打开，将西山和玉泉山泉流通过高粱河引入中都城。元代为解决大都城漕运的需要，在郭守敬主持下，修建白浮瓮山河（即白浮引水），导引昌平之白浮、虎眼、一亩等十一道大泉汇于瓮山泊（今昆明湖），再通过高粱河经积水潭东南行，入于潞水（今北运河）。从白浮泉至通州里二泗北运河口，全长一百六十四里，元世祖忽必烈赐名为"通惠河"。

明、清以来，昌平诸泉水道淤塞，通惠河漕运水源主要靠西山、玉泉山的泉水，从昆明湖以下，高粱桥以上称长河，高粱桥至北护城河仍沿用高粱河旧称。这一时期的高粱河成为著名的风景游览胜地。

元代诗人马祖常（蒙古族）笔下描绘的高粱河，重点写了河水入大都城后穿插回环于大都城内皇宫殿阁之间，以它的秀美多姿融合到庄严雄伟的宫殿群落里，体现出自然美与人工美的相得益彰，成功地将大都城建成驰名世界的山水城市。

诗中所写的和义门，是元大都城的西门之一，位于肃清门之南，平则门之北，今西直门附近，门北有水关是高粱河入城水口。广寒宫指金代在今北海琼华岛上修建的广寒殿。天潢，指太液池。南薰里，似指南薰桥附近，现今北河沿大街一带。

卢沟桥上动乡情

卢沟桥

【明】 邹缉

河桥残月晓苍苍，远见浑河一道黄。
树入平郊分澹霭，天空断岸隐微光。
北趋禁阙神京近，南去征车客路长。
多少行人此来往，马蹄踏尽五更霜。

——《帝京景物略》

【注解】

禁阙：指皇帝宫殿。

作者简介：

邹缉，字仲熙，安福（今属江西省）人。明洪武间进士。永乐初入为翰林检讨，历官左春访左庶子。有《素庵集》。

卢沟桥建成后，这里成了京师的门户。往来的士官客旅都从这里经过。卢沟桥畔，旅舍鳞次，驿通四海。到了元代疆域广大更是一片繁荣景象。元人杨庸斋的诗云："卢水东边好市廛，风光满眼尽平川。"

值得一提的是，卢沟桥由于建筑雄伟壮观，石栏上的众多石刻，精美绝伦，体态各异，使它成为一座世界名桥，建筑艺术的瑰宝。而当天色微明，斜月西挂，从这里起程的旅人游子，依栏望去，远山近水，晓月流辉，石桥狮影，随波舞动，此情此景，每每牵动乡心，思绪切切。于是，由金代留下的"卢沟晓月"就成为著名的燕京八景之一，成为历代文人客旅笔下的寄情之特景。

"高亮赶水"与高梁桥

高梁桥

【明】　袁中道

觅寺休辞远，逢僧不厌多。

一泓春水疾，十里柳风和。

香雾迷车骑，花枝耀绮罗。

半年尘土胃，涤浣赖清波。

——《珂雪斋集》

作者简介：

　　袁中道（1570——1623），字小修，号泛凫，湖北公安人。明万历进士。官至南京礼部郎中。公安派文学倡导者之一。有《珂雪斋集》。

　　提起高梁桥，老北京人都知道有个高亮赶水的故事。故事说刘伯温修建北京城的时候，有龙公作怪要把北京的水收回去。全家扮成卖菜的小贩混进城里。龙公令龙子把城里的甜水收回去，令龙女把苦水收回去。都装在两个篓子里，由龙公推着出了西直门。

　　刘伯温听到这个消息非常着急。说城已修建差不多了，城中无水怎能行？大家正在万分着急的时候，从人群中站出一位青年工匠叫高亮，他说，他能把水追回来！刘伯温伸出大拇指说是好样的。并告诉他龙推的两个水篓左边的是甜水，右边的是苦水。要先刺破甜水篓子，就赶紧往回跑，千万不要回头。于是高亮拿着红缨枪，径直向西直门跑去，跑到玉泉山下，他果然见到一个老头儿推着车子在前面走。他认准那就是龙公，于是紧跑一阵，用枪奋力一击，可惜急中出错，箭头扎在了右边的苦水篓上，只见苦水哗哗地向高亮冲过来。高亮撒腿往回跑，跑了几里路有些累了，刚一回头，大水就把高亮吞没了。而甜水篓子却被龙公推着扎进了玉泉山。后来，人们在高亮出事的地方修了一座桥叫高亮桥，这条河就叫高亮河。日久天长，人们叫白了，就叫高梁桥和高梁河了。

　　这个故事，虽是传说故事，但是把高梁河与明初修建北京城联系起来，却是有历史渊源的。同时也说明为解决北京缺水问题曾付出过重大代价。高亮不就是一位为找水而牺牲的英雄吗？

吴仲治理通惠河的功绩

邀游通惠河

【明】 徐阶

一

颇忆三江远，乘流意若何？
水深秋气入，竹密雨声多。
熟果当尊落，惊禽拂棹过。
柳荫催系缆，欹枕听渔歌。

二

落日舟仍泛，微风坐不辞。
树回云影没，花度夕阳移。
野兴幽人得，清游醉梦疑。
只应骢马客，为卜后来期。

——《世经堂集》

　　元代修建的通惠河，到了明代，由于城内的河道有了变化，船只不能直达积水潭。漕运船只从通州沿着通惠河只能到达东便门的大通桥。水源也由于昌平白浮瓮山河淤塞，主要依靠玉泉和西山诸泉，水量大减。所以明代早期通惠河道漕运时断时续。成化年间，平江伯陈锐曾疏通过，有短时间好转。但到嘉靖年间又难以顺畅通行。

　　嘉靖六年（1527）监察御史吴仲巡视通仓后对整修通惠河提出建议。经皇帝批准后，于嘉靖七年二月动工，三个月后竣工。当年就运粮200万石，省脚价银20万两，得到朝野官商的赞扬，"上下快之"。出现了"仙槎合傍银河挽，粟米如山绕凤台"的景况。

吴仲是何许人呢？吴字亚南，江苏武进人，明正德年进士。嘉靖初为巡仓御史。嘉靖七年主持整修通惠河时，为节约水量保障漕运，对原有的闸坝进行改造，只保留"五闸二坝"；同时，漕粮运输实行剥船，船只不再过闸，由人夫从闸下搬运粮食到闸上游停泊的船上，以适应在水少的情况下仍可保持通航。使用这种办法一直到明代末年，每年可运粮250万左右。吴仲这次整修成功，成为明代通惠河漕运一个重要转折。吴仲在通惠河整修完成后，编成《通惠河志》一书，成为记述通惠河唯一的一部专志。为纪念他的治河功绩，在通州为他建立了生祠。明末出版的《帝京景物略》录有明人陈经一首《通惠河泛舟》诗，称赞整修后的通惠河"东南千万艘，飞轮遵旧路。远积万世赖，仪同四方聚。……畴能树奇勋，江东吴侍御"，高度称赞吴仲的治河之功。

篇头所选徐阶的《邀游通惠河》两首诗，原标题为《夏日吴侍御邀游通惠河》。这是在吴仲整修通惠河竣工之后，特邀请嘉靖时期当朝的重臣徐阶前往游赏，进行视察。徐阶，上海松江人，嘉靖二年进士，授编修，累官至礼部尚书，后来到嘉靖三十七年入内阁，是嘉靖朝一位大人物。徐阶邀游后非常满意，高兴地写了两首五律，赞美通惠河的优美风光。诗中说："野兴幽人得，清游醉梦疑。"真像是在梦境中一样。最后两句是说，作为吴侍御请来的客人，游赏尚未尽兴，还想抽时间相约再来。"只应骢马客，为卜后来期"。

昆明湖与京西稻

昆明湖（颐和园）

西　湖

【明】　王　直

玉泉东汇浸平沙，八月芙蓉尚有花。

曲岛下通鲛女室，晴波深映梵王家。

常时凫雁闻清呗，旧日鱼龙识翠华。

堤下连云粳稻熟，江南风物未宜夸。

——《宸垣识略》

【注解】

　　西湖：西山余脉瓮山山阳有湖，元称瓮山泊，明呼西湖景，清乾隆年间整治瓮山泊，工成，瓮山改名为万寿山，瓮山泊赐名昆明湖。

　　曲岛：指今十七孔桥西边的龙王庙。

　　鲛女室：指龙王庙旁的龙潭。鲛女既人鱼。传说鲛人水居，如鱼。不废机织，眼泣则成珠。

　　梵王家：指沿山修建的寺庙梵宇。《日下旧闻考》载"西湖之浒，佛寺有十，土人名西湖十寺。"

　　呗：音拜，僧徒念经的声音。

　　翠华：指皇帝仪仗中一种用翠鸟羽作装饰的旗。这里指皇帝常来游幸。

作者简介：

　　王直，见《玉河新柳》诗。

　　西湖，就是今天的昆明湖。它离玉泉山一里多地，是汇纳玉泉、龙泉诸泉水的洼地，它背面的山，明代叫瓮山，所以也称瓮山泊。元朝的时候，曾作为白浮引水渠的调节池。明代就成为有名的风景区了。时人把它比做杭州的西湖，称之为"西湖景"。杭州人黄汝亭写了一篇游记说："沧州白石，青苹碧草，寻崖漱流，冲沙雪窦，不能无吾家西湖之想。"应该说，把它称誉为西湖是不过分的。

　　西湖景的主要特色是荷花。明代著名文学家袁宗道在《西山十记》里说："每至盛夏之月，芙蓉十里如锦，香风芳馥，士女骈阗，临流泛觞，最为胜处矣。"这里说的芙蓉，就是指的荷花。时人王英诗："好是斜阳湖上景，莲花莲叶映回波。"不过，对这里的莲花写得最逼真的是明末人写的《帝京景物略》，书中写道："荷，风姿而雨韵，姿在风，羽红摇摇，扇白翻翻；韵在雨，粉历历，碧琤琤，珠溅合，合而倾"。真是活灵活现，妙极了。这里的种莲习惯，一直延续几百年，到20世纪五六十年代人们仍能观赏到"风姿雨韵"的荷塘风光，那鲜嫩的莲藕菱茨仍供应着北京市场，用莲花和药配制的莲花白酒，还是北京市民的佳酿呢！

　　引用玉泉水种稻，也早在明代就兴盛起来。据《长安客话》载："近为南人兴水田之利，尽决诸洼，筑堤列堰，为畚为畬，菱茨莲菇，靡不毕备，竹篱傍水，家鹜睡波，宛然江南风光。"到清代，昆明湖畔竟成了有名的京西稻的故乡了。

嘉庆皇帝泣赋自责诗

河决叹

【清】 颙琰

皇考付鸿基，兢业勉图治。
眇躬才德疏，愆尤日丛积。
干戈未全消，国家又有事。
季夏月之初，霖雨昼夜渍。
波澜涨百川，放溜如奔骥。
西北汇大河，桑干溃堤四。
白浪掀石栏，荡漾洪涛恣。

（连日雨大水涨，因命侍卫大臣等驰往查勘。报称西路永定河堤开口四段，冲决卢沟桥石栏，下流村庄，尽被其害。）

哀哉我黔黎，昏垫沟壑坠。
愧予咎日深，罹此非常异。
示警衷敬承，敢怨蛟龙祟。
分命八京卿，以实查灾被。
抚恤尽苦心，奚能得饱饲。
一人罪益滋，何辜牵众累。

连朝失神魂，食少难成寐。

泣思乾隆年，屡丰多上理。

龙驭杳莫攀，仰空挥涕泪。

艰难身愿当，余事祈妥置。

字字皆血诚，言言非虚伪。

告我众臣工，展猷集谋议。

意图挽灾屯，静候昊恩赐。

——《畿辅通志》

【注解】

皇考：即皇父。

眇躬二句：皇帝自称眇身，说自己才德疏浅，几年来的错误与过失一大堆。

干戈句：指嘉庆元年白莲教起义事。

黔黎：庶民百姓。

一人罪益滋二句：意为自己一个人有罪过，何辜牵连到这么多百姓也遭不幸。

连朝失神魂二句：意为自己为此接连几天失魂落魄，吃不下饭，睡不好觉。

屡丰句：说乾隆时屡屡掌握成功之策。

龙驭句：说乾隆是位真龙天子，驾驭事态能力自己难以攀比。

展猷句：施展计谋，集思广益。

昊：指天，意老天爷。

作者简介：

颙琰（1760——1820），清仁宗皇帝，年号嘉庆。

清嘉庆六年（1801年）北京发生历史罕见的大洪水，

永定河、大清河全流域大水，永定河溃堤决口造成严重灾情。上诗即是嘉庆皇帝所写的一首自责诗。作为都城，遭此重灾，不仅高官要追究，就连皇帝也要作检讨。

这次洪灾的大体情况是：据《清仁宗实录》表述："嘉庆六年（1801年）辛酉夏六月，京师大雨数日夜，西山诸山水同时共涨，汪洋汇注，浸过（永定河）两岸石堤、土堤，开决数百丈，下游被淹者九十八州县。……诚从来未有之灾患。"据当时奏报称，永定河石景山的左岸庞村、水屯村、衙门口等处石堤多处溃决，左右岸开决数百丈。卢沟桥洞不能宣泄，漫溢两岸，桥上栏杆、石狮被水冲坏，天将庙被冲坍。洪水自拱极城穿城而过。卢沟桥以上溃决后洪水直趋京城，广安门、右安门、永定门一带均成泽国。右安门大桥被冲断，大红门外石桥栏杆被冲倒。仅永定门、右安门外避难灾民即两万余人。据《清代档案》载，海滦河流域200个州县中，有170个遭灾。天津市被洪水围困，"水淹城砖26级"。这次洪水，据调查永定河三家店流量为1.04万立方米每秒，拒马河张坊流量为2.0万立方米每秒。都是历史上所仅见。

水灾过后，嘉庆帝面对如此严重灾情，当即降旨将直隶总督姜晟交刑部治罪，永定河道道台王念孙、南岸同知翟萼云、北岸同知陈煜一并革职拿问。他作为皇帝深感自责，也作了"检讨"，而且比较诚恳，可以算上一篇《罪己诏》了。

林则徐在遣戍途中

即赴开封黄河堵口诗

【清】　林则徐

尺书来讯汴堤秋，叹息滔滔注六州。
鸿雁哀声流野外，鱼龙骄舞到城头。
谁输决塞宣房费，况值军储仰屋愁。
江海澄清定河日，忧时频倚仲宣楼！

——《林则徐全集》

提到林则徐治水事迹，想起上世纪八十年代笔者曾发表一篇《治水专家林则徐》的文章。文中写道：

"提起林则徐，谁都知道他是我国近代史上著名的爱国英雄。然而同时也是一位颇多建树的治水专家。

这里有两个例子：清道光五年（1825年）夏季，黄河在江苏南河高家堰决口，当时林则徐正在福州老家丁母忧。这期间朝廷没有大事，不能随便征召，但是清廷为了尽快将决口堵住，破例将林则徐匆忙从原籍召回，驰赴南河督修堵口工程，数月工竣，才回籍继续丁忧。另一例，道光二十一年（1841）林则徐从广东抗英前线被撤职，5月遣戍新疆伊犁。7月，黄河在开封决口。道光皇帝不得已把遣戍途中的林则徐，召赴河南襄办河工，第二年工竣，仍充军伊犁。

可以看出，黄河出了事，似乎只有林则徐出来才能解决问题，即便是丁母忧也罢，发配充军也罢，简直到了非他莫属的地步。可见在当时他已是颇负盛名的治水权威了。"

本篇介绍的这首七律诗，就是上文写的以赴开封黄河堵口为背景的。1840年鸦片战争失败，第二年黄河在开封决口，殃及河南和安徽六个州的广大地区，清廷对此束手无策。经大学士王鼎积极推荐，又把已遣戍新疆途中的林则徐，以戴罪之身襄办堵口工程。林则徐的朋友张仲甫知道后以为通过这次"改役"堵口工程是林则徐可以得到赦免的吉兆，于是"以诗志喜"写了两首诗寄他。林则徐则写了两首七律诗"答之"。本文向读者介绍的是后一首（标题为笔者所加）诗中写了这次黄河决口的严重灾情。"尺书来讯汴堤秋，叹息滔滔注六州。"滔滔洪水将众多城池围困或淹没，黎民百姓哀鸿遍野。"鸿雁哀声流野外，鱼龙骄舞到城头"。林则徐面临如此严重灾情，心情万分沉重，他忧心忡忡地叹道："谁输决塞宣房费。况值军储仰屋愁。"诗中的"宣房"是指汉武帝元封中，黄河在濮阳南瓠子口决口，发卒堵塞后筑宫名"宣防宫"。防与房通，"宣防费"泛指工程费。"仰屋愁"，比喻一筹莫展之意。林则徐心系朝廷和百姓，他深知朝廷为应付战争早已财政枯窘，连筹办军费都十分困难，哪有财力去支付救灾和修复工程呢？！诗的最后两句"江海澄清定河日，忧时频倚仲宣楼"！"仲宣楼"指魏晋时期"建安七子"之一王粲，字仲宣，曾作《登楼赋》抒写怀才不遇的沉痛心情。林则徐以此来表达自己的心境。他无可奈何地问何时能"江海澄清"、安澜河定？只有"频倚"危楼"忧时"长叹了。全诗在忧愤之中带有悲壮色彩。

实际上林则徐不仅在治黄上屡有建树。他作了几十年的官，也治了几十年的水。他从道光二年任江南淮海道员时，就兼管水利。道光五年督修黄河决口。道光十一年（1831年）担任黄河东河道总督，专管河南、山东的黄河、运河事宜。在他担任江苏地方官期间，主持兴修的河道工程，计有江苏的浏河、白茆河、七浦河、宝山海塘、徒阳运河、江都等处闸坝。在福州他治理过小西湖。在两湖他修整过江汉堤防，等等。1839年他在主倡禁烟的紧张形势下，还写了《畿辅水利议》上书道光皇帝，申述开发京畿水田种稻，减免漕运负担。在发配新疆的日子里，他仍大力开发水利，兴修坎儿井，广开垦田，使"新疆水利大兴"。总之，他以终生努力实践了"苟利国家生死以，岂因祸福避趋之"的诗言！

大通桥上望"二闸"

游二闸（二首）

【清】 劳宗茂

红船白板绿烟丝，好句扬州杜牧之。
何事大通桥上望，风光一样动情思。
庆丰才过又平津，立遏通渠转递频。
莫谓盈盈衣带水，胜他多少犊轮辛！

——《宸垣识略》

作者简介：

劳宗茂，清代人，生平不详。

二闸，即通惠河之庆丰闸也。在东便门外五里许。是明清通惠河大通桥至通州段的第二座闸。此地原名王家庄，元代至元二十九年（1292年），建上下二木闸，因在籍田东，名籍东闸。至顺元年（1330年），改为石闸，名庆丰闸。明代嘉靖七年（1528年），吴仲整修通惠河时合并二闸为一闸。明清两代大通桥至庆丰闸一带波流荡漾，二三园亭依涧临水，林间桔槔相接，类似山村。南岸有三忠祠，祠后有濯缨亭。当时京城内遍地黄尘，二闸泛舟遂成为胜游。游人多于东便门登舟。诗中"胜他多少犊轮辛"，是说节省了多少骡驴牵扯挽之苦。

刘光第诗证京师大水

过卢沟桥观今夏大水情况有作

【清】　刘光第

卢沟桥石高三丈，水压栏干一丈流。

拱极城低围马户，御碑亭没作龙湫。

只知日月中天近，谁信江湖北地愁。

我寄宣南犹破屋，当时听雨卧床头。

——《介白堂诗集》

作者简介：

　　刘光第（1859——1898），字裴村。四川富顺人。博学能诗，工书，尤重气节。清光绪九年（1883年）进士，官刑部主事。光绪二十四年（1898年）与谭嗣同、杨锐、林旭同授四品卿衔，参与新政活动。变法失败，他自投狱中，与谭嗣同等六人同时被害，史称"戊戌六君子"。有《介白堂诗集》。

　　清末的光绪年间京师连遭暴雨袭击，永定河暴发大洪水。比如光绪十四年（1888年）洪峰流量达6580立方米每秒，光绪十六年（1890年）洪峰流量6890立方米每秒，光绪十九年（1893年）洪峰流量9000立方米每秒。一年比一年严重，卢沟桥以上多处决口。其中1890年这次大洪水，不仅城外永定河大水围门，而且城内沥涝亦严重，据报称："至二十九日（7月15日）以后大雨如注，历四昼夜尚未稍息。……大清门左右部院寺各衙门，亦皆浸灌水中，墙垣间有坍塌……。"而永定河的卢沟桥左堤决口，水势直逼右安门，永定门外五十余村庄皆成汪洋。清末戊戌六君子之一的刘光第曾写过多首关于那几年京师大水的诗。现选两首他在卢沟桥看到水淹卢沟桥的诗。

潮白河上"西洋闸"

洋桥破浪

【民国】　杨桂山

长桥横卧碧溪头，操纵能教石不流。

引水有方通渤海，空槽无际作沙洲。

潮平六百龙蟠闸，浪卷千层鲤跃舟。

得意乘风飞去也，天光云影共悠悠。

——《顺义县志》

【注解】

蟠：盘曲，曲折环绕。

作者简介：

杨桂山：见《清浊流芬》诗。

洋桥在哪里？显然这不是指的木桥或石桥。原来它是一座按"西洋"水利工程技术建造的钢筋水泥结构的闸桥。它的位置就在今顺义区苏庄附近的潮白河道上，通常叫苏庄闸。

这是一座大型水利工程。建成于民国北洋政府时期的1925年。应算是我国引进西方水工技术建成较早的水利工程之一。当时是为了治理潮白河连年水患；同时也可增加北运河的水量而兴建的。在当时华北顺直水利委员会的统筹下，闸址选在顺义苏庄潮流白河上，工程规模宏大，建有泄水闸30孔，每孔净宽2丈，高1丈，闸上建钢制大桥，长80余丈。另在右岸开引河沿通往北运河故道建分水闸10孔，可通水600立方米每秒。工程完工后，平时闭泄水闸使潮白河水通过分水闸进北运河。夏季水涨时可打开泄水闸放水。正如《顺义县志》所写"每值开闸放水，飞花溅浪，波涛汹吼，声闻数十里"，因名之曰："洋桥破浪"，成为顺义县名胜之一。

但可惜的是，这座壮观的水闸工程，只运用了14个年头，到了1939年6月潮白河暴发大洪水，最大洪峰流量12000多立方米每秒，苏庄闸承受不住，30孔大闸竟冲毁21孔，而通往北运河的10孔闸门则全部被堵死。现在，虽然时过60多年了，它残留的遗迹仍历历可见，供人们研究和凭吊。

附 录

为段天顺先生《燕水古今谈》序

侯仁之

对于爱我首都并关心首都城市发展的广大读者，《燕水古今谈》是值得推荐的。它不同于一般介绍北京城市建设的书籍，只是着重于描述这座历史文化名城的地理位置、历史特点、园林建筑以及名胜古迹等等，而是以水为纲，采取了灵活多样的写作方法，有散文，有随笔，有考察纪录，有专题论述。既话古，又论今。甚至有的还利用了竹枝词的民歌体裁，即景写情，引人入胜。此外，还就历史上有功于北京和畿辅水利建设的人物，作了评述。水是城市发展的命脉，有此一卷在手，对于北京都市发展过程中的水源问题，新中国成立以来水利建设的成就以及全市的防洪、灌溉与水运的今昔变化，也就可以得其梗概了。

这部文集所以能够有此效果，正是作者热衷于自己工作的结果。关于这一点，作者的自序就是很好的说明，这也是我自愿向读者推荐这部书的原因。

1988年9月6日于北大燕南园

（侯仁之：著名历史地理学家，北京大学教授，中国科学院院士）

为段天顺同志
《燕水古今谈》出版题诗

李伯宁

燕水古今历沧桑，风光政绩水可量。

逝者如斯丰碑在，四化无水梦一场。

首都水旱关未过，千斤重担后人当。

天顺华章多营养，古为今用降龙王。

1988年9月7日

（李伯宁：中华人民共和国水利部原副部长）

河湖不美誓不休

——北京市第十一届人大代表段天顺
关注北京市河湖整治纪事

鲁来顺

2002年金秋，在京城天安门东侧亮相的菖蒲河公园为人瞩目。眼前，红墙之下，古河道中，一道清澈的河水抖落历史的尘埃，蜿蜒东行。"沉睡"多年的菖蒲河终于重展笑颜，园内水清鱼戏，草青树绿，桥亭争姿，游人如织，片片欢声笑语。开园短短4天，就有游客32万人竞相光顾。

菖蒲河这条古老河道重获新生，变得如此美好，这是北京市河湖经整治发生巨变的缩影，是各方精心努力的结晶。但是，许多人也许还不知道，菖蒲河随同其他一些河湖重焕新姿，还与一位"老水利"不懈地努力密切相关。他，就是北京市第十一届人大代表段天顺。

情有独钟水利梦

作为北京市第九、十、十一届人大代表，段天顺对北京水利始终情有独钟。他生长于京城，对古都风韵耳濡目染，大禹治水故事深烙脑海，早在中学时代就做起水利梦。1971年，他从京郊农村下放劳动回来调到市水利局后终于实现了水利梦，在水利战线一干就是十几个春秋。后来，尽管他又先后担任市民政局局长、市十届人大常委会委员和副秘书长，直至离休后，仍然对首都水利和河湖整治痴情不改。

段天顺代表经过多年实践学习与钻研，对水利有着自己独特的感受。从20世纪70年代起，他开始钻研水利历史。对北京的河湖水系现状沿革做过深入调查和研究，并在北京史研究会举办的学术报告会上做过专题报告。在钻研北京水利史的过程中，根据上级有关精神，从1980年起，他主持编修《北京水利志稿》。后来他虽然离开了水利部门，仍经常关心这部著作。这部160万字五卷巨著经过15年艰辛，终得问世。他担任北京水利史研究会会长（主任）至今已有20年。著有《燕水古今谈》、《京水名桥》（与他人合作），校点出版明代水利典籍《通惠河志》。从1994年起，他担任北京志编纂委员会委员兼《北京志》副主编，担任《水利志》、《民政志》副主审、《自然灾害志》主编，其中，70万字的《北京水利志》和《北京民政志》已于2001、2002年面世。

无疑，对水利梦多年的不懈追求，为段天顺代表关注北京河湖整治，积极履行代表职责奠定了坚实的基础。

关注河湖献良策

从上世纪90年代开始，北京市水利已从郊区水利逐步转向城市水利。而京城水脉作为城市灵魂，与北京古都风貌休戚相关，从而愈来愈受到社会关注。北京市委、市政府深晓民意，从1998年起，依据"以水为中心，进行综合治理"的指导思想，拉开了大力进行城市水环境建设和治理的序幕。

作为人大代表，段天顺深感肩头沉重，他想，自己有责任尽其所能，贡献一份力量。1998年12月，市十一届人大常委会举行第7次会议。会议审议市政府关于整治城市河湖、创造优美环境议案办理报告时，列席会议的段天顺代表事先做了充分准备，他围绕搞好城市水环境发表见解，并第一次提出了菖蒲河恢复问题。他强调指出：要关注建设清洁优美的水环境问题，其中既包括自然景观、也包括人文景观。要坚决贯彻国务院对北京城市总体规划的批复精神，在规划建设时，"必须保护古都的历史文化传统和整体格局，体现民族传统、地方特色、时代精神的有机结合"。为此，他建议把长河建成体现北京历史文化风貌的风景线。长河是一条具有上千年历史的人工河道，在它的两岸有不少古建筑和现代建筑，比如元代的广源闸，明代的万寿寺、五塔寺、高梁桥，清代皇帝行宫和行船码头，建国后的北京展览馆，首都体育馆、北京图书馆等。通过这次大规模治理，可以把这些单位的围墙打开，亮出河岸，使自然景观与人文景观辉映。鉴于过去在北京建设中发生的侵占河湖水面问题，建议在这次整治中恢复部分有条件的历史河湖，比如位于天安门金水河东边的菖蒲河、广安门附近的青年湖（即金代皇家园林鱼藻池）等。段天顺代表的这番发言，在会上引起强烈反响。

对北京河湖整治，段天顺代表挂念于心，锲而不舍。1999年5月、2000年11月，他2次列席市十一届人大常委会，在审议《北京城市河湖管理条例（草案）》和市政府办理加强水资源保护，搞好节水议案报告时，他再次提出恢复菖蒲河，恢复前三门护城河并列入规划。在发言中，他引经据典，深深地打动了与会者。在此期间，他充分利用各种场合与方式，接受电视台采访，参加河道规划座谈会，向市委、市政府领导和有关部门领导写信并在报刊上发表文章，陈述自己对北京河湖整治的思考和建议，其情切切。

河湖不美誓不休。凭着这种坚定的信念，段天顺代表不遗余力。他又走访群众，请教一些水利专家，进行充分的调查研究后，于2001年1月，在市十一届人大四次会议上，又满腔热情地领衔提出了关于河湖整治的四项建议。这些建议内容包括：恢复广安门附近的青年湖和天安门迤东的菖蒲河；建立水文化保护区—恢复护城河并即开始做好恢复规划等。

从近年段天顺代表履职建言的轨迹，人们不难看出他对京城河湖的挚爱与古都风貌的痴情。其中，他在市人大常委会会议和市人代会上就3次提出恢复古河菖蒲河问题。

菖蒲河位于天安门东侧，长500余米，在明代属于皇城的东苑内河，是皇城外金水河的一段，修于明永乐年间建北京城之时。明代在菖蒲河附近建有宫殿群，菖蒲河成为一条皇城内消防火灾的水源河道。东苑是明初修建的皇家园林，永乐年间，皇帝数次在端午节来此观击球射柳。在明代历史上，"土木之变"、"夺门之变"两次重大历史事件均曾经历于此。英宗复辟后，在今菖蒲河北岸增建起三路宫殿。整个建筑亭台楼阁富丽堂皇。在菖蒲河上还建有跨河的澄辉阁（明神宗时改为涌福阁），明人有诗赞美："层台凌碧落，盘石蹑丹梯。卷幔西山入，凭栏北斗齐。"

由此可见，类似菖蒲河的恢复和其他河湖的整治，关系到北京历史古都风貌，难怪段天顺代表如此痴情，不断地为此四处奔走呼吁。

京城河湖呈新姿

代表苦心提建议，政府落实为人民。段天顺代表付出的努力终有了成果。他在2001年市人代会上提出的关于恢复菖蒲河等4项建议受到重视，市水利局、市规划委员会给予认真办理。菖蒲河在七八十年代，因存放节日活动器材等原因改为暗渠，后在盖板上形成一些临时建筑。为保护历史文化名城，恢复古都风貌，在"北京历史文化名城总体保护规划"编制工作中，把关于恢复菖蒲河、护城河、青年湖的必要性和可行性纳入其中，拆除菖蒲河盖板上临时建筑，使其重见天日。关于建议水文化保护区的建议，有关部门表示将同规划部门做好基础工作，向市政府提出划定水文化保护区和制定专项法规的建议。在2002年3月，市规委、市文物局、市规划院在编制《北京历史文化名城保护规划》的专家论证会上特请段天顺代表参加会议听取意见。

2002年9月，当《北京历史文化名城保护规划》在媒体公布时，他细阅《规划》更十分激动。他看到，自己数年来对河湖整治建言献策的精华，已被吸纳其中。《规划》中制订了关于历史河湖的保护一节。在市区河湖水系保护规划中规定，与北京城市发展密切相关、在各个历史时期发挥过重要作用的河湖水域列为重点保护目标，划定保护范围并加以整治。护城河水系：重点保护河道为北护城河、南护城河、北土城沟和筒子河。恢复河道的规划：将转河、菖蒲河、御河（什刹海—平安大街段）予以恢复。

菖蒲河是故宫水系的一部分，与内城护城河水系、六海水系、外城护城河水系相连通。恢复湖泊的保护规划：莲花池是金中都最早开发利用的水源地，应将其西南角水面按原状恢复。鱼藻池（现在的青年湖）是金中都的太液池，应按原貌恢复。《规划》还提出控制前三门护城河规划用地内的新建项目。前三门护城河是贯穿北京旧城的一条重要历史河道，它的恢复对于保护北京旧城风貌，改善市中心生态环境具有积极作用，在远期应予恢复，目前要控制新建项目。控制范围为西起南护城河，东至东护城河，前三门大街道路红线以南70m（包括河道及相应的绿化带）。

段天顺与众多人大代表关于河湖整治的建言献策充分代表了百姓的心声，更受到市委、市政府的高度重视，得到认真办理，取得显著实效，使京城河湖面貌呈现出动人的新姿。

如今人们切身感到，北京市经过几年艰苦努力，通过截流、清淤、护岸、绿化、美化、水利工程改造等项工作，提高防洪、供水能力，改变治理范围内的水环境污染和缺水少绿的局面，实现了水清、流畅、岸绿、通航的治理目标，北京发生了巨变。昆玉河碧波荡漾，游船欢航，菖蒲河重获新生，风景如画，晓月河摆脱污染，再现清波……古都北京这座国际现代化大都市，变得更加美丽夺目，令人瞩目。

看着今天的北京，段天顺代表感到欣慰万分，他觉得自己没有辱没人大代表的光荣称号。同时，他更看到北京河湖美好的前景，对古都北京美好的未来充满希望。

《人民日报》2003年1月15日

水乡北京的失落与回归

陈出云

"春湖落日水拖蓝，天影楼台上下涵，十里青山行画里，双飞百鸟似江南。"这是明代"吴中四才子"之一的文征明在北京生活的一段真实感受，在他眼里，燕山脚下的北京仿佛拥有"似江南"的家乡美景。的确，北京原本多水，北京曾经是水乡。

河湖的危机

北京城市河湖水系的基本格局，开始于金代，完成于元代，又经明、清时期的整治改造，称为玉泉水系。这个水系由今昆明湖而南，通过长河进城，再经护城河、六海（北海、南海、中海、前海、后海、西海）、筒子河入通惠河。河湖水系与宫殿建筑群和街市坊巷互相连通辉映，形成古代北京大都市独特的风貌。近百年来，中国社会急剧变革，北京的行政地位也几经变化，河湖水系的保护与规划乏人问津，水环境质量严重下降，通惠河、昆明湖、积水潭、六海等众多河湖面临萎缩和消失的困境。

1949年以后，北京成为中华人民共和国首都，国家对北京的河湖水系进行了空前的整治建设，取得了一系列重大成就：大力疏浚了北海、中海、南海、积水潭、什刹海以及城市河道，开渠修堤建闸，满足城市排水的需要，使其成为城市水利工程的下体；改造老旧的苇塘洼地，陆续建成陶然亭湖、龙潭湖、紫竹院湖、玉渊潭以及"北郊四湖"——新街口豁口外的太平湖、德胜门外的人定湖、安定门外的久大湖和青年湖等19处新的湖泊，使北京的城市湖泊达到31处，城市水域得到了较大发展；修建了官厅、密云、怀柔等大型水库，引永定河、潮白河水入城，解决了历史上未能解决的城市水源问题。

但是，北京的现代化建设如何与古都风貌保护相结合，是一个很复杂的问题。五十年来，在大规模的城市建设中，不少有历史文化价值的河湖被污染、填埋，水域面积逐渐缩小，河湖水系的基本格局遭到破坏。水脉是北京的灵魂，关系着北京的古都风貌和城市生态。1987年，北京市河湖整治工程指挥部成立，专门负责城区河道整治。20世纪90年代以来，许多有识之士开始关注北京河湖的危机，他们一面积极调查研究，一面不断奔走呼吁，为北京河湖水系的治理和恢复作出了巨大的贡献，曾在水利部门耕耘过二十多个春秋的段天顺就是其中一员。

"老水利"与菖蒲河

1998年12月，身为人大代表的"老水利"段天顺在北京市人大常委会会议上提出了整治、恢复菖蒲河与广安门外青年湖的建议，引起强烈反响。一直心系北京河湖的段老在这年秋天邀约几位水利专家再度探防了菖蒲河，更坚定了他让菖蒲河重见天日的决心。

菖蒲河建于明初永乐年间，是明清皇城外金水河的一段，位于天安门前的金水河以东。外金水河水源于中南海（明代称西苑），从日知阁流出，进社稷坛（今中山公园），往东过承天门（今天安门），过太庙（今劳动人民文化宫），再东经南池子，至南河沿流入从什刹海南来的玉河。其东段便是菖蒲河。明朝时，菖蒲河为东苑内河。东苑为明初修建的皇家园林，永乐皇帝和宣德皇帝多次到东苑游玩，明英宗还曾被囚禁于菖蒲河北岸的东苑南宫内。明英宗复辟后，在菖蒲河北岸增建了三路宫殿作为离宫，整个建筑群亭台楼阁富丽堂皇，其后嘉靖皇帝和万历皇帝都曾到此游幸。入清以后，这里又建有多尔衮的睿亲王府，可谓宝地。

段老喜欢菖蒲河，最初是因为"菖蒲"二字的文雅气质，要知道菖蒲在古代是一种高雅的观赏植物。不过，这条河的历史价值才是他心所系。毕竟，菖蒲河曾经是皇城分流水患、防止火灾的重要河道，对皇城的保护有很大的意义。民国以后，菖蒲河两岸陆续建满房屋，并在河南岸形成了东、西银丝套两条胡同，菖蒲河成了垃圾堆放场和污水沟。"文革"时期，为解决节日活动器材的存放问题，竟将劳动人民文化宫以东到南池子的菖蒲河盖上板作为暗渠，其后又将南池子至南河沿一段也改为暗沟，这条外金水河的下游河段就此消失了。"几度逡巡觅旧痕，东苑遗址渺难寻。辛勤串巷访三老，半是民街半废湮。”多次踏访菖蒲河的段老，看到如是景观，扼腕感叹。但他通过多方了解，发现暗渠上多为临时建筑，拆除较易，打开盖板、恢复菖蒲河完全是可以操作的。

1999年5月和2000年11月，段老在人大常委会会议上两次提出恢复菖蒲河、前三门护城河的建议，会后又进行了充分的调研。2001年4月，在市人代会上，他再一次领衔提出了恢复菖蒲河等四项建议。2002年春，《北京历史文化名城总体保护规划》将段老关于恢复菖蒲河、护城河、广安门外青年湖的建议吸纳其中，消息见报，得到了市民的热烈欢迎。同年，菖蒲河的恢复工程全面竣工，段老多年的夙愿终于得偿。如今的菖蒲河公园，红墙下水清鱼戏，草青树绿，成为了一座富有古典风格的城市园林，重现了皇城内河的历史风韵。正如段老诗云：“金桥碧水柳垂荫，闲步新河脉脉馨。大道红墙咫尺地，一川清韵涤俗尘。”

水清、流畅、岸绿、通航

1998年，北京市提出了“以水为中心，进行综合治理”的指导思想和“水清、流畅、岸绿、通航”的治理目标。正是从这一年开始，京城的河湖不再只是段天顺这样的专家所关注的焦点，北京城区及近郊的大小30余条河流和26处湖泊，第一次成为京城百姓街谈巷议的话题。同年，北京历史上最大规模的城区水系治理工程全面启动。

数年来，六海清淤，莲花池风貌恢复，故宫筒子河治理完毕，后门桥下通水，长河、昆玉河、南北护城河、通惠河通航，清河、小月河、凉水河由浊变清。就这样，北京的河湖水质明显改观，水域面积扩大，逐步实现了"新生"。

2008年金秋，随着奥林匹克森林公园的免费开放，一条巨大的龙形水系完整地展现在北京中轴线的北端。"龙头"奥海湛蓝如镜、清澈见底，"龙身"蜿蜒曲折、灵动秀美，张开的"龙嘴"对着清河，而"龙尾"则环绕着"鸟巢"。这是亚洲最大的城市人工水系，水面面积达122公顷，接近昆明湖的一半，蓄水量达130万平方米，相当于两个半北海，为近年北京新增河湖之最。立于奥海中央的观景平台"天元"之上，清风拂面，碧波万顷，湿润的空气和宽广的水面似乎在宣示北京河湖的美好未来。

《地图》2009年第1期·特写《北京河湖的盛衰兴替》

读段天顺的《燕水竹枝词》

谭徐明

北京自元代作为首都至今已有七百多年。作为政治、文化的中心，却又地处缺水的华北平原。为了维系她举足轻重的地位，历朝历代无不重视其水利建设。都市的生活、灌溉和京杭运河北段的漕运用水无不凭借古代人民的智慧和劳动。

原北京市水利局副局长段天顺先生酷爱水利史，又知晓北京水利的沿革。他的诗著《燕水竹枝词》中有许多是反映这方面内容的。"千载源头喷乱泉，石槽从此导颐园；而今恰似仙姝泪，为报神瑛滴欲干。"（《西山访水行》）；"探胜寻泉访白浮，可怜池涸尽荒芜；谁知螭首斑驳处，曾引舳舻入大都。"（《访白浮泉遗址》），披露了古代如何从西郊的西山和昌平的白浮千辛万苦引泉水入京城的历史，也折射了今天北京水资源的现状。"史载长河泛棹游，广源闸下换龙舟；细寻残垒堤阶路，犹有苍苔护码头。"（《长河广源闸》），字里行间透露出运河的沧桑兴衰，令人慨叹。

对新中国建国44年来北京市水利的成就，段先生更是尽情讴歌。在《燕水竹枝词》里，有官厅、密云的万顷碧波："湖山夏日碧苍苍，古堞崇关绕水长；好是初晴暑雨后，飞泉万道挽斜阳。"（《密云水库揽胜》），意境撩人，令人神而往之；有渠道和堤防的壮美，如《钓鱼台》，它以1965年京密引水渠、永定河引水渠调水工程为背景，道出玉渊潭如何从荒沼古泊演变成为北京的供水调节枢纽："史传飞伯钓鱼台，几度风霜变草莱；京密官厅相汇后，明湖暗柳万竿围。"

因山川之秀而咏之，多俏丽之诗；若平仄之间寄托忧思与欢愉，这诗便隽永之中显得凝重。

因诗之流畅华美而诵之，有如观花阅画；而悠扬顿挫之间得以窥见历史的痕迹，溶入情感与遐思，这诗便是心与心沟通的桥梁。

诗以言情，文以载道。以活泼清新的笔调独辟蹊径，将北京水利的历史画卷和当代水利的宏伟图景展现给读者，给人以诗情画意的感染和深沉悠远的回味，这便是《燕水竹枝词》。

《中国水利》1993年第11期

（谭徐明，女，中国水利史专家，曾任中国水科院水利史研究室主任。）

赏诗咏水品文化

——评《水和北京：北京历代咏水诗歌选》

吴　顿

诗歌是一种文化，具有悠久的历史和独特的传统，是我国宝贵的文化遗产，也是人们在社会历史实践过程中所创造的精神财富。在我国林林总总的诗歌当中，与水有关的不计其数，把它们进行归纳与总结，集纳成册，是对我国水文化的发扬与传承。

相信长期关注本刊文化版的读者，肯定不会对《咏水诗话》这个栏目感到陌生，它通过与水有关的古诗，展现出古人对水的赞美及对水文化的感受。近日，这个栏目的主要作者、长期从事水文化研究、现任北京诗词学会会长的段天顺先生寄给我一本他与李永善合编的新书《水和北京：北京历代咏水诗歌选》。这本诗歌选是段老及其同事多年来对与北京水文化有关的诗歌的梳理与归纳的成果。

中国水利水电科学研究院教授、中国水利学会水利史研究会会长周魁一在序言中写道"专家们尽其对水与人、水与北京发展关系的理解感悟，展示了色彩鲜明的水文化画卷"，对本书给予了高度的评价。北京有三千多年的建城历史，自古就是人文荟萃之地，北京大量的河湖泉井都有丰厚的人文活动积淀，也留下了许多流传千古、脍炙人口的名诗佳作。本书收集了大量历史上传播久远的咏水诗词和著名文人学者、知名大吏的咏水诗词，展现在读者面前的是一幅由二千多年来的诗歌连接起来的多姿多彩的水文化画卷。读者在阅读当中会产生一种赏诗咏水品文化的感受。

品读这本诗歌选，会发现几个突出特点。首先是诗歌的"全"。全书集纳了包括汉、唐、宋、金、元、明、清、民国等8个历史时期的251位作者的456首诗歌。诗的作者既有苏辙、龚自珍这样的"大家"，也有弘历、玄烨这样的大清皇帝，另外，还有不少名气并不是很大的作者。由此可见，编者对诗歌的搜集工作做得细心、系统。

其次是诗歌的"精"。为了便于现代人阅读和欣赏，编者特意选取那些文字通顺、明白易懂和有一定艺术欣赏价值的作品，既提高了全书的品位，也避免了由于一些文言问题而带来的阅读障碍。在欣赏这些诗词的过程中，会感到一股古代水文化的气息扑面而来，其中的很多诗词，经过时间的洗礼和冲刷，已经成为经典，读后让人回味无穷。

第三是分类明确。编者对诗歌进行了分类，全书共分四个部分：一是河流水系，二是皇苑湖泊，三是府第园墅，四是名泉古井。读者可以按照这一脉络，全面地对这些诗句进行分析、解读，在阅读之后既能体会到古人作诗的意图及他们对水的感悟，又能从中获得更广泛的水文化知识，在开阔视野的同时，感受到水对于北京的社会发展、文明进步所发挥的重要作用。对于我们水利人来讲，以古鉴今，能得到许多新的启发，学习与思考古人的治水经验，对推进新时期的水利工作也会有很大帮助。

第四是"诗话"内容丰富，涉及知识面广。如果说读诗只是对水文化的一种"远观"，那么品味诗后面的"诗话"，就可谓是对水利知识的"近看"。每一篇"诗话"都是对一首或一组诗词的解读，涉及诗的历史背景、当地的水环境特点、诗作者的经历等，既有知识介绍，也包含了作者的一些观点。例如，在董其昌《督亢道中》一诗后面，编者引用了郦道元在《水经注·拒马河》一节中关于督亢水利的描写，将他悟出的"水德含和，变通在我"的道理展示给读者，郦道元的观点是：水的本性包括水与人以及和整个自然界之间存在着一种生生相续的和谐生态关系，而人是调整这种生态关系的主导力量。在介绍王冕的一首《金水河》的时候，提到了《都水监纪事》中"金水入大内，敢有浴者，浣衣者，弃土石瓴甋其中，驱牛马往饮者，皆执而笞之"和《元史·河渠志》中"金水河濯手有禁"的典故，从中我们可以发现，我国在很早以前就已经有了"水源保护法"。这些内容使这本诗歌选的档次得以大幅度提升，它不仅仅是简单的诗歌的罗列，而是从更深的角度挖掘诗的内涵、拓展诗的外延，使人在品诗歌的同时，了解到与其相关的生动而有趣的小故事，满足不同读者的需求，不会让人感到枯燥与乏味。

以上这些特点足以使这本书成为一本可读性强，且具一定参考与收藏价值的水文化著作。作者对北京历代咏水诗歌进行了深入研究和发掘，继承和发扬了我国的诗文化与水文化，古为今用，为推动文化及水利发展发挥了积极作用。除了文章中举例的几首经典的诗作外，在书中我还见到一些熟悉的诗，如《驴车售水》《石槽饮马》《灵泉漱玉》等，都曾见于《现代水利周刊》的《咏水诗话》栏目，再次回味这些诗，也许您会有更深刻的感悟。

《中国水利报·现代水利周刊》2006年

编 后 记

两年前，中华诗词学会出版了父亲的诗集《竹枝斋诗稿》。原计划，再出两册，即《竹枝斋文稿》、《竹枝斋酬唱集》。当这两册书的编辑工作差不多做完时，出版者吕梁松先生策划了新的方案：把三册书放在一起，做成套书。

父亲和我都认同这个创意，借着编书的缘由，把父亲人生中的一些重要事件、见解和诗词创作整理出一个脉络来，何乐不为？于是，我打破原有编辑格局，对父亲的文字重新筛选和编排。

父亲的文字可以"杂"概之，不易归类。我选取其中笔墨集中的三个点：诗稿，文稿，北京水利论稿史稿（简称京水稿）。所选篇目代表了父亲不同工作时期对不同问题、文体的探讨和表达；有已经发表或出版过的韵文、散文、论文、调查报告等，也有未发表的提案、讲话稿和书信等；一些诗稿中夹杂了书信，一些文稿中夹杂了诗词，均从属其类，以相得益彰。

我曾多次参与过父亲诗集文集的编辑工作，但仅限于技术层面，并未对父亲的工作、见解、业绩认真思考过。这一次不同，也许是父亲已届高龄，迫切感使然；也许是我自己已"知天命"，探寻父辈的欲望更为强烈。

说来惭愧，这是我第一次逐字逐句完整地阅读父亲的文字。沉下心来，专心致志，收获是自然的。令我感佩不已的是，就同代人而言，父亲在他平顺而谨慎的人生中，竟收藏了那么多斑斓的风景！

父亲曾说，"我只是一颗螺丝钉"，口气中饱含着难言的甘苦；我也曾觉得，笃信螺丝钉精神是那一代人集体的悲哀。然而，具体到父亲这颗螺丝钉，我却看到了另一种情景，在被动的表象下，是他强健的自省意识和自律能力。这超出了我的想象，也是我辈所不及的：在服从组织分配的同时，父亲始终没有忽略自己的精神天地；在无法选择职业、职务甚至户籍的无奈中，父亲从没丢失过自己的志趣；在"半生风雨伴潮行"中，父亲也没有迷失自己生命的方向。

由此，我对父亲的敬佩心不再限于血缘和亲情。

我一直以为，父亲16岁就加入了中国共产党，是在党的教育下成长起来的。其实，我只看对了一小部分。现代科学证明，在个人成长规律中，价值人格系统大多完成于基础教育阶段。父亲从1945年到1947年曾就读于北京四存中学初中班。参与开办这所学校的贤达有徐世昌、梁漱溟、杨荫榆等，其办学方针是："继承和发扬务实的颜李学说，培养社会人才，富国强民"，"以适应社会为基础、改进社会为目标"，"尚实学，尚实习，尚实用，尚实践"。其实这些教育理念在当时非常普遍，它潜移默化进了父亲从小学到高中的全部基础教育过程，对父亲确立价值观和人格系统发生了深刻影响。读父亲的文字，可清晰地看到这条主线："适应社会为基础、改进社会为目标"。

父亲从未偏离过这个方向。

父亲的诗文很少抽象概念和梦幻奇思，多是具体：他做过的事，他交往过的人，他去过的地方。他发表的第一首诗是对一个偏远山区小水电站的感发，那时"文革"还没有结束，自己也前途未卜，他却在偏僻的一隅发现了属于美的风景——水电职工的心灵："背倚青山傍水涯，早迎旭日晚披霞。分得一缕青溪水，直把浪花变电花"。

　　四十多年来，父亲创作了大量竹枝词作品，但他并未止于自娱自乐，他以北京诗词学会会长的身份，担当起竹枝词传承的使命，将这宜学宜咏的诗体广为传播，吸引了众多诗词爱好者，难怪老朋友尊他为"竹枝仙"。

　　上世纪八十年代，父亲在水利史方面下了很多功夫。读过很多书，行过很多路，实地考察了北运河、拒马河的源头，永定河从源头到入海口的流域全程，以及北京大小水库、泉等，成就出一本《燕水古今谈》。我从没注意过这本书，以为太过专业。认真阅读后才知，它的价值绝不可轻视。其中不仅有丰富的北京水利史知识，还有对重要水利建设项目的探讨，以及对未来水环境危机的警示，今天广为宣传的保护水环境、水文化资源等观念，他在上世纪八十年代初就明确提出了："水生态环境的影响实在太大了。没有它，绿色生命就要消失，园林风景就会减色，水草丰美的良好环境就可以变成风沙弥漫的赤地荒丘"！

　　常人难以企及的是，父亲的"平生湖海志"并未随着官阶的变化而消逝。从水利部门转行二十多年后，他当选为人民代表，继续学以致用，将自己的见解和史识付诸议案，付诸公共事务，为北京水环境和水文化的保护奔走呼吁。终有了菖蒲河的复明，古高水湖、养水湖功能的重新发掘；恢复前三门护城河也终被列入北京市城市发展规划……。

　　富于建设性，知行合一，正是父亲人生的精华所在。

　　掩卷而思，现代社会已经进入多元化时代，我也早已形成了属于自己、不同于父亲的价值系统。然而，即使站在我这个系统里静观，父辈的精华依然灿烂。

段跃敬识

2015年5月